Alles über gutes Fleisch

MEAT ACADEMY

Stephan, Michael & Wolfgang Otto

MEAT ACADEMY

Alles über gutes Fleisch

GRUNDLAGEN
PRAXIS
REZEPTE

EMF

EIN BUCH DER
EDITION MICHAEL FISCHER

MEAT ACADEMY

Die ganzheitliche
Betrachtung von Fleischgenuss

Genuss für Kopf und Gaumen ist seit der Gründung im Jahr 2004 der Leitspruch unseres Unternehmens OTTO GOURMET. Dieses Buch ist spannend für all die Leser, die an einem umfassenden Kochbuch für die unterschiedlichsten Fleischteile interessiert sind. Die Grundlagenkapitel gehen übersichtlich auf das ein, was heute eigentlich selbstverständlich sein sollte: Wissen um artgerechte Tierhaltung, Rassen, Zuschnitte, Zubereitung – einfach alles, was qualitativ gutes Fleisch ausmacht.

Schwerpunkt dieses Werkes sind die über Jahre gesammelten Rezepte aus dem Otto-Gourmet-Küchenteam. Unser Anspruch war und ist, dass wir das hochwertige Fleisch in den Mittelpunkt eines jeden Rezeptes stellen. Dabei bedienen wir uns moderner und traditioneller Kochverfahren. Optimal ergänzt werden die Rezepte durch besonders aromatische Genusshelfer.

Unser Credo bei Otto Gourmet ist es, das Fleisch vom Züchter perfekt gereift im optimalen Zustand zu Ihnen nach Hause zu bringen. Lassen Sie sich überraschen, wie einfach die Rezepte zuzubereiten sind und wie intensiv der Geschmack von Fleisch sein kann.

Beherzigen Sie, dass Sie konsequent mit gutem Fleisch arbeiten!

Viel Vergnügen

Stephan, Michael und Wolfgang Otto

Ungereift

5 Wochen Reifung

INHALT

Fleisch in seiner endlosen Vielfalt: Herkunft, Rasse, Teilstück und Zubereitung – vor dem Genuss steht die richtige Wahl

GRUNDLAGEN 9

FLEISCH-REZEPTE 57

RIND

SCHWEIN

GEFLÜGEL

LAMM

WILD

GENUSSHELFER-REZEPTE

GRUNDLAGEN

WAS VERSTEHT MAN UNTER FLEISCH?

Verschiedene Definitionen für eine vielfältige Lebensmittelgruppe

Für viele Menschen ist Fleisch fester Bestandteil ihrer Ernährung. Fleischgenuss, also der Verzehr von Tieren, gehört als Selbstverständlichkeit zu unserer Kultur, von Fleisch haben sich bereits unsere Vorfahren in prähistorischen Zeiten ernährt.

Doch was ist Fleisch überhaupt? Darauf gibt es nicht nur eine Antwort. Es kommt darauf an, von welchem Standpunkt aus man es betrachtet. Aus anatomischer Sicht wird Fleisch definiert als Muskelfleisch mit anhaftendem oder eingelagertem Fett. Die Bestandteile sind Wasser, Eiweiß, Fettgewebe, Kohlenhydrate, Vitamine und Mineralstoffe. Für den Metzger bzw. nach den Leitsätzen für Fleisch und Fleischerzeugnisse im Deutschen Lebensmittelbuch handelt es sich um »alle Teile von geschlachteten oder erlegten warmblütigen Tieren, die zum Genuss für Menschen bestimmt sind«. Dazu zählen auch Innereien.

Für die Europäische Union (EU) und die Schweiz stellt Fleisch alle genießbaren Teile einschließlich Blut von Huftieren dar – gemeint sind Rind, Schwein, Schaf und Ziege sowie als Haustiere gehaltene Einhufer wie Pferde und Esel, außerdem Geflügel, Hasentiere und frei lebendes Wild.

Die EU-Hygieneverordnung bezieht sich bei ihrer Definition auf die Frische von Fleisch: Als Frischfleisch darf bezeichnet werden, was zur Haltbarmachung gekühlt, gefroren oder schnellgefroren wurde. Auch vakuumverpacktes und von sogenannter kontrollierter Atmosphäre umhüllte Ware (häufiger Hinweis: »unter Schutzatmosphäre verpackt«) gilt danach als frisch. Tiefgefrorenes Fleisch darf als frisch verkauft werden, muss aber nach dem Auftauen entsprechend gekennzeichnet sein.

Man kann Fleisch auch für einen bestimmten Zeitraum haltbar machen, sodass es länger genießbar und lagerfähig als in frischem Zustand bleibt. Es lässt sich trocknen, pökeln, räuchern sowie zu Wurst und Konserven (Fleischerzeugnissen) verarbeiten. Dann handelt es sich immer noch um Fleisch, das aber bearbeitet oder verarbeitet wurde und nicht mehr als »frisch« bezeichnet werden darf.

VERBRAUCH UND GESUNDHEITLICHE ASPEKTE

Nach Schätzungen des Bundesverbandes der Deutschen Fleischwarenindustrie hat im Jahr 2016 jeder der in Deutschland lebenden Menschen im Durchschnitt 60 Kilogramm Fleisch gegessen. Etwa ebenso viel war es in den Jahren davor (ohne Berechnung von Knochen und Fleisch, das zu Futter oder anderweitig verarbeitet wurde). Das ist deutlich mehr als ein Kilogramm pro Woche, wobei Männer einen größeren Fleischappetit haben als Frauen.

Die Deutsche Gesellschaft für Ernährung empfiehlt, pro Woche nicht mehr als 300 bis 600 Gramm an Fleisch und Fleischprodukten (dazu zählen auch Geflügel, Schinken und Wurst) zu essen. So lecker Steak und Braten auch sein mögen, zu viel Fleisch auf dem Teller wird als Ursache für eine ganze Reihe an schweren Erkrankungen und Gesundheitsproblemen angesehen.

Andererseits steht fest, dass Fleisch auch viele wichtige Inhaltsstoffe in einer guten Zusammensetzung hat und damit ein wertvolles Stück Nahrung ist. Als Teil einer ausgewogenen Ernährung liefert es bei sehr hoher Nährstoffdichte gut verwertbare Proteine mit wichtigen Aminosäuren, Vitamine (vor allem des B-Komplexes) und Mineralstoffe (besonders Eisen, Selen und Zink). Fleisch mag zwar »ein Stück Lebenskraft« sein, für eine gesunde und ausgewogene Ernährung ist es aber nicht zwingend notwendig, wie die vielen Vegetarier beweisen.

Für Genießer ist Fleisch jedoch unbestritten eine kulinarische und ernährungsphysiologische Bereicherung – vorausgesetzt, es handelt sich um hochwertige Produkte, und man folgt der Empfehlung, lieber weniger bzw. seltener Fleisch zu essen, dafür aber nur wirklich gutes.

VERBREITETE UND BELIEBTE FLEISCHSORTEN

Qualitäten und Geschmack von Fleisch hängen von Tierart, Rasse, Fütterung, Mastdauer und Haltung ab. Je artgerechter Haltung und Fütterung sind, desto hochwertiger und aromatischer wird das Fleisch. Außerdem gilt: Je älter ein Tier wurde, desto intensiver entwickelt sich der Eigengeschmack, das Fleisch junger Tiere hingegen ist im Allgemeinen zarter als das von älteren.

DEFINITION RINDFLEISCH

Unter dem Sammelbegriff »Rind« bzw. »Rindfleisch« sind weibliche, männliche und kastrierte Tiere jeden Alters zusammengefasst. Im Einzelnen gelten folgende Unterscheidungen:

Kälber sind nicht älter als sechs Monate alte weibliche und männliche Tiere. Ihr Fleisch und die Fettpartien sind sehr hell.

Jungbullen – männliche Tiere vor der Geschlechtsreife – werden im Alter von etwa 18 Monaten geschlachtet. Ihr helles, fast blasses Fleisch ist grobfaseriger als Ochsen- oder Färsenfleisch, enthält aber weniger Fett.

Bullen sind geschlechtsreife Tiere, spielen auf dem Markt aber keine bedeutende Rolle. Ihr helles und bindegewebereiches Fleisch ist etwas zäh.

Ochsen nennt man kastrierte männliche Tiere. Deren Fleisch ist dunkler als das von Bullen und ebenfalls vergleichsweise selten zu finden.

Weibliche Rinder, die noch nicht gekalbt haben, kommen als **Färsen** in den Handel und sind meist zwei Jahre alt. Ihr leicht dunkleres Fleisch ist feinfaseriger, zarter und besonders aromatisch im Vergleich zum Jungbullenfleisch. Man erkennt es an der stärkeren Fetteinlagerung (Marmorierung).

Kühe haben wenigstens einmal gekalbt, ihr Fettanteil ist gelblich. Ältere Kühe liefern dunkles Fleisch, das nicht in den Laden kommt und hauptsächlich zur Wurstherstellung verwendet wird.

DEFINITION SCHWEINEFLEISCH

Im Handel erhältliches Schweinefleisch stammt im allgemeinen von männlichen oder weiblichen **Schweinen**, die nach sieben bis acht Monaten Mastzeit mit einem Gewicht von 90 bis 120 Kilogramm geschlachtet wurden.

Das Fleisch von meist kastrierten **Ebern** ist weniger beliebt und hat daher einen geringeren Marktanteil. Der Grund: Im Einzelfall kann es einen unangenehmen Beigeschmack haben, für den der Geschlechtsgeruchsstoff Androstenon verantwortlich ist.

Spanferkel werden im Alter von sechs bis acht Wochen geschlachtet, wenn sie zwölf bis 20 Kilogramm schwer sind. Da Spanferkel immer beliebter werden, gehört ihr Fleisch bei vielen Anbietern inzwischen zum Standardangebot. Sie zeichnen sich durch ein besonders feines Aroma und eine zarte Fleischtextur aus. Das gestiegene Interesse an Ferkeln hat auch mit ihrer besonderen Verwendbarkeit zu tun: Die Tiere haben das richtige Format, um im Ganzen oder als Hälften im Backofen bzw. auf dem Grill gegart zu werden und dann als eindrucksvoll inszeniertes Festessen für eine größere Runde auf den Tisch zu kommen.

DEFINITION SCHAFFLEISCH

Zwar ist im allgemeinen Sprachgebrauch der Begriff Lammfleisch üblich, doch der Gattungsbegriff lautet Schaffleisch.

Schafe sind männliche, weibliche und kastrierte Tiere aller Altersstufen.

Lammfleisch stammt nur von Jungschafen, die nicht älter als zwölf Monate alt sind. Oft werden sie bereits im Alter von sechs bis acht Monaten geschlachtet, weil sich erst danach das weniger beliebte Hammelaroma zu bilden beginnt. Man unterscheidet nach Milchlämmern und Mastlämmern.

Milchlämmer sind zwischen acht Wochen und sechs Monaten alt und haben sich – so sollte es jedenfalls sein – nur von Muttermilch ernährt. Ihr Fleisch ist besonders mild, zart, sehr fettarm und hellrosa.

Die älteren **Mastlämmer** werden zwischen sechs und zwölf Monaten alt. Ihr Fleisch ist dunkelrosa, mit etwas Fett durchzogen und schmeckt aufgrund der Ernährung mit Grün- oder Kraftfutter schon etwas kräftiger.

Im Allgemeinen ist Lammfleisch sehr zart, feinfaserig, würzig-aromatisch und feinmarmoriert. Das macht es so begehrt. **Schaffleisch** stammt von Tieren, die älter als ein Jahr sind, und **Hammel** sind kastrierte sowohl männliche als auch weibliche Tiere, bei denen die weiblichen Exemplare noch nicht geworfen haben und nicht älter als zwei Jahre sind. Bei Schafen gilt mehr als bei allen anderen hier erwähnten Tierarten: Je älter das Tier, desto intensiver der Geschmack. Vor allem kastrierte Böcke entwickeln ein überaus strenges Aroma und können bestenfalls als kulinarische Liebhaberei bezeichnet werden.

DEFINITION GEFLÜGEL

Ob Hähnchen, Hühnchen, Suppenhuhn – die treffende Artbezeichnung lautet Huhn. Das Haushuhn gehört zu den Hühnervögeln und ist das verbreitetste Haustier überhaupt auf der Welt. Man kennt zahllose Rassen, allein im europäischen Rassegeflügelstandard sind über 180 vermerkt. Im Handel findet sich diese Vielfalt im Allgemeinen nicht wieder, das Angebot beschränkt sich auf speziell gezüchtete Hybridhühner. Diese wachsen schnell, sind also nach wenigen Wochen schlachtreif und setzen viel Fleisch an oder legen besonders viele Eier. Sie eignen sich aber nicht zur Vermehrung bzw. Weiterzucht. Hühner werden im Handel in folgende Typen unterteilt:

Hähnchen (Broiler) sind männlichen oder weiblichen Geschlechts und werden mit einem Gewicht von 1000 bis 1100 Gramm geschlachtet.

Poularden, auch Fleischhähnchen genannt, kommen auf mindestens 1,2 Kilogramm.

Junge Hähne werden bis zu 2,5 Kilogramm schwer.

Legehennen, die mit einem Gewicht von 900 Gramm bis zwei Kilogramm geschlachtet werden, bezeichnet man als **Suppenhühner**. Ihr Fleisch ist besonders aromatisch, braucht aber eine deutlich längere Garzeit. **Stubenküken** haben ein Schlachtgewicht von 650 bis 700 Gramm. **Maishähnchen** werden mit viel Mais gefüttert, so bekommt das Fleisch eine gelbliche Farbe und auch einen feineren Geschmack.

Perlhühner besitzen ein dunkles Fleisch mit einer zarten und feinen Struktur, das saftig und sehr aromatisch ist. Nach zehn bis zwölf Wochen werden die Tiere geschlachtet und kommen 1300 bis 1500 Gramm schwer in den Handel.

Puten werden als **Pute** oder **Truthahn** bezeichnet, weibliche Tiere als **Pute** oder **Truthenne**. Männliche Tiere werden bis zu 22 Kilogramm schwer, weibliche Tiere zehn bis elf Kilogramm.

Früh geschlachtete **Babyputen** wiegen drei bis fünf Kilogramm. Der Eiweißanteil ist hoch (Brust 24 Prozent, Oberschenkel 21 Prozent), der Fettanteil gering (Brust zwei Prozent, Oberschenkel acht Prozent). Putenfleisch gilt ernährungsphysiologisch als hochwertig und wird als Diätkost empfohlen.

Enten kennt man vor allem als Pekingente – »Ente« im allgemeinen Sprachgebrauch. Sie können bis zu drei Kilogramm schwer werden und sind relativ fett. Barbarie-Enten – sie werden auch unter den Bezeichnungen Flug-, Moschus- oder Warzenenten angeboten – kommen auf ein Gewicht von bis zu vier Kilogramm. Das Fleisch hat ein ausgeprägtes Eigenaroma. Mulardenten sind eine Kreuzung aus beiden und wiegen annähernd vier Kilogramm.

Gänse sind im Handel meist als bratfertige Frühmastgänse erhältlich und wiegen bis zu vier Kilogramm. Als junge Gänse (Handelsbezeichnung) bringen sie bis zu sechs Kilogramm auf die Waage. Eine Gans, die in den letzten drei Wochen ihres Lebens mit täglich 500 Gramm Hafer gefüttert wurde, darf als **Hafermastgans** angeboten werden und hat ein etwas feineres Aroma. Haltung bzw. Art der Mast wirken sich spürbar auf den Geschmack und auf die Beschaffenheit des Fleisches bzw. des Fettes aus, die qualitativen Unterschiede können erheblich sein. Faustregel: Je intensiver und schneller Gänse auf ihr Schlachtgewicht hin gemästet wurden, desto fettreicher und weniger reizvoll das Fleisch.

Tauben zählten schon immer zu den Delikatessen, sind aber praktisch auf keiner Speisekarte und in keinem Haushalt anzutreffen und beim Händler meist nur auf Bestellung zu haben. Sie haben ein Imageproblem, weil sie in Großstädten als Keimträger gelten – dabei ist es ebenso wie in allen anderen Geflügelmästereien nur eine Frage der Hygiene, wie man damit erfolgreich umgeht. Jungtauben können je nach Rasse schon nach vier bis fünf Wochen geschlachtet werden und wiegen küchenfertig noch ca. 400 Gramm, ausreichend für eine Portion. Ausgewachsene Tauben kommen mit 600 bis 900 Gramm in den Ofen. Das zarte und als gut bekömmlich geltende Fleisch hat ein kräftiges, leicht erdiges Aroma und wird von Feinschmeckern sehr geschätzt. Den größten Fleischanteil besitzt der Brustbereich.

Wachteln werden nur von speziellen Betrieben gemästet. Nur die schwereren Sorten dienen der Fleischerzeugung, leichte Tiere werden zur Eierproduktion gehalten. Vor dem Schlachten wiegen sie 240 bis 280 Gramm, nach der küchenfertigen Vorbereitung bleiben noch 160 bis 200 Gramm übrig. Pro Person rechnet man daher mit zwei bis drei Tieren. Das fettarme, zarte und aromatische Fleisch besitzt eine leichte Wildnuance und gilt als Delikatesse. Wachtelfleisch ist schnell verderblich und sollte daher umgehend verbraucht werden.

DEFINITION WILD

Wild bezeichnet Tiere, die in freier Wildbahn leben. Nach dem Deutschen Jagdrecht unterscheidet man zwischen Haarwild und Federwild.

Zum Haarwild zählen in unseren Breitengraden **Hirsch, Reh, Wildschwein, Hase** und viele andere mehr. Wildlebendes Geflügel kennen wir als **Rebhuhn, Fasan, Wachtel** und weitere mehr. Werden Tiere in eingezäunten Gehegen gehalten, spricht man von Gatterwild.

Wildbret von Tieren, die in freier Wildbahn gelebt und sich dort nur von frischen Gräsern, Kräutern, Sprossen, Knospen und Beeren ernährt haben, gilt als besonders hochwertig. Abhängig von der Wildart enthält das Fleisch durchschnittlich zwischen einem und acht Prozent Fett und 20 bis 25 Prozent Eiweiß. Es ist reich an Mineralstoffen wie Eisen, Kalzium und Phosphor sowie den Vitaminen der B-Gruppe. Der Anteil ungesättigter Fettsäuren liegt bei erfreulichen 66 Prozent, der gesättigter Fettsäuren bei nur drei Prozent. Die durchschnittlichen Cholesterinwerte entsprechen in etwa denen von Schweine- und Rindfleisch.

Gatterwild wird mal in weitläufigen Arealen, mal aber auch in sehr kleinen Gehegen gehalten. Im letzteren Fall wird es nicht geschossen, sondern geschlachtet. Da sich diese Tiere nur vergleichsweise wenig bewegen und nicht dasselbe Futter erhalten wie die wild lebende Verwandtschaft, enthält ihr Fleisch mehr Fett, es ist nicht so schön fest und schmeckt auch nicht so delikat. Es stellt sich auch die Frage, ob Zusatzstoffe oder Medikamente verabreicht wurden. Das gilt erst recht für Tiere, die beispielsweise in Südamerika in riesigen Anlagen gefarmt werden und überwiegend als Tiefkühlware angeboten werden. Natürlich bedeutet dies nicht grundsätzlich, dass das Fleisch gefarmter Tiere minderwertig ist, vor allem dann nicht, wenn es aus Großgehegen stammt – es kann im Einzelfall nur nicht dem Vergleich mit dem Fleisch tatsächlich wild lebender Tiere standhalten. Ob es sich also um Tiere aus freier Wildbahn oder gefarmte Tiere handelt, macht unter Genussaspekten einen Unterschied.

GUTES FLEISCH

Was gutes Fleisch ausmacht und wie man frisches Fleisch erkennen kann und wo man es bekommt

Mehrere Kriterien müssen erfüllt sein, damit Steak und Braten zu einem Spitzenereignis werden. Es kommt zunächst auf die **Rasse** der jeweiligen Tierart an. Historische Rassen sind Neuzüchtungen deutlich überlegen, weil sich ihr Fleisch u.a. durch eine deutlich bessere Fettverteilung auszeichnet. Sie gelten zudem als weniger anfällig für Krankheiten und Stress, sind also gesunde Tiere.

Wesentlich ist auch die **Fütterung,** man könnte ebenso von Ernährung sprechen. Denn das Beste, was Tiere fressen können, ist das, was ihr natürliches Lebensumfeld bietet. Tiere, die ihren Appetit mit frischem Grün von der Weide, saftigen Knospen aus dem Wald oder Getreide und Würmern von Feld und Acker stillen, nehmen reichlich Chlorophyll und ungesättigte Fettsäuren auf. Das Fleisch erhält außerdem mehr Vitamine und Omega-3-Fettsäuren, und das Fett verteilt sich besser im Gewebe.

Zudem stecken in diesem abwechslungsreichen Futter jede Menge natürlicher Aromastoffe, die sich vorteilhaft auf den Geschmack ihres Fleisches auswirken. Stallfutter kann das alles nicht bieten, jedenfalls nicht in diesem Maße.

GUTE BEHANDLUNG

Behutsames **Schlachten** sowie der **Reifungsprozess** spielen ebenfalls eine wesentliche Rolle. Je weniger Stress das Tier beim Schlachten erleidet, desto besser kann das Fleisch später reifen, denn der im Muskel gespeicherte Zucker, das Glykogen, ist noch in hohem Maß vorhanden und wird in Milchsäure umgewandelt. Das Fleisch schmeckt dadurch besser. Deshalb sind einige kleine Züchter, denen nicht nur am Tierwohl, sondern auch an einer optimalen Fleischqualität gelegen ist, zu tierfreundlichen Schlachtabläufen übergegangen: Die Tiere werden nicht in großen Schlachthöfen, sondern in sehr kleinen Betrieben getötet, wo weder Hektik noch Lärm herrschen. Der Weg dahin ist kurz, die Transportgruppen sind klein. Lange Wartezeiten und Wege werden vermieden, denn die Tiere sollen erst gar nicht wittern, was ihnen bevorsteht.

Zu Beginn der Fleischreifung setzt die Muskelstarre ein. In diesem Zustand ist das Fleisch zäh und hat nur eine geringe Wasserbindungsfähigkeit. Später wird das vorhandene Glykogen zu Milchsäure abgebaut, und es bilden sich muskeleigene Enzyme, die das Innere der Muskelzellen sowie das Bindegewebe auflösen und damit das Fleisch zart machen. Die Muskelstarre löst sich dann wieder. Die Wasserbindefähigkeit erhöht sich damit, und das Fleisch bleibt beim Braten saftig. Bei der wieder in Mode gekommenen traditionellen vier- bis fünfwöchigen Trockenreifung, auch Dry Aging genannt, laufen die Reifungsprozesse optimal ab.

Diese Qualität wird bei der Vakuumreifung im Folienbeutel nicht erreicht. Als transport- und lagerfreundliche Methode ist sie für die Erzeuger und Händler von Vorteil. Bei dieser in den 1970er-Jahren entwickelten Nassreifung im Vakuumbeutel reift das Fleisch zwar auch, verliert aber an Geschmack. In der Theke ist es im Gegensatz zu trocken gereiftem Fleisch feucht und muss abgetupft werden, weil weiter Saft ausläuft. Trotzdem ist es für den Laien nicht immer klar erkennbar.

SCHLACHTEN UND (KEIN) STRESS

Den größten Stress erleiden die meisten Tiere gegen Ende ihres Lebens, wenn es ans Schlachten geht. Vor allem auf den großen Schlachthöfen bekommen sie unvermeidlich mit, was dort passiert. Da sie aber nicht ihren Fluchtinstinkten folgen können, werden sie extrem unruhig, geraten in Stress, und am Ende hat der Verbraucher kein Stück Fleisch auf dem Teller, das einen uneingeschränkten Genuss verspricht.

Warum ist das so? Vereinfacht dargestellt: Beim Sterben bzw. Töten ohne Stress wird das im Muskelfleisch vorhandene Glykogen (die Speicherform von Kohlenhydraten) in Milchsäure umgewandelt, und gleichzeitig wird Energie, das ATP (Adenosintriphosphat) freigesetzt. ATP wirkt als »Weichmacher« der Muskulatur, sie entwickelt sich durch die Fleischreifung vorteilhaft – so der Idealfall. Gerät der Körper aber unmittelbar vor dem Schlachtmoment in eine extreme Stresssituation (weil das Tier Angst hat), schüttet er Adrenalin aus, wodurch jede Menge Muskelglykogen verbraucht wird. Wenn jedoch diese Glykogenreserven bereits verbraucht sind, können die nach Eintritt des Todes für die Fleischqualität so wichtigen biochemischen Prozesse nicht mehr stattfinden. Das Fleisch verdirbt schneller und ist für die Fleischreifung, für langes Abhängen, oft schon nicht mehr geeignet. Aber nur eine gute und sorgfältige Reifung gibt dem Fleisch den unverwechselbaren, aromatischen Geschmack und macht es besonders zart und saftig. Die Folge: Nach der Schlachtung kommt die Fleischreifung nicht richtig in Gang, und es entsteht minderwertiges DFD-Fleisch (DFD = dark, firm & dry). Weitere Details zum Thema Reifung finden Sie in diesem Kapitel auf Seite 16 unter »Rindfleisch«.

Besonnene und gleichermaßen qualitätsbewusste Züchter bringen ihre Tiere zu einem nahegelegenen Schlachthof und vermeiden lange Transportwege, die den Tieren schon vorab erheblich zusetzen würden. Das Optimum an Qualität liefern Landwirte, die – nach langen juristischen Auseinandersetzungen – seit wenigen Jahren wieder auf ihren Weiden inmitten der Herden schlachten. Dieser Vorgang nennt sich Weideschlachtung. Dabei entsteht nach Aussagen der Landwirte praktisch kein Stress, auf jeden Fall dürfte es deutlich weniger sein. Einige wenige Rassenzüchter bringen ihre Rinder einzeln und unter besonderer Berücksichtigung von deren Wohlergehen zu kleinen Metzgereibetrieben, die sich auf schonende Schlachtungen spezialisiert haben. Das schmeckt man dann auch.

ERHÄLTLICHKEIT

Die Suche nach wirklich gutem Fleisch ist nicht immer einfach. Wer die Möglichkeit dazu hat, geht zum Metzger seines Vertrauens, der noch selbst schlachtet und alle Fragen zu Rasse, Herkunft und Schlachtung beantworten kann. Leider geht die Zahl der Metzgereien kontinuierlich zurück, und ein Fachgeschäft ist längst nicht mehr so leicht um die Ecke zu finden. In großen Städten gibt es zunehmend Metzgereien, die über die traditionelle Rolle ihres Handwerks hinaus als Spezialisten für besonders hochwertiges Fleisch und von möglichst verschiedenen Rassen auftreten. Auch im Internet bieten vertrauenswürdige Versender Fleisch erster Güte an (siehe »Bezugsempfehlungen« auf Seite 20). Doch die meisten Braten und Steaks werden in Supermärkten angeboten. Dort müssen die Qualitäten keinesfalls schlecht sein, doch ein kontrollierender Blick auf die Waren sollte nicht schaden.

Wie kann man nun an der Fleischtheke oder vor den Selbstbedienungsregalen der Metzgereien, Hofläden, großen Lebensmittelabteilungen und Supermärkte erkennen, ob man ein gutes oder ein weniger empfehlenswertes Stück Fleisch vor sich hat? Was die Kennzeichnung in der Auslage und Verpackung nicht verrät, sollte man erfragen – gute Qualität fängt u. a. mit einem gutem Kenntnisstand des Verkaufspersonals an.

Mehr Empfehlungen für den Bezug guten Fleisches am Ende des Kapitels.

RINDFLEISCH

Beim Einkauf zuerst auf das Tier achten, von dem das Fleisch stammt. Fachleute empfehlen als erste Wahl Färsen- und auch Ochsenfleisch, es schmeckt am besten. Das in deutschen Supermärkten meistens angebotene Jungbullenfleisch ist durchaus akzeptabel. Kuhfleisch zeigt sich von der Faser eher zäh und ist mit seinem intensiven Geschmack mehr etwas für Liebhaber.

Auch die Rasse spielt bei der Qualität eine Rolle. Alte Rassen sind Neuzüchtungen meist überlegen. Wie schon erwähnt, zeichnet sich ihr Fleisch u. a. durch eine deutlich bessere Fettverteilung aus. Das Geschlecht des Tieres sollte man ebenfalls kennen, denn weibliche Tiere haben nach Ansicht von Fachleuten den besseren Geschmack. Augen auf bei fertig verpacktem Fleisch im Supermarkt: In diesem Zustand ist selbst für Fachleute das Geschlecht oft nicht mehr nachvollziehbar. Fleisch von Tieren, die beim Schlachten unter Stress standen, ist zwar genießbar, also nicht gesundheitsschädlich, aber in puncto Geschmack und Konsistenz meist indiskutabel. Mit etwas Erfahrung erkennt man es schon an der Theke – oder nach dem Auspacken zu Hause: Es hat einen leichten Glanz und ist oft etwas klebrig, leimig.

Gereiftes Rindfleisch zergeht meist zart auf der Zunge, während schlachtfrisches Fleisch nur als zäh bezeichnet werden kann. Die meisten handwerklichen Betriebe bevorzugen die trockene Reifung am Knochen. Das heißt, das Fleisch hängt in einer Reifekammer bei etwa einem Grad und geringer Luftfeuchte etwa drei Wochen am Haken – oder etwas abweichend, ganz nach den Erfahrungen des Betriebs. Speziell Roastbeef braucht noch eine Woche länger. Wenn ein Stück besonders mürbe und geschmacksintensiv werden soll, lässt man es sogar sechs Wochen hängen.

Bei der Trockenreifung konzentriert sich der Geschmack wie bei einer Kraftbrühe. Gleichzeitig wird die Oberfläche trocken und dunkelrot bis rotbraun. Innen bleibt es appetitlich rot. Während der Reifezeit vollzieht sich im Fleisch der schon erwähnte biochemische Prozess, bei dem Glykogen zu Milchsäure abgebaut wird und sich muskeleigene Enzyme bilden, die das Fleisch zart machen.

Letztlich beeinflusst auch die Fütterung die Geschmacksqualität. Tiere, die frisches Grün von der Weide zupfen, bekommen neben den natürlichen Aromastoffen, die ein Stallfutter nicht bieten kann, reichlich Chlorophyll und ungesättigte Fettsäuren. Das Fleisch erhält so mehr Vitamin A und Omega-3-Fettsäuren, und das Fett verteilt sich besser. Metzger, die Rinder von Bauern aus der Region oder Rassezüchtern beziehen, wissen, welches Futter die Tiere bekommen haben.

SCHWEINEFLEISCH

Der überwiegende Teil des angebotenen Schweinefleischs stammt von Sauen. Die meist kastrierten Eber können im Einzelfall einen weniger angenehmen Beigeschmack haben. Jungtiere, die nach drei bis sechs Wochen Lebenszeit geschlachtet werden und dann zwölf bis 20 Kilogramm wiegen, werden als Spanferkel angeboten. Kennzeichen: ein besonders feines Aroma und eine zarte Fleischtextur. Schweinefleisch lässt man im Allgemeinen nur 48 Stunden reifen. Inzwischen gibt es auch Dry Aged Produkte, die bis zu drei Wochen und länger in der Reifekammer am Haken hängen. Der Vorteil dieses Verfahrens: Der Fleischgeschmack konzentriert sich.

Bei der Beurteilung von Schweinefleisch an der Ladentheke ist auch der Laie nicht überfordert, denn es gibt ein paar einfache Regeln. So sollte man nach Möglichkeit kein vorgeschnittenes Fleisch nehmen, sondern sich etwas vom Stück abschneiden lassen. Denn angeschnittene Fasern sondern meist Flüssigkeit ab, die dann bei der Saftigkeit nach dem Braten fehlt.

Überhaupt empfiehlt sich ein prüfender Blick in die Aufbewahrungsschale hinter dem Thekenglas. Wenn auffällig viel Flüssigkeit ausgetreten ist und das Fleisch in einer tiefen Lache schwimmt, dürfte es sich um Stressfleisch handeln. Der Fachmann spricht in diesem Zusammenhang auch von PSE-Fleisch. Darunter versteht man eine mindere Qualität, das Stück ist blass (englisch pale), weich (soft) und wässrig (exudative). Trotz dieses Mangels kann das Fleisch ohne gesundheitliche Bedenken gegessen werden. Solche Stücke kommen aber nur noch halb so groß aus der Pfanne, außerdem sind sie zäh und trocken. Ein kulinarisches Vergnügen sollte man davon natürlich nicht erwarten.

Ein weiteres Merkmal für die Qualitätsbeurteilung ist der Fettanteil im Muskelfleisch: Eine feine Marmorierung verspricht ein schön saftiges und aromatisches Stück. Denn Fett ist der beste aller Geschmacksträger und sensibilisiert die Geschmacksknospen im Mund, um die Aromen gut aufzunehmen. Außerdem ist marmoriertes Fleisch ein Hinweis darauf, dass das Tier nicht im Schnellverfahren hochgemästet wurde. Auch die Farbe spielt ein Rolle. Helles Fleisch stammt im Allgemeinen von jungen Tieren und ist gleichermaßen zart in der Konsistenz wie auch im

Geschmack. Das Fleisch älterer Tiere ist dunkler und geschmacksintensiver, dafür nicht mehr ganz so zart. Ganz blasses, helles Fleisch kann aber auch ein Hinweis darauf sein, dass es aus einer extrem schnellen Aufzucht stammt, in der sich die Tiere nicht gut entwickeln konnten.

GEFLÜGEL

Als Faustformel dürfte auch hier gelten: Je wohler sich das Tier gefühlt hat, desto besser die Fleischqualität. Die Haltungsformen beeinflussen die Güte maßgeblich: Bei der Käfighaltung handelt es sich um sogenannte ausgestaltete Käfige, die ein Platzangebot von 750 Quadratzentimer pro Tier, Scharrbereich, Sitzstangen und Nester bieten müssen. Konventionelle Käfige sind seit 2012 europaweit verboten. Letztlich hängt es vom jeweiligen Betrieb ab, wie komfortabel er die jeweilige Haltungsform für die Tiere einrichtet. Die intensive Bodenhaltung ist die verbreitetste Mastart. Tiere aus Freilandhaltung versprechen die beste Qualität, weil sich dank der vielen Bewegung das Muskelfleisch am besten entwickelt.

Einige Produzenten verbinden die Freilandhaltung mit einer besonders natürlichen sowie genfreien Fütterung, und man bekommt gute Qualitäten auch ohne Bio-Zertifizierung des Betriebs. Zertifiziertes Bio-Geflügel bekommt ausschließlich Biofutter und Medikamente nur nötigenfalls und in reduzierten Dosen. Das Federvieh ist in vergleichsweise (!) kleinen Gruppen untergebracht: Die EG-Öko-Verordnung erlaubt immerhin noch maximal 3000 Legehennen, 4800 Hähnchen oder 2500 Puten pro Stall – die Bestände im konventionellen Bereich sind erheblich höher. Außerdem darf Bio-Geflügel nicht in Käfigen gehalten werden, und ein Auslauf ins Grüne muss für ein bestimmtes Zeitkontingent, bezogen auf die Lebensdauer der Tiere, möglich sein. Enten und Gänsen muss ein Wasserbereich zur Verfügung stehen.

Man ist gut beraten, sich im Supermarkt, beim Metzger oder am Marktstand einen eigenen Eindruck von der jeweiligen Ware zu verschaffen, damit man nachher nicht mit einer weniger guten Qualität nach Hause geht. Der erste Blick sollte bei verpackter Ware dem aufgedruckten Mindesthaltbarkeitsdatum (MHD) gelten, oder man fragt den Verkäufer an der Theke nach der voraussichtlichen Lagerfähigkeit. Bei verpackter Ware darauf achten, ob die Haut intakt und unverletzt ist und keinen vertrockneten Eindruck macht.

Im Gegensatz zu Schweine- oder Rindfleisch, das, wie es im Fachjargon heißt, »edel« antrocknet und schön appetitlich aussieht, werden trockene Hähnchen und Hühner schnell fleckig, weil kein Fett unter der Haut ist. Dennoch ist trockenes Fleisch keinesfalls als verdorben anzusehen, evtl. wurde es nicht optimal behandelt. Eine Geruchsprobe kann man als Kunde beim Kauf allerdings nicht nehmen, weil es entweder die Verpackung nicht zulässt oder weil der Verkäufer unverpackte Thekenware den Kunden aus hygienischen Gründen zum Riechen nicht unter die Nase halten darf. Für eine Qualitätsprüfung allein durch Abtasten – bei verpacktem Geflügel denkbar – braucht man allerdings einige Erfahrung. Denn abhängig von der Art der Haltung bekommt das Fleisch eine unterschiedliche Festigkeit, und die muss man erkennen können. Ein konventionell und schnell aufgezogenes Tier hat weicheres Fleisch als ein langsam gemästetes, das vielleicht auch viel Bewegung im Rahmen einer Freilandhaltung hatte und deshalb ein kurzfaseriges Fleisch besitzt. Fleisch muss die Fingerdruckprobe bestehen. Es darf sich nicht schwammig weich anfühlen oder zu stark eindrücken lassen, sondern muss fest sein. Die Farbe sollte niemals ins Gräuliche abweichen. Manchmal befinden sich auf dem Geflügel rote Flecken: Sie können zum einen bedeuten, dass sich das Tier im Laufe seines Lebens oder kurz vor bzw. während des Schlachtprozesses gestoßen hat, zum anderen aber auch, dass mit den Tieren rüde umgegangen wurde. Geschmacklich wirken sich diese Flecken aber nicht aus, sind aber kein Qualitätsausweis.

Viele Verbraucher unterschätzen die Bedeutung einer durchgehend guten Kühlung. Manche Kunden kaufen Geflügel und machen anschließend noch eine ausgedehnte Shoppingtour, während der Einkauf im Auto liegt. Dann kann es passieren, dass das Fleisch beginnt umzukippen und zu riechen. Zu Hause wird oft der Fehler gemacht, den Kühlschrank zu warm einzustellen – etwa weil man die Butter jederzeit streichfähig haben möchte. Für den größten Teil des schnell verderbnisanfälligen Kühlschrankinhalts, insbesondere für Fleisch, reicht aber die Kühlzone zwischen fünf und acht Grad – eine oft anzutreffende Einstellung – nicht aus. Geflügel braucht eine Temperatur von zwei bis vier Grad.

LAMMFLEISCH

Lammfleisch gehört inzwischen zum Standardangebot in Supermärkten, obwohl die Beliebtheit hierzulande in den letzten Jahren nur überschaubar gestiegen ist – da macht sich der Einfluss von Kochshows und das Bedürfnis nach mehr kulinarischer Abwechslung bemerkbar. Lamm wird meist als TK-Ware, aber auch eingeschweißt angeboten. Es handelt sich häufig um Übersee-Produkte aus Australien oder Neuseeland, immer öfter auch aus Irland. Bei manchen Metzgern bekommt man frisches Fleisch von Tieren aus regionaler Haltung, ebenso in Hofläden von Lammhaltern im Direktverkauf und auf Märkten. Fachgeschäfte für Lammfleisch, die oft von türkischstämmigen Besitzern geführt werden, bieten ebenfalls Fleisch von frisch geschlachteten Tieren an. Letzteres gilt auch für türkische Lebensmittelgeschäfte mit Fleischtheke. Dort, wo Muslime einkaufen, handelt es sich in der Regel um Tiere, die geschächtet, also nach den Vorgaben des islamischen Religionsrechts geschlachtet wurden. Erkennbar an der Bezeichnung Halāl-Fleisch.

Ob man nun wirklich gutes Lammfleisch oder ein schon nicht mehr so empfehlenswertes Stück vor sich hat, lässt sich beim Einkauf im Geschäft nur mit etwas Erfahrung feststellen. Wer sie nicht hat, kann sie sammeln. Eine hilfreiche Empfehlung lautet daher, sich einen Anbieter zu suchen, bei dem man erst einmal einige wenige Probekäufe macht und den man ein wenig ausfragt. Zuerst sollte man die Herkunft des geschlachteten Tieres in Erfahrung bringen. Das Fleisch von Stallmasttieren hat eine deutlich weniger gute Zusammensetzung als das von Schafen aus Weidehaltung. Ebenfalls wichtig: Handelt es um gereiftes oder frisches Fleisch? Gereiftes ist viel zarter und auch schnittfest. Dann die Farbe beurteilen: Lamm sollte hellrosa sein. Hat die Oberfläche schon trockene, dunkle Stellen, ist das kein besonders gutes Zeichen. Da man im Geschäft aus hygienischen Gründen das Fleisch nicht anfassen darf, holt man diesen Test am besten zu Hause nach. Das Fleisch sollte einen guten Stand haben und sich beim Draufdrücken nicht wabbelig anfühlen. Und wenn es in der Pfanne zu sehr schrumpft, ist das ein Zeichen von Wasser in den Zellen. Das heißt, das Tier hatte kein gutes Futter und wenig Bewegung. In der Küche zeigt sich daher oft, ob die Versprechungen des Verkäufers vom Fleisch gehalten werden.

WILD

Für Wild dürfte eine unbestreitbare Superlative gelten: Mehr Bio geht nicht. Und noch eine: Wild hat das Aroma der freien Natur. Rehe, Rotwild, Damwild, Wildschweine, Hasen und andere Wildtiere, die in Wald und Flur erlegt wurden, stehen daher aus Verbrauchersicht für ein Maximum an Fleischqualität. Von besonderem Tierwohl zu sprechen wäre unsinnig, die Tiere haben einfach ganz natürlich gelebt. Im Prinzip gilt diese Feststellung auch für das sogenannte Gatterwild, wenn es auf weitflächigen Naturarealen gehalten wird. Diese Gehege können so groß sein, dass sich die Tiere, überwiegend Damwild und in kleinerem Umfang Rotwild, dort weitgehend ihrem Artverhalten entsprechend bewegen können.

Viele Menschen stehen dem Genuss z. B. einer Rehkeule aus Mitleid und schlechtem Gewissen skeptisch gegenüber. Dabei denken sie daran, dass das Tier von einem Jäger geschossen wurde, also einen unnatürlichen und blutigen Tod sterben musste – was in aller Regel auch für Gatterwild gilt. Tatsache aber ist, dass die Bestände durch den jagenden Menschen stückzahlenmäßig auf einem bestimmten Niveau gehalten werden müssen, um Natur und Tier in einem verträglichen Gleichgewicht zu halten. Im Übrigen sollte sich jeder Fleischesser auch die Frage stellen, ob Tiere im Schlachthof tatsächlich »humaner« sterben.

Die Qualität eines Wildbrets fängt beim Erlegen des Tiers an. Es darf nicht unter Stress stehen, wenn es geschossen wird. Idealerweise wird es vom Jäger mit dem sogenannten Kammerschuss erlegt. Dabei dringt das Projektil sofort in den Kammer genannten Bereich von Herz, Lungen und Blutgefäße ein. Das Tier stirbt nach allgemeiner Darstellung erfahrener Jäger unter dieser Voraussetzung ohne Schmerz- und Stressempfinden und sehr schnell. Tiere, die nach einem nicht ganz perfekten Schuss noch nicht sofort tot sind, fallen in eine Art Schockstarre, beginnen aber schon auszubluten. Der Jäger muss dann so schnell wie möglich dafür sorgen, dass das Tier restlos ausblutet und ausgenommen wird. Bei Tieren, die in (traditionellen, aber kulturell stark überhöhten) Treibjagden gehetzt werden, sinkt durch den Stress der pH-Wert des Muskelfleisches. Als Folge davon schmeckt das Fleisch weniger delikat, wird säuerlich und bietet sich nicht mehr so gut zum Kurzbraten an. Außerdem wird es blass und ist nicht mehr schön dunkelrot, wie es sein sollte. Beim Fleischkauf sollte man daher auf die Farbe achten.

Auch die weitere Behandlung des erlegten Tieres wirkt sich auf die Fleischqualität aus. Nach der Jagd zerlegt und untersucht der Jäger seine Beute. Wo sind Einschussstellen und wo evtl. Austrittsstellen? Befindet sich noch ein Projektil im Muskel? Schusskanäle verursachen unerwünschte Blutergüsse, die aber nur eine optische Beeinträchtigung darstellen, der Braten hat immer noch das Zeug zu einem großen Genuss.

Nachdem das Fleisch zerlegen wurde, muss es abhängen. Es kommt vor, dass der Jäger, der selbst für die Reifung sorgt, oder die Betriebe, die den Jägern das Wild abnehmen, um es in eigenen Klimaräumen reifen zu lassen, das Fleisch zu früh zum Verkauf ausliefern. Solches Fleisch kann etwas zäh sein und ist noch nicht auf der Höhe der möglichen Qualität. Abhängig vom Alter des Tieres sollte es bei null Grad mehrere Tage reifen. Ein zehn Jahre alter Hirsch beispielsweise braucht bis zu zehn Tagen. Das ohnehin sehr zarte Fleisch von jungen Tieren wie Frischlingen und Kälbern kommt mit nur vier bis fünf Tagen aus. Wenn nach den Regeln des Waidmannshandwerks alles richtig gemacht wurde, wird man an der Ladentheke nicht enttäuscht: Dann duftet das Fleischstück angenehm frisch und riecht nicht befremdlich, ist nicht schmierig und weist keine Verfärbungen auf. Sollte es glasig oder glänzend sein – im Vakupack kaum zu erkennen –, hat es möglicherweise schon einmal in der Tiefkühlung gelegen. Allerdings sollte man auch berücksichtigen, dass männliche Tiere, die in den kühleren Monaten während der Brunft erlegt wurden, recht unangenehm schmecken können. Ein guter Händler wird darüber offen Auskunft geben.

Im Zusammenhang mit Wild fällt auch heute noch oft der Begriff »Hautgout«. In früheren Zeiten, als die Jäger noch keine strenge Prüfung ablegen mussten und ohnehin nicht den heutigen Kenntnisstand hatten, kam es oft dazu, dass sich in den erlegten Tieren massenhaft Bakterien ausbreiteten. Bereits nach kürzester Zeit tritt dann der strenge und berüchtigte Verwesungsgeruch auf, Hautgout genannt. Um aber die Jagdbeute zu retten – eigentlich hätte sie entsorgt werden müssen – legte man das Fleisch tagelang in durchdringende Beizen wie Essig ein, um das unerwünschte Aroma zu übertünchen bzw. abzuschwächen. Heute kommt der Hautgout praktisch nicht mehr vor. Dennoch hat sich die Tradition des Einlegens etwa in Buttermilch erhalten, weil die säuerliche Milch auch als willkommenes geschmacksbildendes Element eingesetzt werden kann und den Wildgeschmack etwas abschwächt. Grundsätzlich kommen Tiere, die nicht waidgerecht erlegt wurden, heute erst gar nicht mehr in den Handel. Dem Jäger und Händler, bei dem man sein Fleisch direkt bezieht, sollte man jedenfalls vertrauen können.

BEZUGSEMPFEHLUNGEN

Wer auf der Suche nach Fleisch gehobener Qualität, besonderen Zuschnitten oder von speziellen Rassen ist, hat mehrere Möglichkeiten. Ansprechpartner für den Bezug von Fleisch, Geflügel und Wild können sein:

» ein vertrauenswürdiger (Bio-)Metzger, zu dem sich eine dauerhafte Beziehung aufbauen lässt. Ihm erklärt man sein Vorhaben und welche Ansprüche man hat. Bei ihm lassen sich kleinere Teilstücke, aber auch halbe und ganze Tiere bestellen.

» Direktvermarkter. Bei den Bundesrasseverbänden erfährt man, welche Betriebe welche Rassen vermarkten. Dort kann man selbst einkaufen oder lässt sich (falls möglich) das Fleisch schicken.

» Fleischerinnung, ***www.oekolandbau.de,*** Kreisbauernverband, die örtliche Verbraucherberatung oder einer der Bio-Handelsverbände. Zu Letzteren zählen beispielsweise Biokreis, Bioland, Demeter oder Naturland. Sie alle können nicht nur Adressen zum Fleischbezug nennen, sondern kennen evtl. auch Bauern, die Tiere im Auftrag mästen (s. u.).

» ein Landwirt, der Tiere im Auftrag mästet. Er sollte gut erreichbar sein, damit man sich seinen Betrieb bei einem persönlichen Besuch ansehen kann. Mit ihm vereinbart man, dass er ein einzelnes Tier so hält, wie man es mit ihm auch in puncto Fütterung abstimmt. Nach dem Schlachten überlässt er es dem auftraggebenden Kunden. Das Tier sollte dann fachmännisch ausgenommen und je nach Größe sowie nach Absprache zerlegt sein. Kleinere Tiere wird man meist selbst vollständig verarbeiten können. Für größere – z. B. Schweine, Kälber, Lämmer – sollte man sich mit anderen Interessenten zusammenschließen. Vorher klären: Wer übernimmt ggf. die Reifung? Bei der Bestellung sollte man seinen Lieferanten bitten, das Fleisch bis zum Abholen an einen Haken zu hängen. Wenn Fleisch evtl. zusammen mit anderen Fleischteilen im eigenen Saft in Wannen liegt, können sich Bakterien übertragen bzw. vermehren. Man sollte auch darauf hinweisen, dass die Kühlkette nicht unterbrochen wird.

» ein vertrauenswürdiger Onlineversender, wie z. B. ***www.otto-gourmet.de.*** Alle Informationen über das Fleisch sind auf der Webseite nachzulesen. Vorteil: Die Auswahl an Rassen, Herkunftsbereichen, Reifeverfahren, Zuschnitten, Teilstücken, kulinarischen Vorbehandlungen (z. B. räuchern) und Verarbeitungen (z. B. Würste) ist unvergleichlich groß.

» der Deutsche Jagdverband. Von ihm bekommt man Adressen von Jägern oder regionalen Verbänden, die nicht zuletzt wegen oft hoher Abschusszahlen am Verkauf des Wildes sehr interessiert sind.

GÜTESIEGEL

Es gibt schätzungsweise 90 Gütesiegel allein für Fleisch und Fleischprodukte. Die Merkmale weichen zum Teil sehr stark voneinander ab, und es ist kaum möglich, einen stabilen Vergleich herzustellen. Zudem weiß man nicht, wo nur viel versprochen und nicht ebenso viel gehalten wird, weil es keine zuverlässigen – und ebenso vergleichbaren – Kontrollen gibt. Es gibt auch siegelähnliche Zertifikate, die allgemein z. B. für mehr Tierwohl plädieren und entsprechende Initiativen benennen, im Kleingedruckten aber darauf hinweisen, dass das betreffende Produkt aus einem nicht angeschlossenen Betrieb stammen kann. Ein Produkt muss also nicht zwangsläufig gut sein, nur weil ein Siegel auf der Verpackung oder an der Theke große Versprechungen macht.

Für Verbraucher ist es nicht leicht, den Überblick über die Siegel zu behalten. Die höchsten Anforderungen an die Halter zum Wohle des Tiers stellen einzelne Verbände wie Demeter, Naturland oder Bioland, sie unterscheiden sich teilweise nur wenig.

Demeter: Der Verband mit den strengsten Auflagen macht seinen Mitgliedern u. a. folgende Auflagen: Eine Gesamtbetriebsumstellung, eine landwirtschaftlich geführte Betriebsform, Futterqualität zu 100 % Bio, wovon ein bestimmter Anteil aus Demeter-Anbau stammen muss, Verzicht auf das schmerzhafte Enthornen der Kühe. Kurze Wege zur Schlachtstätte. Nur wenige absolut notwendige Zusatzstoffe und Prozesshilfsstoffe sind in der Verarbeitung erlaubt. Regelmäßige strenge Kontrollen sichern diese Standards.

Naturland: Die Anzahl der Tiere ist flächenmäßig eingeschränkt, die Hälfte des Futters muss aus Eigenanbau stammen, die Tiere sollen – außer bei schlechtem Wetter – nach draußen können, Rinder erhalten im Sommer Grünfutter, technische Einrichtungen, die die natürlichen Verdauungsabläufe von Rindern beeinflussen, sind verboten. Keine langen Fahrten zum Schlachten.

Bioland: Die Tiere bekommen grundsätzlich Futter in Bio-Qualität, ihre Anzahl ist bezogen auf die Haltungsfläche eingeschränkt. Bei der Auswahl und Verabreichung von Medikamenten sind zahlreiche Wirkstoffe bzw. Wirkstoffgruppen verboten oder nur eingeschränkt zulässig.

Neuland: Schweine, Rinder, Hähnchen, Gänse, Puten und Lämmer wachsen tiergerecht in einer optimalen Umgebung auf, die von bäuerlicher Landwirtschaft und nicht von industrieller Tierhaltung geprägt ist. Es handelt sich hierbei aber nicht um Bio-Betriebe. Die Tiere haben Auslauf (in der konventionellen Haltung gibt es gar keinen Auslauf), in den Ställen liegt Stroh. Das Futter muss gentechnikfrei und einheimisch, jedoch nicht ökologisch, sein. Neuland-Fleisch gibt es nur in bestimmten Fleischereien.

Für mehr Tierschutz: Ein hohes Tierschutzniveau verspricht das Siegel des Deutschen Tierschutzbundes. Es gibt zwei Klassen. Für Betriebe mit zwei Sternen ist vorgeschrieben, dass Schweine ihre Ringelschwänze behalten und ebenso wie Kühe und Masthühner freien Auslauf haben müssen. Mäster, die das Premium-Label mit drei Sternen haben wollen, dürfen zusätzlich nicht mehr als 2000 Schweine in einem Stall bzw. nur 350 Kühe in ihrem Betrieb halten. Außerdem ist Genfutter untersagt. Der Preisunterschied zu Fleisch aus konventionellen Mästereien ist vergleichsweise gering.

Bio-Höfe allgemein: In Bio-Betrieben können die Tiere – Rinder, Schweine, Geflügel – immer ins Freie. Der Platz im Stall ist im Vergleich zu herkömmlichen Höfen deutlich größer, und es ist mit Stroh ausgelegt. Das Futter ist gentechnisch unverändert, bei Schweinen bleibt der Ringelschwanz dran, und Muttersauen bekommen vor der Geburt einen Extrabereich.

DLG: Beim Siegel der Deutschen Landwirtschafts-Gesellschaft geht es ausschließlich um Geschmack, Aussehen und Geruch des Produkts. Es handelt sich um ein rein verkaufsförderndes Emblem. Tierschutz, Bio-Haltung und Genfutterfreiheit spielen keine Rolle.

Otto Gourmet steht für Fleisch aus artgerechter Haltung und Genuss mit gutem Gewissen

KÜCHENEQUIPMENT

Welche Ausrüstung braucht man in der Küche zur perfekten Fleischzubereitung? Eine Übersicht

Im Gegensatz zur Profiküche muss der Kochbereich im privaten Haushalt natürlich nicht für alle Techniken, die bei der Zubereitung von Speisen angewendet werden können, vorbereitet sein. Dafür spielen im privaten Bereich modische und nicht zuletzt repräsentative Aspekte eine immer stärkere Rolle, und für manchen Küchenjünger ist der Besitz bestimmter Maschinen und Geräte ungeachtet ihres Nutzungswerts einfach ein Muss.

Es empfiehlt sich aber, die Auswahl seiner Geräte nach den eigenen kulinarischen Vorlieben zu treffen – welche Geräte also oft oder eben nur ganz selten gebraucht werden – und wo man sie aufstellen bzw. unterbringen kann. Bei der Wahl der Qualitäten und Materialien kommen ebenfalls persönliche Einflüsse mit ins Spiel, denn für den Umgang mit schweren Gusseisenbrätern beispielsweise braucht man viel Kraft in den Händen und Armen, und nicht jeder ist ein Freund von beschichteten Pfannen. Letztlich muss auch der Anschaffungspreis berücksichtigt werden: Ob Messer, Grillgeräte oder Töpfe, oberhalb von Billigangeboten gibt es kaum ein Limit.

BRÄTER

Bräter bieten sich zum Garen von größeren Fleischstücken vor allem im Ofen an. Sie sind eher flach und haben eine eckige, runde oder ovale Form. Meistens besitzen sie einen Deckel. Bräter sollten backofentauglich sein, also Temperaturen bis ca. 250 Grad vertragen können, da große Fleischstücke oft im Ofen gegart werden. Manche Modelle haben einen speziellen Boden und können auch auf die Herdplatte gesetzt werden. Wer einen Induktionsherd hat, sollte auf Eignung achten.

Bei der Auswahl sind als Kriterien vor allem die Größe und das Material zu berücksichtigen. Bezüglich der Größe gilt: Für Gänse oder ganze Lammkeulen braucht man besonders große Bräter. Braten für vier bis sechs Personen erfordern ein eher kleines Modell. Ein runder, mittelgroßer Universalbräter mit fünf bis sechs Litern Fassungsvermögen bietet sich für die allermeisten Gerichte an.

MATERIAL

Beim **Material** spielen abgesehen von funktionalen Unterschieden auch Preis und Gewicht eine Rolle. Außerdem sollte die Verarbeitungsqualität beachtet werden – wie gut sind etwa die Griffe angebracht?

» Die schweren Klassiker aus **Gusseisen** überzeugen durch ein geschmacklich gutes Bratergebnis. Im Laufe der Zeit können sie eine Patina bilden, die wie eine natürliche Antihaftbeschichtung wirkt.

» **Kupfer** ist teuer. Nur sehr erfahrene und anspruchsvolle Köche sind in der Lage, die hervorstechende Besonderheit des Materials – eine besonders schnelle Reaktion auf Wärmezufuhr oder -minderung – zu nutzen.

» Das neuere, an emailbeschichtetes Metall erinnernde **Silargan** ist besonders stabil, stoß- und kratzfest. Es gilt wegen der antibakteriellen, nickelfreien und porenfreien Spezialoberfläche als ideal für Allergiker.

» **Stahlblech** ist günstig im Preis, jedoch rostanfällig und daher pflegeintensiv (nach Gebrauch einölen). Es erzeugt ein knuspriges Anbratergebnis und sollte 2,5 bis drei Millimeter dick sein. Es ist hoch erhitzbar.

» **Edelstahl** ist ein eingeschränkt guter Wärmeleiter, und der Topfinhalt bleibt schnell am Boden haften. Es hat aber auch Vorteile: Es ist gut zu reinigen, unverwüstlich, hat eine zeitlose Optik und ist hoch erhitzbar.

» **Aluguss** ist sehr leicht und meist mit einer Antihaftbeschichtung versehen.

» **Ton (Römertopf)/Keramik/Glas:** Die Vorteile von Ton sind eine perfekte Aromenbildung, der Bräter ist serviertauglich und hat ein relativ geringes Gewicht. Als Nachteil gilt, dass er nur mit Deckel verwendbar ist und daher keine Oberflächenbräunung des Inhalts ermöglicht. Er ist zerbrechlich, relativ aufwendig in der Handhabung (Reinigung, Wässerung) und macht kein Anbraten auf der Herdplatte möglich. Keramik- und Glasprodukte werden ebenso verwendet, sind aber pflegeleichter. Für Gänse gibt es spezielle Gänsebräter, traditionell aus leichtem dunklen Blech, die auf die Zubereitung dieses Geflügel abgestimmt sind.

PFANNEN

Die eine, für alles perfekte Pfanne gibt es nicht! Bei der Wahl kommt es auf den persönlichen Kochstil bzw. Vorlieben und Gewohnheiten an. Wegen der unterschiedlichen Anwendungen sollte es in jeder Küche mindestens zwei verschiedene Pfannentypen geben.

Im Prinzip lassen sich Bratpfannen in zwei große Gruppen unterteilen: beschichtete und unbeschichtete. Beschichtete Pfannen sind meist aus Edelstahl oder Aluminium, unbeschichtete im Allgemeinen aus Eisen bzw. Eisenlegierungen. Modelle mit Antihaftbeschichtung sind entweder mit Teflon (PTFE) oder mit Keramik beschichtet. Oft handelt es sich auch um eine Mischung der beiden Materialien. Ggf. Induktionstauglichkeit berücksichtigen!

Pfannen mit dünnerem und weniger hochwertigem Boden neigen oft dazu, unter Hitzeeinwirkung eine Wölbung zu entwickeln. Sie stehen dann nicht mehr flach auf der Herdplatte, sondern kippeln etwas. Beim Kauf unbedingt darauf achten!

Pfannen gehören nicht in die Spülmaschine! Reinigung und Pflege per Hand ist also in jedem Fall erforderlich.

MATERIAL

» **Edelstahl** ist leicht zu reinigen und unverwüstlich. Allerdings ist es nur eingeschränkt zum scharfem Anbraten geeignet.

» **Aluminium** ist preislich eher günstig, und es ist leicht. Diese Pfannen haben eine weit höhere Wärmeleitfähigkeit als Edelstahlpfannen. Sie werden sehr schnell warm, können die Hitze dann aber nicht lange halten.

» **Eisen** liegt ebenfalls im günstigeren Preisbereich, ist aber schwer und damit perfekt für sehr heißes und krosses Anbraten. Bei guter Pflege kann sich eine natürliche Antihaftbeschichtung bilden. Eisenpfannen sind hoch erhitzbar.

» **Gusseisen** ist eher in der meist gehobenen Preisklasse angesiedelt und schwer. Solche Pfannen sind relativ universell einsetzbar. Sie haben eine gute Wärmeleitung und -haltung, sind sehr langlebig und hoch erhitzbar.

» **Stahlblech** ist nicht so schwer, aber ebenfalls nicht teuer. Es ist perfekt für sehr heißes und krosses Anbraten. Weiterer Vorteil: Stahlblechpfannen sind mit besonders hohen Rändern erhältlich. Bei guter Pflege kann sich eine natürliche Antihaftbeschichtung bilden, bei schlechter etwas Rost mit leichter Geschmacksbeeinträchtigung. Das Material sollte zweieinhalb bis drei Millimeter dick sein. Es ist hoch erhitzbar.

TÖPFE UND KASSEROLLEN

Mehr noch als bei Pfannen braucht man mit Blick auf die Vielfalt der Anwendungen – vom Gemüsegaren über das Schmoren bis zum Soßenkochen etc. – in jeder Küche ein Auswahl. Oft möchte man auch Töpfe gleicher Art, aber in verschiedenen Größen griffbereit haben. Ein guter Kochtopf zeichnet sich dadurch aus, dass er schnell aufheizt, die Wärme gleichmäßig verteilt und die Speisen lange warmhält. Die Griffe bleiben kühl, der Deckel schließt gut ab und sitzt fest. Töpfe gibt es aus demselben Materialien wie Pfannen, Eisen ausgenommen.

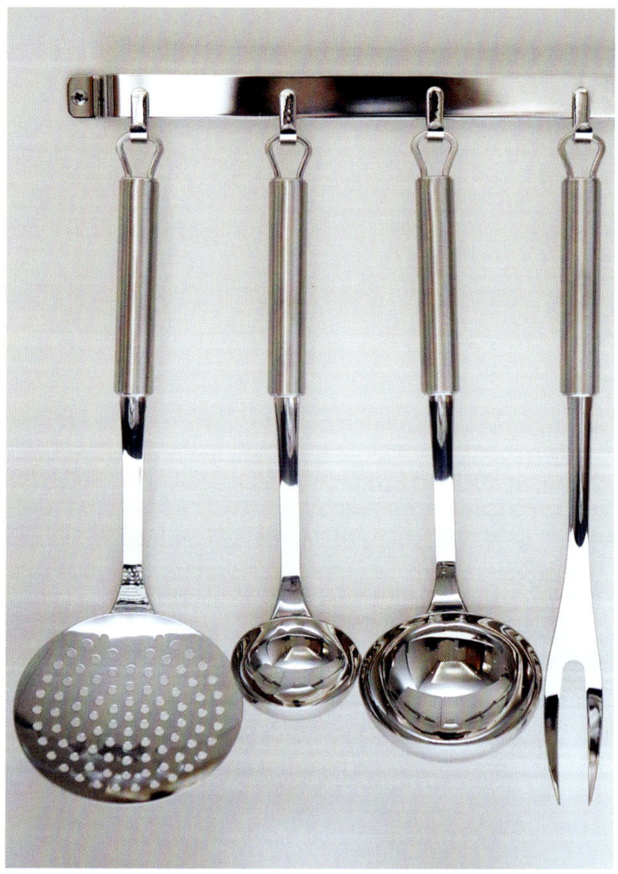

SCHÖPFLÖFFEL

Sie dienen nicht nur dem Schöpfen aus einem Topf, z. B. von Suppen oder Soßen, sondern sind auch unverzichtbar beim Zufügen von Flüssigkeiten, z. B. bei der Herstellung von Soßen. Außerdem braucht man sie zum Abschöpfen von Fett. Man sollte sie in verschiedenen Größen verfügbar haben.

SCHAUMLÖFFEL

Keine Fleischküche ohne Schaumlöffel! Beim Kochen oder Abkochen von Fleisch in Wasser treten Trübstoffe aus, die sich als Schaum auf der Oberfläche bilden. Wer ihn mit dem Schaumlöffel fleißig abschöpft, erspart sich unter Umständen ein späteres aufwendiges Klären von Brühen und Suppen.

FLEISCHGABEL

Zum Heben, Halten und Wenden von rohem wie gegartem Fleisch unverzichtbar. Besonders hilfreich im Umgang mit großen Stücken. Auch hier auf gute (Edelstahl-)Qualität achten, denn billige Blechgabeln sind größeren Gewichten meist nicht gewachsen.

SIEB/PASSIERTUCH

Zum Passieren und Filtern von Soßenansätzen, Essenzen und anderen Flüssigkeiten. Siebe benötigt man auch zum Abtropfenlassen.

SCHNEIDBRETTER

Für den Profibereich hat der Gesetzgeber aus hygienischen Gründen Kunststoffbretter vorgeschrieben. In der privaten Küche dominieren jedoch die optisch reizvolleren und auch ansonsten sympathischer wirkenden Holzbretter. Vorteile der Plastikbretter: Sie sind spülmaschinentauglich und daher kaum anfällig für Verfärbungen und Gerüche – das sind gleichzeitig mögliche Nachteile der nicht spülmaschinentauglichen Holzbretter. Trotzdem muss die Arbeit mit Holzbrettern keinesfalls weniger hygienisch sein, wie mehrere Tests bewiesen haben (siehe »Hygiene« auf Seite 28). Man sollte immer mehrere – nach Möglichkeit auch unterschiedlich große – Bretter im Gebrauch haben, da sie nach dem Reinigen oft erst trocknen müssen, bis sie wieder verwendet werden können. Manche Bretter haben eine Saftrille, in der sich austretende Flüssigkeiten, z.B. beim Auspacken oder Schneiden von Fleisch sammeln. Von Schneidebrettern aus Glas und Stein wird abgeraten, weil sie weniger messerschonend sein sollen.

SCHNEID- UND ZERLEGEWERKZEUGE

Für die Fleischküche braucht man im Grunde nur zwei Messer: Ein großes Kochmesser und ein Ausbeinmesser. (Wer den Messerbestand seiner neuen Küche komplettieren möchte, sollte sich noch ein mittelgroßes Gemüse- bzw. Officemesser und eins mit Wellenschnitt, z.B. zum Brotschneiden zulegen.) Hochwertige und daher etwas teurere Messer sind durchgeschmiedet. Das heißt: Der Stahl geht durch den gesamten Griff hindurch und ist nicht nur in den Griff hineingesteckt. Das bringt Gewicht in die Hand, und das Messer lässt sich besser führen.

Die Zusammensetzung des Messerstahls ist eine Wissenschaft für sich. Wer sich an die bewährten Produkte der Traditionshersteller z.B. aus Solingen hält, wird kaum enttäuscht werden. Es gibt aber auch hochwertige Messer aus japanischen Schmieden oder spezielle Anfertigungen aus Damaszenerstahl, die ebenfalls überzeugen. Letztlich ist es eine Frage des Preises, den man bezahlen kann und möchte: Unter 40 bis 50 Euro wird man kaum Qualitätsware finden, für Spitzenerzeugnisse zahlt man so viel wie für ein E-Bike.

» Das **große Kochmesser** ist das Universalmesser, das in keiner Küche fehlen sollte und im Prinzip zum Schneiden sämtlicher Lebensmittel verwendet werden kann. Es hat eine Länge von 21 bis 30 Zentimeter. Die breite Klinge hat den Vorteil, dass man damit an den Fingern und Fingernägeln der anderen Hand, die das zu schneidende Lebensmittel festhält, eng entlangfahren kann – so mindert man das Risiko, sich selbst zu schneiden.

» Ein **Ausbeinmesser** ist deutlich zierlicher als das Kochmesser und ebenfalls vielseitig einsetzbar. Es ist besonders scharf und hat eine leicht biegsame Klinge. Es ist vor allem dafür gedacht, Knochen aus dem Muskel zu lösen – ausbeinen genannt – und das Fleisch in einem Stück zu lassen. So eignet es sich gut zum Füllen.

» Eine **Knochensäge** oder **Metzgerbeil** wird man im Haushalt eher selten anwenden. Wer aber gelegentlich z.B. halbe oder ganze Lämmer, Spanferkel, Schweineviertel oder frisch geschossenes Wild verarbeitet, wird in Säge und Beil wichtige Helfer haben.

» Eine **Küchenschere** sollte scharf, rostfrei und sehr stabil sein und außerdem gut in der Hand liegen, damit man mit minimalem Aufwand Fleisch, Kräuter und Gemüse schneiden kann. Gute Modelle verfügen über einen integrierten Nussknacker, Dosenöffner, Flaschenöffner und andere Hilfsfunktionen mehr.

» **Messerschärfer** werden vom Handel in mehreren Systemen angeboten, für den Handbetrieb oder mit Stromunterstützung zum Schärfen von Messerklingen. Die wichtigsten: Der klassische Wetzstahl wird nach wie vor von vielen Profis z.B. an Fleischtheken oder in Gastroküchen geschätzt. Wetzsteine werden oft von Messerliebhabern verwendet. Beliebt sind auch Schärfegeräte zum Durchziehen der Klingen, auch von solchen mit Wellenschliff. Rotierende Schleifsteine bewähren sich nicht zuletzt in aussichtslosen Fällen, wenn andere Systeme nicht mehr greifen.

FLEISCHWOLF

Man verwendet den Fleischwolf, um Fleisch und andere Zutaten zu zerkleinern, wenn man Hackfleisch oder Wurstfüllmasse herstellt. Außerdem ist er ein wichtiges Hilfsmittel beim Füllen von Därmen und anderen Wursthüllen. Dabei hilft ein Wurstfüllvorsatz. Es gibt elektrische Fleischwölfe und solche mit Handkurbelbetrieb. Wurstpressen mit einer Kapazität ab 1,5 Kilogramm sind eine Alternative zum Fleischwolf, um Därme zu füllen.

KLEIN- UND VERBRAUCHSTEILE

Küchengarn braucht man zum Binden von Geflügel und gerollten – evtl. vorher gefüllten – Bratenstücken. Kleine Spieße aus Metall oder Holz dienen zum Fixieren z.B. von umwickeltem Speck und zum Schließen von Fleischtaschen oder gefülltem Geflügel. Mit einem Pinsel lassen sich z.B. Glasuren auf Braten aufbringen. Die gewünschte Fleischkerntemperatur lässt sich präzise nur mit einem Fleischthermometer ermitteln.

GRILLGERÄTE

Sie sind der Mittelpunkt beim Outdoor-Cooking. Man hat die Wahl zwischen Holzkohle-, Gas- oder Elektrogrill. Bei der Wahl des Systems sollte man sich an seinen Bedürfnissen orientieren: Soll es vor allem schnell und sauber zugehen, will man möglichst präzise auch größere Mengen und Stücke zubereiten können? Soll das Gerät repräsentativ und nicht nur zum einfachen Grillen einsetzbar sein? Oder liegt einem mehr das Einfache und Bodenständige? Die Möglichkeiten sollten ebenfalls berücksichtigt werden, z.B. zu Fragen des Standorts, der Stromversorgung und Mobilität.

SMOKER

Für das Kalt- und Heißräuchern bietet der Handel jeweils eine Vielzahl von einfachen, aber erschwinglichen bis zu komfortablen und damit teureren Geräten an. Es gibt auch Kombigeräte, die beide Techniken zulassen. Drei Systeme stehen zur Wahl: Beheizen und Raucherzeugung unter Verwendung von Holzkohle, Strom oder Gas. Ob man sich eine Ausrüstung als Tischgerät, kleinen Ofen, BBQ-Smoker oder eine große, schrankartige Anlage anschafft, hängt davon ab, wo man sie aufstellen kann und wie viel man räuchern möchte. Grillkamine sind eine Alternative.

LAGERUNG & HYGIENE

Fleisch ist ein besonders empfindliches und schnell verderbliches Lebensmittel. Was es zu beachten gibt

Wer in der Gastronomie und im Lebensmittel verarbeitenden Gewerbe tätig ist, hat eine Reihe von strengen Regeln zur Einhaltung der Hygiene einzuhalten, denn die Ausbreitung unerwünschter Keime kann schnell zu Erkrankungen und nachhaltigen gesundheitlichen Schäden durch den Fleischgenuss führen. Professionelle Betriebe werden daher regelmäßig kontrolliert.

Privathaushalten hingegen ist es im Prinzip selbst überlassen, wie sie mit Fleisch umgehen, denn sie müssen sich selbstverständlich an keine gesetzlichen Vorgaben halten. Doch gerade in der eigenen Küche sollte man besonders sorgfältig sein, wenn es um die Einhaltung der Hygiene und auch sonst um den richtigen Umgang mit Fleisch geht, weil die Gegebenheiten in Privathaushalten erheblich mehr Risiken bergen. Ein einfaches Beispiel: Auf den Toiletten der Betriebe sind frische Handtücher (aus Papier oder Stoff) zwingend vorgeschrieben, die nur einmal verwendet werden, damit sich beim Händeabtrocknen keine Keime von Vorbenutzern übertragen können. Zu Hause, jeder kennt die Situation, hängen Handtücher, die mehrfach täglich benutzt werden, oft feucht sind und damit einen idealen bakteriellen Nährboden bieten und meist erst nach Tagen gegen frische getauscht werden. Trotzdem lässt sich die notwendige Hygiene auch im eigenen Bereich ohne besonderen Aufwand gewährleisten, wenn man sich an die nachfolgenden Punkte hält.

Skirtsteak

EINKAUF UND TRANSPORT

Bei rohem Fleisch ist es wichtig, für einen möglichst kurzen und gut gekühlten Transport zu sorgen, bevor das Fleisch zu Hause aufbewahrt wird. Daran vor allem in der warmen Jahreszeit denken! Im Supermarkt das Fleisch am besten zuletzt kaufen, wenn Sie alle anderen Einkäufe bereits im Korb oder Wagen liegen haben. Länger als 20 Minuten sollte Fleisch nicht ungekühlt bleiben, darum das Fleisch vor längeren Wegen nach Hause für den Transport in eine mitgebrachte Kühlbox legen. Das gilt auch für TK-Produkte.

IM KÜHLSCHRANK

Nach dem Einkauf dasjenige Fleisch oder Hackfleisch, das sich in einer luftdicht versiegelten Verpackung befindet (häufiger Hinweis: »unter Schutzatmosphäre verpackt«) verpackt lassen. Anderweitig verpacktes Fleisch dagegen auspacken, in eine Aufbewahrungsbox oder auf einen Teller legen und mit Frischhaltefolie abdecken. Eventuell austretender Fleischsaft sollte nicht mit anderen Lebensmitteln in Berührung kommen.

Rind- und Schweinefleisch am Stück hält sich im Kühlschrank zwei bis vier Tage. Hackfleisch ist sehr anfällig für Keime und muss unbedingt innerhalb eines Tages verbraucht werden. Gegartes Fleisch kann im Kühlschrank zwei bis drei Tage aufbewahrt werden, allerdings lässt die Geschmacksqualität im Laufe der Zeit nach. Um wechselseitige Verunreinigungen und sonstige Beeinträchtigungen zu vermeiden – insbesondere wenn sich empfindliche Lebensmittel wie Fisch, Geflügel und Hackfleisch im Kühlschrank befinden – sollte man sie gut verpackt bzw. in verschließbaren Behältnissen und berührungsfrei lagern. Zubereitete Lebensmittel oberhalb von rohen lagern. Rohes Fleisch und andere leicht verderbliche Nahrung sollten an der kühlsten Stelle liegen, das ist die Glasplatte über dem Gemüsefach. Niemals noch warme Speisen in den Kühlschrank stellen, weil sie die Temperatur anderer Lebensmittel erhöhen können. Überfüllung des Kühlschranks vermeiden, damit eine gute Luftzirkulation besteht. Außerdem sollten Kühlgeräte regelmäßig ausgewaschen werden.

TIEFKÜHLUNG

Schweinefleisch hält sich im TK-Bereich zwischen zwei und sieben Monaten, Rindfleisch lässt sich bis zu zehn Monate lagern. Das Fleisch möglichst gleich nach dem Kauf einfrieren und luftdicht in einem Gefrierbeutel verpacken. Sonst kann es passieren, dass das Fleisch austrocknet und ein sogenannter Gefrierbrand entsteht. Vor der Verwertung nur langsam auftauen – am besten im Kühlschrank, um das Produkt keinen zu starken Temperaturschwankungen auszusetzen. Dazu das Fleisch am besten auf einem Sieb über einer Schale platzieren, die den beim Abtauen auftretenden Fleischsaft aufnehmen kann.

HÄNDE WASCHEN

Ein Muss vor und nach der Arbeit mit verderblichen Lebensmitteln und solchen, die nicht erhitzt werden. Wer kleine Verletzungen an den Händen hat, sollte sie mit wasserdichtem Pflaster abkleben oder Einmalhandschuhe tragen. Nach dem Toilettengang sind die Hände besonders gründlich zu waschen. Handtücher möglichst regelmäßig und in kurzen Abständen wechseln. Feuchte Handtücher nicht ungewaschen zum Trocknen z. B. in die Sonne legen und dann wieder aufhängen.

TRENNUNG VON ARBEITSSCHRITTEN

Vorbereitende Tätigkeiten wie waschen, putzen, schneiden von Lebensmitteln – dazu gehört auch das Plattieren von Fleisch – sollten idealerweise an einem eigenen Ort der Küche stattfinden, Arbeiten mit bereits gesäuberten, geputzten und anderweitig vorbereiteten Lebensmitteln dagegen an einem anderen. Beide Lebensmittelgruppen sollen nicht miteinander in Berührung kommen. Wer in der Küche nicht genug Platz hat, erledigt erst die (unsauberen) Vorbereitungen, reinigt den Arbeitsbereich und macht sich dann an die anderen Tätigkeiten.

SPÜLEN

Ob beim Handspülen oder mit der Spülmaschine – je höher die Wassertemperatur, desto besser die Reinigungs- und antibakterielle Wirkung. Das Wasser sollte mindestens 60 Grad heiß sein und stets Spülmittel enthalten. Beim Handspülen ist darauf zu achten, dass das Spülwasser nach dem eigentlichen Reinigungsvorgang vollständig mit frischem Wasser abgespült wird – entweder unter laufendem Wasserhahn oder unter Nutzung eines zweiten Wasserbeckens. Das verwendete Geschirrtuch sollte jeweils frisch eingesetzt werden.

KÜCHENBRETTER

Holzbretter galten lange als weniger hygienisch als solche aus Kunststoff. In den natürlichen Unebenheiten ihrer Oberfläche und den im Gebrauch entstandenen Kerben könnten sich Pilze, Schimmel und Keime festsetzen. Deshalb wird oft noch empfohlen, mit Arbeitsunterlagen aus Kunststoff zu arbeiten. Vorteil: Man kann diese im Gegensatz zu Holzbrettern in die Spülmaschine stecken, wo sie unter hohen, keimtötenden Temperaturen gereinigt werden.

Neuere Untersuchungen zeigen aber, dass Küchenbretter aus Holz hygienischer als bisher vermutet und manchmal sogar besser als Exemplare aus Kunststoff sind, denn Kiefern-, Lärchen- und Eichenholz besitzen eine antibakterielle Wirkung. Trotzdem gilt für alle Holzbrettnutzer (selbstverständlich aber auch die von Kunststoffbrettern): Bretter immer sorgfältig reinigen! Es reicht völlig aus, sie regelmäßig mit der Hand heiß abzuspülen, abzubürsten und dann gut abzutrocknen. Anschließend sollte man sich die Hände waschen.

DER RICHTIGE UMGANG MIT FLEISCH

Roh oder gegart, gebraten, geschmort, sous-vide-gegart und vieles mehr: Fleisch kann sehr vielseitig zubereitet und serviert werden

Die wichtigsten Regeln im Umgang mit rohem Fleisch sind leicht einzuhalten: Auf Hygiene achten (siehe Seite 28), das Fleisch immer gut kühlen und rohe Stücke, vor allem Geflügel, nicht in Kontakt mit anderen Lebensmitteln bringen. Es sollte möglichst bald, auf jeden Fall unter Einhaltung des **angegebenen Verbrauchsdatums** zubereitet werden. Das Verbrauchsdatum ist für verpackte, sehr leicht verderbliche Lebensmittel vorgesehen und nennt den letzten Tag, an dem das Lebensmittel noch verzehrt werden kann. Danach gehört es in den Abfall, um eine Gesundheitsgefährdung auszuschließen. Das Verbrauchsdatum ist nicht mit dem Mindesthaltbarkeitsdatum (MHD) zu verwechseln. Das MHD garantiert bis zum genannten Datum eine gleichbleibend gute Qualität, aber auch kurzfristig danach ist das jeweilige Lebensmittel noch genießbar.

FLEISCH VORBEREITEN

WASCHEN

Um rohes Fleisch von unerwünschten Keimen zu befreien, muss es vor der Zubereitung nicht gewaschen werden, denn diesen Effekt erreicht man nicht mit Wasser. Die einzige Möglichkeit, sich vor Erregern zu schützen, besteht darin, das Fleisch sorgfältig durchzugaren, weil nur dadurch Keime zuverlässig abgetötet werden. Fleisch zu waschen ist nur dann sinnvoll, wenn es z.B.durch Knochensplitter, andere anhaftende Partikel oder Blut verunreinigt ist. Gegebenenfalls sollte man es dann vor der weiteren Be- und Verarbeitung mit Küchenpapier trocken tupfen. Vom Abwaschen wird sogar abgeraten, weil die dabei entstehenden Wasserspritzer die aufgenommenen Keime in der ganzen Küche, z.B. auch auf offen liegende andere Lebensmittel verteilen.

SCHNEIDEN

Fleisch sollte man nach Möglichkeit quer, wenigstens aber schräg zur Faser schneiden. Die Faserrichtung erkennt man am Streifenbild des Fleisches, man kann sie aber auch mit den Fingern erfühlen. Für Gulasch schneidet man das Fleisch zuerst quer zur Faser und die Streifen dann in Würfel. Wenn man parallel zu den Fasern schneidet, werden sie sehr lang und sind nachher schwer zu kauen. Außerdem verliert das Fleisch während der Zubereitung unverhältnismäßig viel Flüssigkeit, was sich später an der Saftigkeit bemerkbar macht.

Im Allgemeinen empfiehlt es sich, bei eher flachen Stücken die Fettränder am Fleisch vor der Zubereitung einzuschneiden, damit sich das Stück beim Braten nicht aufwölbt. Beim Einschneiden von Fettdeckeln – um beispielsweise bei Krustenbraten das typische Rautenmuster zu erhalten – nicht das Fett bis ins Fleisch hinein durchschneiden, sondern nur oberflächlich einritzen, weil sonst wertvoller Fleischsaft austreten kann.

Die verwendeten Messer sollten unbedingt geschärft sein. Wenn man mehrfach ansetzen muss, weil man z.B. wegen einliegender Sehnen, Fettpartien oder Knorpel nicht gleich beim ersten Schnitt durchkommt, entsteht eine ungleichmäßige und zerfaserte Schnittkante, die zu Saftverlusten führt und außerdem unschön aussieht. Für große Stücke unbedingt auch ein großes Messer verwenden. Wer mit einem kurzen Messer »herumsäbelt«, erhält eine unansehnliche und fransige Schnittkante. Zum Einritzen von Fettauflagen eignet sich sehr gut ein Teppichmesser, weil es sehr scharf ist und sich damit ungewollt tiefe Einschnitte vermeiden lassen. Teppichmesser anschließend sorgfältig reinigen!

Tatar

Mett

Carpaccio

ROHES FLEISCH SERVIEREN

Der Genuss von rohem Fleisch ist aus geschmacklichen und ästhetischen Gründen nicht jedermanns Sache. Dafür sind die Liebhaber von Gerichten aus rohem Fleisch mit umso größerer Leidenschaft bei der Sache.

TATAR

Tatar ist die Bezeichnung für fein zerkleinertes ungegartes Fleisch vom Rind, in seltenen Fällen auch vom Lamm bzw. einer Mischung aus Lamm- und Rindfleisch. Tatar von Geflügel wird zwar auch angeboten, da vor allem unter Haushaltsbedingungen das Risiko einer unter Umständen lebensgefährlichen Belastung durch Salmonellen nie auszuschließen ist, sollte man davon Abstand nehmen. Tatar vom Kalb ist etwas milder im Geschmack. Man bezeichnet es auch als Schabefleisch, das aus hochwertigem, sehnenfreiem und fettarmem Muskelfleisch wie Filet hergestellt wird und in gehobenen Restaurants nach der klassischen Zubereitungsart vor den Augen des Gastes nur unter Zuhilfenahme von Messern hergestellt wird. Metzger verwenden den Fleischwolf. Tatar ist feiner zerkleinert als einfaches Rinderhackfleisch, das meist relativ viel Fett enthält und aus Teilen hergestellt wird, die sich wegen ihrer Festigkeit und eher geringen geschmacklichen Attraktivität zum Rohessen nicht eignen. Es bietet sich daher nicht als Alternative an, statt des teureren Tatars das übliche Hackfleisch zum Rohverzehr auf den Tisch zu bringen.

Tatar kann man ganz nach Geschmack würzen. Bewährt hat sich diese klassische Zubereitungsart: Salzen, pfeffern, zu Ballen formen und in die Mitte eine Vertiefung drücken, in die zum Servieren ein frisches Eigelb gesetzt wird. Dann mit feingehackten Zwiebeln, Sardellenfilets und Kapern garnieren. Bei Tisch kann es sich jeder nach Gusto mischen und zusätzlich mit Worcestershire- und Tabascosoße sowie einem Tropfen Cognac würzen. Dazu werden Mixed Pickles und Mischbrot gereicht.

METT

Mett, auch Hackepeter genannt, wird aus rohem durchgedrehten Schweinefleisch hergestellt und mit Salz, Pfeffer und Zwiebelwürfeln gewürzt. Im Vergleich zum edel wirkenden Tatar ein eher bodenständiger Genuss. Auf Brötchenhälften als Imbiss sehr beliebt.

CARPACCIO

Diese sehr elegante Vorspeise besteht meist aus rohem Rindfleisch und entstammt der italienischen Küche. Angeblich wurde sie 1950 in Harry's Bar in Venedig entwickelt und nach dem berühmten venezianischen Maler Vittore Carpaccio benannt, der für seine leuchtenden Rot- und Weißtöne bekannt war. Ein gut angerichtetes Carpaccio auf dem Teller zeichnet sich durch ein kontrastreiches und appetitanregendes Farbspiel aus.

Das verwendete Fleisch, ob Lende oder Filet, wird stark heruntergekühlt, sodass es langsam fest wird und am besten ohne Aufschnittmaschine in hauchdünne Scheiben geschnitten werden kann. Dazu braucht man ein großes und gut geschärftes Messer. Die Scheiben werden auf einem Teller ausgelegt und mit sehr gutem Öl, feinem Essig oder Zitronensaft, Pfeffer und Salz gewürzt und nach Geschmack durch weitere Zutaten wie Eigelb, Senfpulver oder Worcestershiresoße ergänzt. Ebenfalls sehr beliebt sind aufgestreute Parmesanspäne und gehobelte Trüffeln. Dazu Salatblättchen und Weißbrot oder Baguette servieren.

(KURZ-)BRATEN IN DER PFANNE

Braten ist nicht nur deshalb beliebt, weil es relativ schnell und unkompliziert abläuft, sondern weil dabei auch ein einzigartiger Röstgeschmack entsteht, der vergleichbar nur noch auf dem Grill erreicht werden kann. Unter Braten versteht man trockenes Garen bei starker Hitze, meist in einer Pfanne. Das Braunwerden des Fleisches und anderen Bratguts bezeichnet man als Maillard-Reaktion, in deren Verlauf an der Oberfläche des Bratguts Verbindungen aus Eiweißen, Fetten und Zuckern entstehen. Während des Garens wird das Fleisch leichter verdaulich und entwickelt seinen charakteristischen Geschmack. Die Verbesserung der Verdaulichkeit beruht auf einer Veränderung der Eiweißstruktur im Fleisch durch eine Temperatur ab etwa 70 Grad. Dabei strecken sich die Muskelproteine, werden fester und geben Wasser ab. Ab etwa 80 Grad verändert sich bei längerem Garen dann auch das Bindegewebseiweiß. Es wird gelockert und nimmt dabei Wasser auf. Das macht das Fleisch zart.

Diese chemischen Reaktionen machen gegartes Fleisch leichter verdaulich als rohes, da die Verdauungssäfte besser wirken können. Nach dem Anbraten kann die Temperatur gesenkt werden, um den Braten schonender zu garen. Bei scharfer Hitze während der gesamten Garzeit würde das Fleisch austrocknen und der Nährwert mehr als nötig abnehmen.

Der Unterschied zum Grillen und zum Braten im Backofen einerseits und dem offenen Braten in der Pfanne andererseits besteht in der Art der Hitzezuführung: Auf dem Grill und im Ofen wird das Fleisch unter dem Einfluss von Wärmestrahlung gegart, in der Pfanne beruht der Garprozess auf Wärmeleitung (direkter, leitender Kontakt zwischen Hitzequelle und Gargut). Deshalb führen beide Techniken zu unterschiedlichen Ergebnissen.

Schwere **Pfannen** aus dickem Stahlblech, Edelstahl oder Gusseisen leiten die Wärme am besten. Bei beschichteten Pfannen kann sich unter Umständen wegen der hohen Hitze die Beschichtung lösen. In der Grillpfanne bekommt das Fleisch auch markante Streifen wie vom Grill. Das richtige **Bratfett** sollte neutral schmecken und hoch erhitzbar sein. Es bieten sich Erdnuss-, Sonnenblumen-, raffiniertes Raps- und Olivenöl an. Feste Fette wie Butter und kalt gepresste Öle sind nicht zu empfehlen (siehe »Das perfekte Steak« auf Seite 52).

KURZBRATEN

Das Kurzbraten ist ein Vorgang von wenigen Minuten: In einer Pfanne wird wenig Fett erhitzt und das in der Regel flache Stück Fleisch zum Garen hineingelegt. Erst wird von beiden Seiten bei einer Temperatur von 180 bis 200 Grad gegart, bis das Stück von außen knusprig und von innen schön saftig und zart ist. Erst nachher salzen, damit das Salz dem Fleisch keinen Saft entziehen kann. Auch dann erst würzen, die Gewürze würden im heißen Fett bitter werden bzw. ihre Aromen stark verändern.

Im Allgemeinen können in der Pfanne alle Stücke etwa in Portionsgröße kurzgebraten werden, die am besten flach geschnitten schon nach sehr kurzer Gardauer zart und genießbar sind. Es eignen sich: Entrecôte, Rindermedaillon, Rumpsteak, Kalbsmedaillon, Kotelett von Kalb, Lamm und Schwein, Schweineschnitzel, Wildfilet und ausgelöste Rückenstücke (»Lachse« vom Rind, Kalb, Lamm, Schwein, Wild) sowie Geflügelbrustfleisch. Auch Innereien bieten sich zum Braten in der Pfanne an: alle vom Geflügel (mit Ausnahme des Magens), von großen Tieren nur Leber und Nieren.

Die **Dauer** des Kurzbratens – im Bereich von drei bis acht Minuten – richtet sich nach der Dicke des Stückes und danach, wie stark es durchgebraten werden soll. Manche Fleischesser mögen es vollständig durchgegart, andere lieben es, wenn es innen noch blutig oder rosa ist. Um herauszufinden, in welchem Zustand es sich befindet, helfen folgende Regeln: Je stärker das Fleisch durchgegart ist, desto weniger gibt es nach, wenn man mit dem Finger vorsichtig darauf drückt. Ist das Fleisch so weich wie der eigene Daumenansatz, ist es noch blutig. Fühlt es sich dagegen an wie die Wölbungen unter den Fingern in der Handinnenfläche, ist es rosafarben. Vollständig durchgebratene Stücke fühlen sich an wie die Mitte der Handinnenfläche.

Wichtig: Das Fleisch nach dem Braten abgedeckt oder leicht warm gestellt mindestens fünf Minuten ruhen lassen, damit sich Bratwärme und Saft innen gleichmäßig verteilen können. Dann erst würzen.

BRATEN

Die Pfanne bietet sich auch zum Garen solcher Fleischteile an, die für die Kategorie Kurzbraten zu lange brauchen würden, aber auch nicht endlos geschmort werden müssen und auch keine Flüssigkeitszugabe benötigen. Die Temperaturspanne ist mit 160 bis 225 Grad vergleichsweise groß.

Zu den geeigneten Stücken zählen beispielsweise vom Rind die hohe Rippe, Schulterdeckel, Oberschale, Unterschale und Hüfte, vom Schwein Nacken, Rippen, Teile der Keule und vom Schaf Stücke von Keule und Schulter (es kommt immer auch auf den Zuschnitt bzw. die Zerlegung an). Allerdings darf man dabei nicht dieselbe Zartheit wie bei einem Stück Filet erwarten. Vom Geflügel bieten sich beispielsweise Hähnchenkeulen, auch halbe Hähnchen und nicht sehr große Hälften von anderen Geflügelarten an. Panierte Stücke (Kotelett, Schnitzel, Geflügelteile) und Frikadellen werden ebenfalls mit etwas mehr Zeit gebraten.

PFANNENBRATEN

Um absolut perfekte Ergebnisse zu erzielen, werden immer häufiger die Methoden des Pfannenbratens und (Nach-)Garens im Ofen kombiniert. Das erfordert aber einige Erfahrung und ist insgesamt etwas aufwendiger. Eine spezielle Art des Pfannenbratens ist das **Dünsten**. Darunter versteht man ein sehr schonendes Garen in wenig Fett und wenig eigener Flüssigkeit bei ca. 100 Grad. Es gelingt sowohl im geschlossenen Topf als auch in Folie und bietet sich vor allem für zartes Fleisch und kleinere Stücke an. Nährwert und Geschmack bleiben sehr gut erhalten.

BRATEN IM OFEN

Für das Braten im Ofen eignen sich größere Fleischstücke wie Rinderhüfte, Hochrippe, Roastbeef oder Lammkeule, Lammrücken und Lammviertel, Schweinekeule bzw. -schinken und andere Braten, halbe und ganze Spanferkel sowie ganzes Geflügel – um nur die wichtigsten zu nennen. Im Ofen lässt sich praktisch alles garen.

Bei der klassischen Methode wird das fertig gewürzte Fleisch entweder erst bei einer höheren Temperatur gegart, bis sich (braune) Röststoffe entwickelt haben, und dann bei leicht reduzierter Hitze fertig gegart. Oder man wählt eine gleichbleibende Temperatur (um 180 Grad). Von wenigen Ausnahmen abgesehen sollte das Fleisch immer in den bereits vorgeheizten Ofen geschoben werden. Ob der Braten den perfekten Garzustand erreicht hat, lässt sich am einfachsten mit einem Bratenthermometer feststellen. Man schiebt es zur Messung der Kerntemperatur in die dickste Stelle des Fleisches. Die Garprüfung ohne Thermometer erfordert etwas Erfahrung: Gibt das Fleisch beim Druck mit einem Finger tief nach, ist es im Inneren noch roh oder stark blutig. Bei leichtem Druckwiderstand ist das Kernstück noch rot bis rosa gebraten und sollte noch etwas im Ofen bleiben. Auf diese unsicherere Methode per Hand verlassen sich aber selbst viele Profis nicht.

SCHMOREN

Fleisch, das nicht zum Braten und Kurzbraten geeignet ist, verwendet man entweder am Stück für einen Schmorbraten bzw. als komplettes Teilstück, (z. B. Hachsen), oder man schneidet es in kleine Stücke für Gulasch und Ragouts. Bei einigen Sorten wäre die Gardauer im Ganzen allerdings unangemessen lang, und es müsste beständig Flüssigkeit nachgefüllt werden, deshalb kocht man sie besser. Beim Schmoren in der Pfanne oder einem Topf wird das Stück zunächst kurz in heißem Fett angebraten, meist in Begleitung von Zwiebeln und Wurzelgemüse, die ebenfalls kräftige Röststoffe entwickeln und so zu einer guten Geschmacksbildung mit beitragen. Anschließend wird mit einer Flüssigkeit (z. B. Wein, Wasser oder Brühe) abgelöscht. Das Fleisch sollte nur im unteren Bereich in Flüssigkeit liegen und nicht von ihr bedeckt sein. Dabei lösen sich die Röststoffe vom Pfannen- oder Topfboden, und das Gargut wird nun gekocht bzw. bei aufgelegtem Deckel im heißen Wasserdampf gegart. Man kann es dann auf zwei Arten gar schmoren: Entweder gibt man Pfanne oder Topf zugedeckt in den vorgeheizten Ofen (bei etwa 180 Grad), was ein gleichmäßiges Schmoren garantiert. Oder man lässt es bei schwacher Hitze auf der Herdplatte. Bei beiden Gartechniken darauf achten, dass immer etwas Flüssigkeit vorhanden ist! Sie ist nicht nur für den Schmorprozess Voraussetzung, damit nichts anbrät, sondern liefert auch die Basis für eine gute Soße. Die Schmordauer ist bei beiden Methoden etwa gleich. Weniger Hitze bedeutet am Ende mehr Zartheit, erfordert aber auch mehr Zeit.

KOCHEN

Zum Kochen werden in der Regel ungelagerte und durchwachsene Fleischstücke verwendet, die sich weniger gut zum Schmoren eignen. Dazu zählen beispielsweise Brust, Bauch, Rippen, Hachsen und Unterschenkel (Beinstücke), außerdem Suppenhühner. Kochen heißt, das Fleisch wird nicht angebraten, sondern bei 100 Grad oder leicht darunter, komplett von Wasser bzw. Brühe umgeben, gegart.

Vor dem Kochen sollte man entscheiden, worauf man Wert legt: auf eine gute Brühe oder ein möglichst aromatisches Stück Fleisch. Wenn man das Fleisch zusammen mit kaltem, leicht gesalzenem Wasser und Aromazutaten (Gewürze, Kräuter, Gemüse) aufsetzt, profitiert davon die Brühe, weil das Fleisch langsam ausgelaugt wird. Das Fleisch ist dann aber noch gut genug als Suppeneinlage, für Salate, spezielle Schmorgerichte oder als Brotmahlzeit mit Senf, Meerrettich, Remoulade und anderen Würzsoßen mehr. Lässt man hingegen erst das Wasser aufkochen und legt dann das Fleisch hinein, verschließen sich die äußeren eiweißhaltigen Flächen durch die Hitzeeinwirkung (die oft gebrauchte Formulierung, dass sich die »Poren schließen« ist irreführend, da nur Haut und nicht das freiliegende Muskelfleisch über Poren verfügt) und verhindern so weitgehend ein Austreten von Fleischsaft und Aroma. Nach dem ersten Aufkochen die Temperatur so weit herunterschalten, dass die Flüssigkeit nur noch leicht simmert.

Beim Kochen von Fleisch bildet sich auf der Brühenoberfläche meist ein gräulicher Schaum. Er sollte mit einem Schaumlöffel sorgfältig abgenommen werden, damit die Brühe nicht trüb wird. Außerdem verflüssigt sich das Fett und sammelt sich an der Oberfläche. Wenn es nach dem Abkühlen zu einem geschlossenen Deckel erstarrt, wirkt es konservierend, weil kein Sauerstoff an die Brühe gerät. Erstarrtes Fett lässt sich sehr leicht entfernen, die einfachste und gründlichste Methode der Entfettung.

NIEDRIGGAREN

Die Methode des Niedriggarens ist grundsätzlich keine neue Erfindung. Als es noch keine modernen Backöfen gab, die eine sehr hohe und zuverlässig gleichbleibende Hitze ermöglichten, konnte Fleisch im Allgemeinen buchstäblich nur »auf kleiner Flamme« gegart werden. Heute setzt man diese Technik gezielt ein und benutzt dazu den Backofen, weil er Temperaturkonstanz und damit ein möglichst gleichmäßiges Garen garantiert. Vorteile des Niedriggarens: Das Fleisch bleibt mehr als bei allen anderen Techniken saftig, und die Eigenaromen werden optimal erhalten. Nachteile: Es bilden sich keine Röstaromen, und es entsteht kein Fond, der für eine Soße verwendbar wäre. Soßen sollten daher auf andere Weise zubereitet werden, und wer Röstaromen haben möchte, kann das Fleisch vorab kurz anbraten oder vor dem Servieren kurz übergrillen. Ob Röstaromen überhaupt sein müssen und wie man sie erzielt, ist eine Glaubensfrage im Bereich des Niedriggarens. Ein weiterer Nachteil besteht darin, dass wegen der geringen Temperatur keine anderen Lebensmittel, beispielsweise Kartoffeln, mitgegart werden können.

Zum Niedriggaren bieten sich vor allem Teile an, die man braten und kurzbraten kann. Die Temperatur liegt bei 80 Grad für Rind-, Schweine-, Wild- und Lammfleisch sowie Geflügel und 90 Grad für Geflügelbrust. Die Garzeit kann – z. B. bei einer ganzen Gans – sechs Stunden und länger dauern. Es spricht nichts dagegen, eine Temperatur bis 120 Grad zu wählen, weil es damit deutlich schneller geht und Saftigkeit sowie Aromen dennoch gut, aber nicht mehr ganz so perfekt erhalten bleiben.

Wer zum ersten Mal mit niedrigen Temperaturen garen möchte, sollte auf jeden Fall vorher seinen Backofen testen. Bei vielen Geräten weicht die eingestellte Temperatur von der tatsächlich erreichten mehr oder weniger stark ab. Ein Backofenthermometer – ersatzweise ein Fleischthermometer – gibt über das Ofenverhalten Auskunft und hilft, präzise herauszufinden, wann die gewünschte Brathitze erreicht ist.

Obwohl man beim Niedriggaren letztlich nicht viel falsch, das heißt, nichts wirklich ungenießbar machen kann – schlimmstenfalls waren Temperatur und Dauer zu gering, das Fleisch ist noch zu roh und das Fett noch nicht abgeschmolzen, oder aber es ist schon etwas zu trocken geworden –, sollten Anfänger zunächst auf bewährte Rezepte zurückgreifen. Nur so kommen sie in den besonderen Genuss niedriggegarter Stücke und werden nicht enttäuscht.

GAREN UNTER DEM SALZMANTEL

Für diese Technik bietet sich nur sehr zartes, zum Kurzbraten taugliches Fleisch und Geflügel an. Es handelt sich um eine besonders schonende Garmethode, weil der Salzdeckel die Wucht der Ofenhitze abschwächt und ein Austreten der Aromen verhindert.

Man nimmt grobes Salz, bevorzugt Meersalz, und vermischt es mit etwas Wasser zu einer gut formbaren, aber nicht flüssigen Masse. Viele Köche geben noch verquirltes Eiweiß hinzu, das vor allem bei gereinigtem und mit Trennmittel behandeltem Salz für mehr Bindung und Stabilität sorgt. Pro Kilogramm Fleisch rechnet man etwa zwei Kilogramm Salz. Die Salzmischung wird zur Hälfte wie ein Sockel auf ein Backblech gegeben. Darauf setzt man das Fleisch, das mit dem restlichen Salz vollständig und gleichmäßig ca. einen Zentimeter dick eingehüllt wird. Anschließend wird das Ganze in den Ofen geschoben. Nach dem Garen wird der hart gewordene Salzmantel z. B. mit einem Hammer abgeschlagen – er lässt sich auch absägen, beides macht vor Gästen Eindruck –, und das Fleisch kann portioniert werden. Ofentemperatur und Gardauer liegen leicht über den Werten bei normalem Braten.

Beim Würzen zu beachten: Salzen muss man das Fleisch nicht, aber es ist keinesfalls so, dass es durch das Einpacken in die weißen Kristalle einen übermäßigen Salzgeschmack annimmt. Auch sich beim Öffnen mit Hammer oder Säge evtl. lösende Salzpartikel lassen sich problemlos entfernen. Gewürze und Kräuter sollte man vorher nur sehr zurückhaltend zufügen, da deren Aromen mehr als bei allen anderen Gartechniken weitgehend erhalten bleiben und sehr intensiv zur Wirkung kommen. Beispielsweise reichen für ein Stück Rindfleisch bereits einzelne Thymianzweige, um ein markantes Geschmacksprofil zu erzeugen.

SOUS-VIDE

Sous-Vide (frz. sous = unter, vide = Vakuum) ist eine Variante des Niedrigtemperaturgarens und wird auch Vakuumgaren genannt. Dabei wird Fleisch (auch Fisch und Gemüse) luftdicht in einem Kunststoffbeutel eingeschweißt und im Wasserbad bei Temperaturen von unter 100 Grad gegart. Die Garzeit kann von wenigen Stunden bis zu zwei Tagen dauern, in Ausnahmen auch weniger als eine Stunde. Das Verfahren war wegen der benötigten teuren und relativ großen Gerätschaften lange Zeit der Gastronomie vorbehalten. Inzwischen aber sind kleine, handliche und auch erschwingliche Geräte auf dem Markt, die das Vakuumgaren auch in der eigenen Küche ermöglichen.

Vorteile des Sous-Vide-Verfahrens: Auch Fleischstücke, die sonst geschmort oder gekocht werden müssten, um sie genießbar zu machen, werden mit einem Ergebnis gegart, wie man es bestenfalls mit dem Kurzbraten erreicht. Das Fleisch hat äußerlich eine dünne durchgegarte Schicht, innen aber ist es weitgehend ohne Grauabstufungen gleichmäßig (!) rosa und saftig. Außerdem gehen keine Aromen verloren, und man kann auch schon vor dem Einschweißen Gewürze zufügen. Ein weiterer Vorteil: Die Methode gilt als extrem zuverlässig. Wählt man einmal die richtige Wassertemperatur,

ist ein Übergaren schlicht nicht möglich, es kommt nicht auf entscheidende Sekunden oder Minuten der Hitzeeinwirkung an – wenn die Gäste verspätet kommen, macht nichts!

Die Sous-Vide-Technik inspiriert zum Experimentieren, weil es immer wieder auf die richtige Kombination von Gartemperatur und Gardauer ankommt. Anfänger sollten sich zunächst nur auf erprobte Rezepte einlassen.

GRILLEN

Beim Grillen wird das Fleisch durch Wärmestrahlung gegart und wie beim Kurzbraten an der Oberfläche geröstet, es hat aber keinen direkten Kontakt mit der Hitzequelle. Als Hitzequelle dienen Holzkohleglut, Holzfeuer oder Holzglut, Gas, durch Gas erhitzte Steine oder elektrische Heizschleifen. Beim Grillen entstehen im Rahmen der Maillard-Reaktion (für mehr Info siehe Seite 33) Röststoffe, die den typischen und erwünschten Geschmack erzeugen.

Beim direkten Grillen liegt das Gargut auf einem Rost direkt über der Hitzequelle. Man sollte es mehrfach wenden und aufpassen, dass nichts in oder auf die Hitzequelle tropft. Der aufsteigende beißende Qualm kann nicht nur das Aroma verderben, sondern auch gesundheitsgefährdende Verbindungen im Fleisch erzeugen. Deshalb hat es sich bewährt, das Grillgut in dünne Aluschalen zu legen, damit nichts abtropfen kann. Direktes Grillen wird im Allgemeinen offen praktiziert, man kann aber auch vorübergehend die – sofern vorhanden – Haube des Grill schließen.

Für das indirekte Grillen wurde der Kugelgrill entwickelt. Die Hitzequelle befindet sich seitlich unter dem Gargut, statt direkt darunter (siehe »Barbecuing« S. 38).

Es gibt eine unüberschaubare Zahl von Grillgerätetypen und -größen vom kleinen tragbaren Einmalgrill über Schwenkgrills, offene partytaugliche Mitteklassevarianten, Kugelgrills, Kaminöfen für die Terrasse und selbstgebaute Backsteinkonstruktionen im Garten bis zu schrankähnlichen Highend-Geräten, die als Miniküche mit Wasseranschluss in den Outdoorbereich gerollt werden können.

BARBECUING

Für das indirekte Grillen, das Barbecuing, wird der Kugelgrill eingesetzt. Das Gargut liegt nicht unmittelbar oberhalb der Hitzequelle, denn diese befindet sich seitlich darunter. Dadurch kann das Gargut deutlich länger in der Hitze bleiben, ohne zu verbrennen. Das bedeutet, dass beim Barbecuing auch sehr große Fleischteile eingesetzt werden können, die evtl. mehrere Stunden Garzeit brauchen. Um den Garvorgang zu beschleunigen und für eine gleichmäßige Hitzeverteilung zu sorgen, zieht man die Haube (»Kugel«) des Grills über. Barbecuegeräte gibt es in ähnlich großer Auswahl wie Grills (siehe »Grillen« auf Seite 37).

SMOKEN

Smoken heißt nichts anderes als räuchern. Gemeint ist aber nicht das Räuchern in speziell dafür gebauten Öfen oder Kammern, wie sie beispielsweise Metzger für große Fleisch-, Schinken- und Wurstmengen benutzen, sondern in Smokern, grillähnlichen geschlossenen Geräten, die man auch auf die Terrasse stellen kann. Zum Smoken braucht man Glut, außerdem Holzspäne, die in der Hitze verglimmen und den erwünschten Rauch erzeugen. Der Rauch hat eine konservierende Wirkung, vor allem aber verleiht er dem Fleisch ein reizvolles Raucharoma.

Es gibt zwei Arten des Räucherns: Das Kalträuchern und das Heißräuchern bzw. Warmräuchern. Der Unterschied liegt in der Temperatur des Rauches und der Dauer des Räuchervorgangs. Für Besitzer von Smokern kommt vor allem das Heißräußern in Betracht. Bei einer Rauchtemperatur von 60 bis 100 Grad wird das Fleisch 20 bis 120 Minuten lang oder auch länger durchgegart. Beim Kalträuchern darf der Rauch nur 20 bis 26 Grad heiß werden. Dabei werden die Lebensmittel nur geräuchert, aber nicht gegart. Das Kalträuchern kann mehrere Tage und Wochen in Anspruch nehmen und ist daher für Smoker bzw. Hobbyräucherer eher ungeeignet.

Halbprofessionelle, zum Teil fast handliche Räucherschränke, wie sie z. B. von Anglern gern benutzt werden, gibt es in großer Auswahl im (Online-)Handel. Sie sind einigermaßen erschwinglich. Beim Kauf darauf achten, welche der Räuchermethoden damit möglich sind.

Für beide Arten des Räucherns braucht man Räucherspäne und -mehl , erhältlich bei Anbietern von Anglerbedarf. Spänen oder Mehl aus Buchenholz werden die besten Eigenschaften zugesprochen, aber man kann auch andere Holzarten verwenden wie Erle, Fichte, Tanne, Apfelbaum, Pflaumenbaum oder Eiche. Die Unterschiede bestehen in der Färbung des Räucherguts und der Aromatisierung.

WURSTEN

Die Herstellung von Würsten ist die wichtigste Art der Fleischverarbeitung. Dabei handelt es sich um eine handwerkliche Fertigkeit, die neben fachlicher Kenntnis auch die Einhaltung strenger Hygieneregeln erfordert. Aber man kann mit vergleichsweise geringem Aufwand auch zu Hause Wurst selbst herstellen. Auch wenn dabei nicht immer die Perfektion des Metzgers oder der industriellen Wursthersteller erreicht wird, kommt man doch zu Geschmackserlebnissen, die die übliche Standardware leicht überbieten kann.

Die Wurstmasse, das Brät, wird in der Hauptsache aus zerkleinertem Fleisch, Speck, Salz, und Gewürzen hergestellt, und je nach Sorte werden auch Blut und Innereien mitverarbeitet. Das Fleisch kann von Schweinen, Rindern, Kälbern, Schafen, Pferden oder Geflügel stammen. Zur typischen Wurst wird das Gemisch aber erst, wenn es in Tier- oder Kunstdärme, Blasen oder Mägen gefüllt wurde. Das Brät lässt sich aber auch in Dosen und Gläser einmachen.

Man unterscheidet nach der Zubereitungs- bzw. Konservierungstechnik drei Wurstarten: Für **Brühwurst** – Würstchen, Fleischwurst, vorgebrühte Bratwurst, Bierschinken, Lyoner, Mortadella – wird die Wurstmasse roh eingefüllt und erhitzt, nach Geschmack auch geräuchert. Für **Kochwurst** – Leberwurst, Blutwurst, Sülzwurst – werden Fleisch, Schwarten und Speck vorgekocht und evtl. zusammen mit rohen Innereien in den Darm eingefüllt. Anschließend wird die Wurst gegart, evtl. auch geräuchert. Beide Arten bieten sich gut für das Wursten zu Hause an. Aus hygienischen bzw. Verderbnisgründen sollte man jedoch die Herstellung von Rohwürsten den Profis überlassen. **Rohwurst** – Mett- und Teewurst, Salami, Cabanossi, Cervelatwurst – besteht aus rohem Fleisch und Speck, deshalb ist die Herstellung heikel.

Für das Wursten braucht man nicht allzu viele spezielle Geräte: einen Fleischwolf mit Wurstfüllvorsatz, evtl. einen Wursttrichter, Küchengarn und Darm. Diese Utensilien bekommt man beim Metzgereibedarf, einen Fleischwolf besitzen viele bereits.

GARZEITEN & KERNTEMPERATUR

Die Gardauer hängt von mehreren Faktoren ab und kann deshalb stark variieren. Vertrauen Sie vor allem auf das Thermometer, um ein präzises Ergebnis zu erzielen

Auch wenn häufig und auch auf diesen Seiten die Rede von einem »perfekt« gegarten Stück Fleisch ist, entscheidet allein das individuelle Geschmacksempfinden darüber, ob der behutsam geschmorte Braten, das kurzgebratene Steak oder das stundenlang gekochte Huhn als gelungen bezeichnet werden können. Neben produktbezogenen Faktoren wie Tierrasse, Aufzucht, Schlachtung und Zuschnitt des jeweiligen Teils spielen auch technische Einflüsse wie die Qualität der verwendeten Küchengeräte und das Heizverhalten des Ofens eine Rolle. Klima und Luftfeuchtigkeit haben ebenfalls einen Einfluss.

GARZEITEN

Zu einem tadellosen Garergebnis tragen insbesondere die richtigen Garzeiten bei. Alle Empfehlungen in Rezepten und tabellarischen Übersichten können wegen der genannten Faktoren aber nur Richtwerte darstellen. Kochen nach Rezeptvorgabe unter Verwendung einer Stoppuhr dürfte daher bestenfalls in Ausnahmefällen funktionieren. Es kommt in erster Linie darauf an, welche Temperatur das Stück Fleisch am Ende der Garzeit in seinem Innenbereich angenommen hat. Das ideale Ergebnis wird daher zunächst von der Garzeit, letztlich aber von der Kerntemperatur bestimmt. Man ermittelt sie präzise mit einem Fleischthermometer.

Die Garzeit ist abhängig von der Dicke des Stücks und seinem Gewicht. Als Faustformel bezogen auf die Dicke gilt: pro Zentimeter Fleischdicke ca. zehn Minuten Garzeit. Als Faustformel bezogen auf je 500 Gramm Gewicht gilt: ca. 50 Minuten für Rindfleisch, ca. 30 Minuten für Kalb, Lamm, Schwein und Geflügel und ca. 40 Minuten für Wild.

Die Garzeit besteht aus drei Phasen. Zunächst ist das Fleisch weich-elastisch. Die Elastizität lässt während des Garvorgangs aber schon bald nach, und das Fleisch wird fest. Wird es dann eine Zeit lang weitergegart, lockert sich die Bindegewebsstruktur, und das Bindegewebseiweiß nimmt Wasser auf. Jetzt erst wird das Fleisch so zart, wie man es zum Essen haben möchte. Bei Kurzgebratenem wird nur der unmittelbare Außenbereich durchgegart, der Innenbereich wird lediglich mehr oder weniger erwärmt.

RIND	**rosa**	**medium**	**Well done/ durch/gar**
Rinderfilet	38–55 °C	55–58 °C	
Roastbeef	53 °C	55–60 °C	
Rindsrose			85–90 °C
Rinderbrust			90–95 °C
Rinderbraten		70 °C	80–85 °C
Tafelspitz		55 °C	90 °C
Sauerbraten			85 °C
Rinderfilet	45–50 °C	50–55 °C	60–65 °C
Entrecôte		56 °C	
Beef Brisket			85 °C
Falsches Filet		60–65 °C	70–75 °C
Rouladen aus dem Filet		58 °C	
Rouladen aus der Keule			70 °C
Rinderlende	38–55 °C	55–58 °C	
Côte de Bœuf	48 °C	53–55 °C	
T-Bone-Steak	49 °C	54–58 °C	

KALB	rosa	medium	Well done/ durch/gar
Kalbsrücken	65–70 °C		
Schlegel			78 °C
Nierenbraten			75–80 °C
Kalbsbraten			68–74 °C
Kalbsschulter			75–80 °C
Kalbsbrust (gefüllt oder ausgelöst)			75–78 °C
Kalbsbraten gefüllt			70 °C
Oberschale			78 °C
Frikandeau			78 °C
Hachse			80–85 °C
Keule			78 °C
Nierenbraten			75–80 °C
Nuss			78 °C
Schulter-braten			74 °C
Kalbslende		60 °C	
Kalbsfilet		60 °C	

LAMM	rosa	medium	Well done/ durch/gar
Lamm			79–85 °C
Lammkeule	60 °C		70–72 °C
Lammrücken	60–62 °C		68 °C
Lammkarree	55 °C		
Lamm-kotelett	55 °C		

HAMMEL	rosa	medium	Well done/ durch/gar
Hammel-rücken	70–75 °C		80 °C
Hammel-keule	75–78 °C		82–85 °C

GEFLÜGEL	rosa	medium	Well done/ durch/gar
Ente			80–90 °C
Entenbrust	62–65 °C		
Gans	75–80 °C		90–92 °C
Gänseleber-pastete			45 °C
Hähnchen			80–85 °C
Hähnchen-brust			72 °C
Perlhuhn-brust			70 °C
Poularde			72–75 °C
Pute			80–90 °C
Putenbraten			70 °C
Truthahn			80–85 °C
Strauß/Filet-steak			58 °C

WILD	rosa	medium	Well done/ durch/gar
Rehbraten			75–80 °C
Rehrücken	50–60 °C		
Rehrücken gespickt			58–60 °C
Rehschulter	60 °C		
Hirschrücken	54–60 °C		
Hirschme-daillons	60 °C		
Hirschbraten	60 °C		
Wildschwein-braten			75–78 °C
Wildschwein-filet	60–62 °C		
Wildschwein-keule			75 °C
Kaninchen-keule			65 °C

TEILSTÜCKE

Eine Übersicht zu den Beef Cuts finden Sie auf dem Poster

Jedes Teilstück des Tieres hat spezifische Eigenschaften, die sich auf Geschmack, Zartheit und Behandlung in der Küche auswirken

FLEISCH VON RIND UND KALB

Das Zerlegeschema von Rindern kann sich regional, vor allem aber international sehr stark unterscheiden. Wer im Ausland Fleisch kauft oder im Restaurant bestellt, sollte berücksichtigen, dass vertraute Bezeichnungen dort oft ganz andere Stücke oder Zuschnitte meinen können. In Deutschland wird das Rind in die nachfolgend aufgelisteten Teile zerlegt, die wiederum in Teilstücke geschnitten werden können. Das Zerlegeschema für Kälber ist sehr ähnlich, beinhaltet jedoch weniger Teile. Die einzelnen Partien besitzen stark abweichende Eigenschaften und können bzw. müssen in der Küche daher auf verschiedene Art und Weise verwendet werden.

Hals/Kamm/Nacken: Alle drei Begriffe bezeichnen den Rinderhals. Das kräftig durchwachsene Muskelfleisch eignet sich sehr gut zum Kochen und Schmoren.

Fehlrippe/Hohe Rippe: Die sehr saftigen Stücke sind ideal zum Kochen, Schmoren und Braten. Wenn sie für ein Fondue verwendet werden, sollten sie gut abgehangen sein.

Hochrippe/Roastbeef: Feine Fettäderchen machen das Muskelfleisch schön saftig. Es bietet sich zum Kurzbraten und Grillen an. Aus der Hochrippe stammt das Côte de Bœuf. Die eigentliche Roastbeefpartie unterteilt sich in das hohe und flache Roastbeef sowie das Zwischenrippenstück (Entrecôte) und gibt beste Steaks her.

Filet: Das Filet ist besonders zart und feinfaserig und das beste Stück zum Kurzbraten. Man schneidet daraus ca. 200 Gramm schwere Filetsteaks bzw. das doppelt so schwere Chateaubriand, außerdem Tournedos, Filet Mignon und Medaillons. Die Filetspitzen eignen sich für elegante Ragouts und Gulaschgerichte.

Hüfte/Blume: Die Rinderhüfte ist mit feinen Fettäderchen durchzogen und besitzt eine lockere Faserstruktur, die das Fleisch zart und saftig macht. Gutes Ausgangsmaterial für Braten, Schmorbraten und Rouladen, oder für kurzgebratene Beefsteaks und Rinderhüftsteaks.

Unter- und Oberschale: Die Oberschale ist eine vielseitig zu verwendende Partie. Sie eignet sich für Rouladen, Braten, mageres Tartar, Fonduefleisch und Beefsteaks. Die Unterschale bietet sich zum Kochen, Pökeln und Schmoren an. Bestens geeignet für Gulasch, Rostbraten, Spickbraten oder Rouladen.

Kugel: Die zarte Rinderkugel kann für Schmorbraten, Rouladen, Tartar und Steaks verwendet werden.

Dünnung/Bauchlappen: Eine gute Wahl für Suppen oder als Kochfleisch. Dieser Bereich wird auch zur Herstellung von Wurst verwendet.

Brust/Brustspitze/Brustkern: Das vielleicht beste Kochfleisch. Auch noch nach längerer Gardauer bleibt es schön saftig.

Spannrippe/Querrippe: Ein deftiges Stück, das vor allem Brühen, Eintöpfen und Suppen sowie Gulasch und Gulaschsuppen viel aromatische Kraft verleiht.

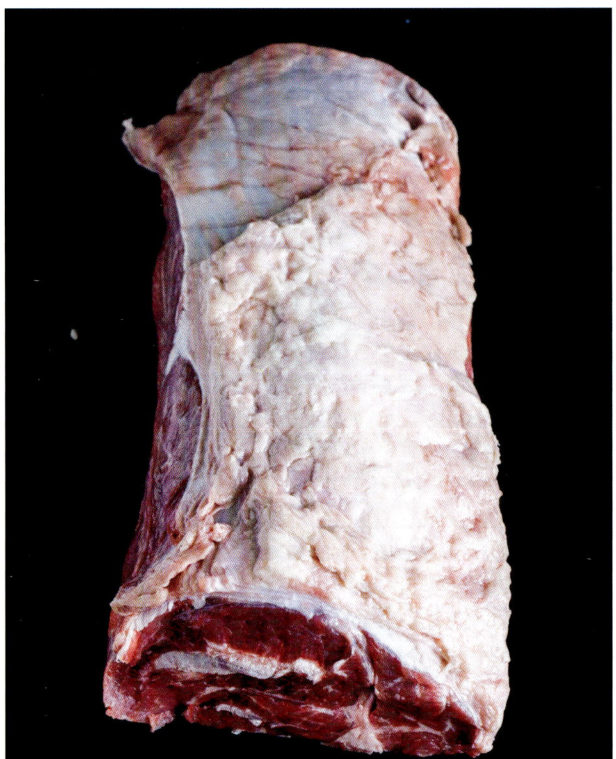

Rinderbrust

Bug/Schulter/Blatt: Die Teile des Bugs – dicker Bug, Schaufel- und Mittelbugstück sowie das falsche Filet – lassen sich gut braten und schmoren. Letzteres sieht dem echten Filet ähnlich, eignet sich aber nicht zum Kurzbraten, sondern für Spick- und Schmorbraten sowie für geschmorte Ragouts, Eintöpfe und Sauerbraten. Den dicken Bug für Braten und Geschnetzeltes nehmen. Das Schaufelstück ist besonders gut für Sauerbraten. Zum Kochen und Schmoren eignet sich das Mittelbugstück.

Vorder- und Hinterhesse: Die Hesse wird in Beinscheiben geschnitten und als Kochfleisch oder für Gulasch verwendet. Man nimmt es auch zum Klären von Brühen (vorher durchgedreht und mit Eiweiß vermischt).

Schwanz: Ochsenschwanzsuppe und Ochsenschwanzragout sind die bekanntesten Zubereitungen. Das zähe Stück wird nur vergleichsweise selten verwendet.

INNEREIEN VON RIND UND KALB

Aus Innereien von Rind und Kalb lassen sich hochwertige, vielseitige und sehr leckere Gerichte zubereiten. Viele regionale Spezialitäten liefern dafür den besten Beweis. Wenn Innereien von Tieren stammen, die nicht aus Massenhaltung stammen und bestenfalls in Bio-Betrieben aufgezogen wurden, sind sie (weitgehend) unbelastet und tragen bei maßvollem Genuss sogar zu einer gesunden Ernährung bei. Sie enthalten relativ viel Eiweiß, oft reichlich Vitamine und Mineralstoffe und unterscheiden sich in den Hauptnährstoffen nur geringfügig von magerem Fleisch. Wer allerdings Probleme mit hohen Harnsäurewerten hat, sollte sich bei Innereien eher zurückhalten. Innereien von Kälbern sind zarter und feiner im Geschmack als die von Rindern.

Nieren: Sie werden im Allgemeinen kleingeschnitten und dann gebraten und gedünstet, sind aber auch zum Grillen geeignet. Am besten säuerlich abschmecken. Vor der Verwendung gut wässern und putzen.

Zunge: Man bekommt sie frisch, gepökelt oder geräuchert und meist im Ganzen. Als Aufschnittware ist sie bereits gekocht. Kochzeit bis zu drei Stunden. Zartes Muskelfleisch, kräftiger Geschmack.

Hirn: Die leicht verdaulichen Teile werden weich gekocht, in Stücke geschnitten und paniert. Dann sind sie zum Frittieren oder Überbacken geeignet. Ein Klassiker in der Krankenverpflegung.

Bries: Die im Brustbereich sitzende Thymusdrüse sehr junger Kälber gilt als Delikatesse. Nach gründlichem Wässern kann man sie braten oder zu Ragout verarbeiten. Vergleichbar mit Hirn, nur fester in der Konsistenz.

Herz: Vor der Zubereitung sollten die hartwandigen Blutgefäße entfernt werden. Meist in Streifen geschnitten, bietet es sich zum Kochen und Schmoren an. Kerniger Geschmack, feinfaserig, fester Biss.

Lunge: Sauer zubereitete Kalbslunge (Züngerl, Gschling, Beuscherl) ist ein süddeutscher und österreichischer Klassiker. Am besten in einer säuerlichen Soße.

Leber: Geputzt und in Scheiben geschnitten, ein gutes Stück zum Kurzbraten. Kalbsleber ist besonders zart.

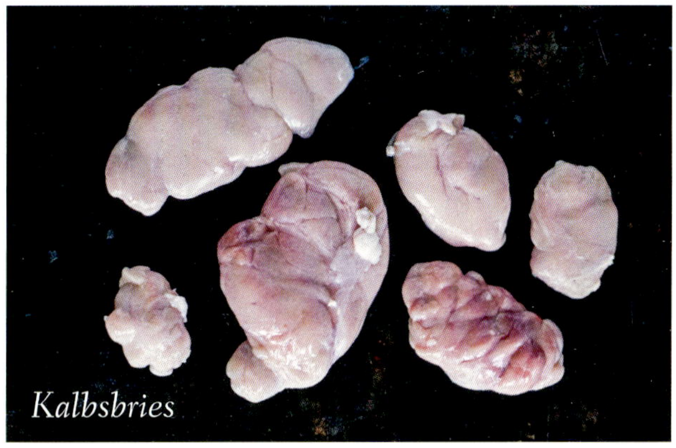
Kalbsbries

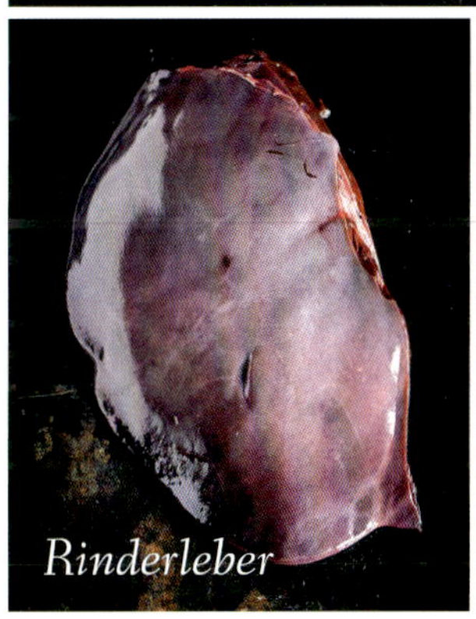
Rinderleber

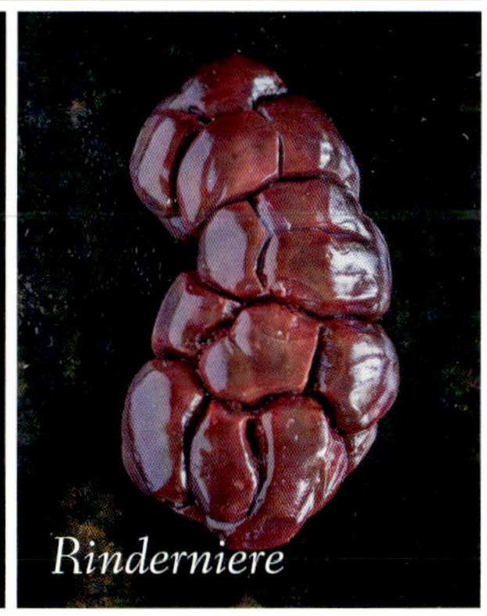
Rinderniere

Vor der Zubereitung sorgfältig putzen. Mit Zwiebeln und Äpfeln ein Berliner Klassiker.

Kopf: Backen und Maske vom Rind werden oft gepökelt angeboten und müssen vor der eigentlichen Zubereitung weich gekocht werden. Dann ideal für Suppen, Sülzen oder Pasteten sowie Ochsenmaulsalat. Backen können auch geschmort werden. Kalbskopf ebenfalls weich kochen, dann in Würfel oder Scheiben schneiden. Für vielfältige Gerichte geeignet oder nur in Butter braten.

Magen: Wird vom Handel meist gut gesäubert und auch schon vorgegart angeboten. Eine beliebte regionale Spezialität sind Kutteln in Weißweinsauce.

Schwanz: Braucht lange, bis er gar ist, und das Lösen des Fleischs von den Knochen macht viel Arbeit. Er bietet aber ein kerniges Aroma für Suppen und Ragouts.

FLEISCH VOM SCHWEIN

Auch beim Schwein gilt: Für die Zerlegung gibt es keine einheitlichen Vorgaben. Hierzulande werden die Vorschriften der Deutschen Landwirtschaftsgesellschaft, die Regeln der Deutschen Gesellschaft für Ernährung sowie die Richtlinien des traditionellen Fleischerhandwerks angewendet.

RÜCKEN

Bei der Definition – wo beginnt und endet er? – kann man entweder nach der Knochenanordnung des Skeletts oder nach den Fleischpartien unterscheiden. Zum Rücken gehören:

Rückenspeck: Besteht im Gegensatz zum Bauchspeck nur aus Fettgewebe. Er wird frisch (»grüner« Speck) und geräuchert (fetter Speck) angeboten.

Schweinekamm: Auch Hals oder Nacken genannt. Von Fettpartien durchzogen liefert er saftige Bratenstücke.

Nackenkoteletts: Sie werden mit oder ohne Knochen aus dem Kamm geschnitten. und sind vor allem zum Kurzbraten geeignet.

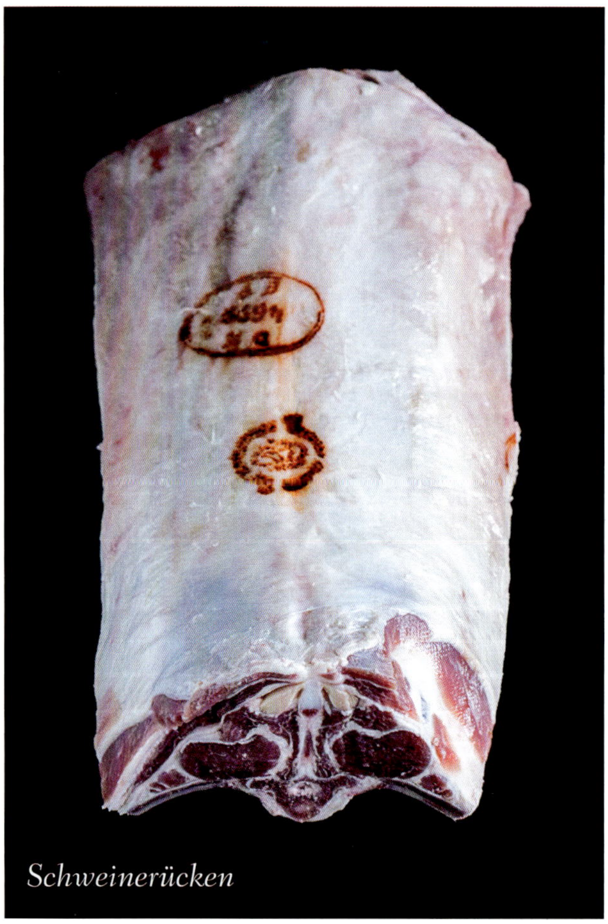

Schweinerücken

Schweinenacken

Stiel- und Lendenkoteletts: Die klassischen Koteletts, die aus dem Rücken geschnitten werden, auch Karbonaden genannt. Mit oder ohne knochigen Rippenanteil.

Schweinelachs: Das ausgelöste zusammenhängende Fleischstück aus den Kotelettsträngen.

Schweinefilet bzw. -lende: Ausgelöst aus der Unterseite des hinteren Kotelettstranges. Zart und saftig, verwendbar als Braten oder in Scheiben als Medaillons.

VORDERKEULE

Die kleineren und weniger geschätzten Gegenstücke zu den Hinterläufen des Schweins, deshalb auch als Vorderschinken bezeichnet (obwohl streng genommen nur der hintere Teil Schinken heißen dürfte). Dazu gehören:

Bug oder Schulter: Für große Braten mit oder ohne Schwarte, Gulasch oder Ragouts. Wird meist in noch kleinere Stücke unterteilt angeboten.

Vordereisbein oder -hachse: Frisch und gepökelt zu haben. Zum Grillen, Schmoren oder Kochen.

UNTERER RUMPF

Die Einzelstücke haben sehr unterschiedliche Fleisch- und Fettanteile. Dazu gehören:

Rippe oder Brust: Das Teilstück wird unterschiedlich zugeschnitten.

Dicke Rippe oder Brustspitze: Ein kerniges Stück, das sich gut zum langsamen Schmoren anbietet.

Bauch: Er ist erhältlich in großen Stücken oder in Scheiben, jeweils mit oder ohne Knochen. Ohne Knochen ideal für Rollbraten. Wegen der dicken Fettpartien in geräucherter Form auch als Bauchspeck bzw. durchwachsener Speck im Handel. Für Bacon bzw. Frühstücksspeck wird Bauchspeck in hauchdünne Scheiben geschnitten.

Spareribs oder Leiterchen: Gleichmäßig zugeschnittene Rippenstücke aus dem Bauch, weitgehend von Fett befreit. Ideal mit BBQ-Soße zum Grillen oder Schmoren.

Schälrippe: Eine zusammenhängende Rippenpartie aus dem Bauch ohne Fettauflage.

HINTERKEULE

Sie ist das wohl am meisten geschätzte Stück vom Schwein. Die zum Teil mageren Einzelstücke lassen sich auf vielfältige Weise verwenden. Dazu gehören:

Keule oder Schinken: In der Gastronomie manchmal im Ganzen zubereitet, für den Privathaushalt mangels passender Kochgeschirre und Öfen jedoch zu groß.

Ober- und Unterschale: Das ideale Stück zur Herstellung von gekochtem oder geräuchertem Schinken.

Oberschale oder Huft: Für allerbesten Schweinebraten. Immer quer zur Faser aufschneiden!

Schnitzel: Die besten werden aus der Oberschale geschnitten. Schön mager.

Unterschale: Mit Speck und Schwarte ideal für würzige Braten mit knuspriger Kruste. Das schiere Fleischstück bietet sich für Braten, Rollbraten oder Schnitzel an.

Schinkenspeckstück oder Hüfte: Mit Speckdeckel verwendbar und kann dann z. B. zu geräuchertem oder gepökeltem Schinkenspeck verarbeitet werden. Ohne den Fettanteil sehr zart und mager als Bratenstück.

Nuss: In geräucherter oder gepökelter Form auch als Nussschinken im Handel. Frisch ein feines Bratenstück.

Eisbein oder Hachse: Größer als bei der Vorderkeule und ebenso verwertbar.

SPANFERKEL

Die Jungtiere werden üblicherweise zerlegt in ganze Keulen oder Rücken angeboten. Halbe oder ganze Körper zum Grillen im Ofen oder draußen sollten beim Metzger vorbestellt werden.

INNEREIEN VOM SCHWEIN

Kopf: Aus ihm entstehen die Teile Backe, Maske, Ohren und Schnauze mit Rüssel. Die Teile werden vor allem zu Sülzen bzw. Sülzwürsten verarbeitet.

Schweinebacke

Backe: Der fleischigste Teil des Kopfs ist in geräucherter Form als kernige Zutat zu winterlichen Eintöpfen beliebt. Lange Garzeit.

Spitzbein oder Pfötchen: Enthält gelierende Substanzen, daher zur Herstellung von Sülzen bestens geeignet. Früher oft zum Mitkochen in Eintöpfen verwendet.

Hirn: Ein überaus zarter Genuss. Vor dem Braten gründlich wässern, dann blanchieren und abschrecken!

Zunge: Kommt mangels Nachfrage beim Metzger meist in die Wurst, kann aber frisch, gepökelt oder geräuchert für eigene Zubereitungen verwendet werden.

Herz: Ein leckeres Stück von fester Konsistenz. Braucht im Schmortopf oder Ofen lange zum Garwerden.

Leber: Eine der gefragtesten Innereien. Klassisch auf Berliner Art mit Äpfeln und Zwiebeln aus der Bratpfanne.

Niere: Wegen des charakteristischen Geschmacks nicht jedermanns Sache und sollte in jedem Fall sehr lange gewässert werden. Lecker: Saure Nierchen.

Blase, Magen: Nur zum Füllen geeignet. Bekannt und beliebt beispielsweise als Hülle für den Pfälzer Saumagen oder Presssack.

GEFLÜGEL

Schwarzfederhuhn

Hähnchen und alle größeren Geflügelarten bietet der Handel im Ganzen, aber auch in Teilstücken an. Kleines Geflügel liegt im Allgemeinen nur im Ganzen in der Kühltheke. Außerdem gibt es zahlreiche küchenfertige Zubereitungen.

Hälfte: Der Schlachtkörper wurde durch einen Längsschnitt an Brustbein und Rücken entlang halbiert.

Viertel: Eine Hälfte wurde durch einen Querschnitt in ein Vorder- und ein Hinterviertel geteilt.

Brust: Die beiderseits des Brustbeins befindliche Muskulatur wurde mit Haut und Knochen wie gewachsen in zwei Stücken abgetrennt.

Brustfilet: Die Brust wurde von Brustbein, Rippen und meist auch von der Haut befreit.

Schenkel: Die Ober- und Unterschenkelknochen wurden mit Muskulatur und Haut wie gewachsen vom Schlachtkörper abgetrennt.

Hähnchenschenkel mit Rückenstück: Die Schenkel wurden mit einem Teil des Rückens abgetrennt, der maximal 25 Prozent des Gesamtgewichtes ausmachen darf.

Oberschenkel und Unterschenkel: Der Oberschenkelknochen mit anhaftendem Muskelfleisch und der Unterschenkel mit Schien- und Wadenbein sowie anhaftendem Muskelfleisch wurden voneinander getrennt.

Flügel: Oberarm, Elle und Speiche mit anhaftendem Muskelfleisch wurden vom Schlachtkörper abgetrennt.

Beide Flügel, ungetrennt: Beide Flügel wurden verbunden durch ein Rückenteil am Stück vom Schlachtkörper abgetrennt. Das Rückenteil darf maximal 45 Prozent des Gesamtgewichts ausmachen.

Innereien und Geflügelklein: Die essbaren Organe – Herz, Magen und Leber – nennt man Geflügelinnereien. Sie liegen oft zusammen mit dem Hals, in einen Beutel verpackt, in den küchenfertigen Tieren. Manchmal werden sie im Handel auch einzeln angeboten. Sie bieten sich an als Zutat für Suppen, Ragouts und Soßen. Unter Geflügelklein – je nach Tier Hühner-, Enten-, Gänse- oder Putenklein – versteht man die Innereien zusammen mit den Flügeln, dem fleischarmen Rückenstück und Hals sowie Kopf und Füßen. Aus lebensmittelrechtlichen Gründen dürfen in Deutschland Köpfe und Füße nicht enthalten sein.

LAMM

Die Zerlegung von Lämmern ist wegen derer geringen Größe weitgehend einheitlich. Das gilt ebenso für die größeren Schafe, Hammel und Böcke. In einigen Kulturen werden auch Lammkopf, Augen und Hoden für die Zubereitung verschiedener Gerichte verwendet. Man unterscheidet folgende Teilstücke:

Hals und Nacken bzw. Kamm: Die sehr aromatischen Teile werden als ganzes Stück, in Stücken, als Koteletts oder als fertig ausgelöstes Fleisch für Ragouts angeboten. Das Nackenfleisch kann gegrillt werden und bietet sich bestens zum Kochen und Schmoren an.

Rücken bzw. Lammsattel: Ein edles Stück, das vor allem für die gehobene Küche interessant ist. Daraus werden die doppelten Koteletts und Stielkoteletts gewonnen. Angebotsformen: am Stück und in Stücken, als Koteletts, als ausgelöste Lammlachse im Ganzen oder in Stücken sowie als Karree. Zum Braten, Kurzbraten, Grillen und Schmoren.

Keule und Hachse: Das vielleicht vielseitigste und allgemein beliebteste Teilstück. Es ist erhältlich am Stück – mit oder ohne anhängende Hachse – mit oder ohne Knochen, halbiert, als Steaks mit Knochen, gewürfelt für Gulasch, Spieße und Fondue, in Form von Bratenstücken mit und ohne Knochen sowie zu Rollbraten gewickelt. Die Hachsen werden auch einzeln angeboten.

Große Stücke eignen sich am besten zum Schmoren, man kann sie aber auch kochen. Kleinere sind perfekt zum Kurzbraten und auch zum Grillen geeignet.

Dünnung und Rippen: Die Dünnung ist sehr preiswert und eignet sich zum Braten, Schmoren, Kochen, Grillen und für Ragouts. Sie lässt sich auch füllen. Man bekommt sie am Stück oder schon zu Rollbraten gewickelt. Die Rippen sind ideal zum Mitkochen in Eintöpfen oder Suppen und können, grillfertig zerlegt, als Spareribs zubereitet werden.

Schulter bzw. Bug und Hachse: Ideal zum Kochen und Schmoren. Angebotsformen: Im Ganzen mit oder ohne anhängende Hachse, ausgelöst am Stück, als Rollbraten, gewürfelt für ein kräftiges Gulasch. Die Hachsen werden auch einzeln verkauft. Sie ergeben hervorragende Schmorgerichte und können gegrillt werden.

Brust: Ein gutes Stück zum Kochen. Ideal für Kohleintöpfe oder Ragouts. Man bekommt das Bruststück auch als Rollbraten im Netz.

WILD

Für Damwild, Rotwild, Rehe, Gämsen, Mufflons und Wildschweine gilt:

Rücken mit Filet: Eins der feinsten Stücke vom Wildbret. Das Fleisch eignet sich zum Braten, Schmoren, für Kurzgebratenes oder zum Grillen. An der Innenseite des Rückens sitzen die besonders zarten Filets. Sie sind ideal zum Kurzbraten.

Keulen: Es sind immer Teile der Keule gemeint, wenn z.B. in Rezepten von Schlegel, Ober- und Unterschale oder Nuss die Rede ist. Die einzelnen Muskelpartien erleichtern ein Zerteilen. Keulenfleisch eignet sich ebenfalls zum Braten, Schmoren, für Kurzgebratenes und zum Grillen.

Blätter: Damit ist das Schulterblatt gemeint. Es liefert schöne Braten und wird auch zum Schmoren, Grillen sowie für Ragout oder Rollbraten verwendet.

Hals: Der Fachmann spricht von »Träger«. Er kann im Ganzen geschmort werden oder als Ragout oder Gulasch zubereitet werden.

Rippen: Bieten sich an zum Grillen ebenso wie zum klassischen Braten im Ofen.

Zunge, Leber, Herz und Nieren: Innereien wie Leber, Herz und Nieren gehören zum sogenannten »kleinen Jägerrecht«, d.h. der Waidmann darf sie für den eigenen Verzehr beanspruchen. Mit etwas Glück gelangt man aber an die Zunge, die ebenfalls als Delikatesse gilt.

Für **Wildhasen und Wildkaninchen** gilt: Junge, kleinere Hasen und Kaninchen werden oftmals im Ganzen angeboten. Große Exemplare lassen sich in Hals, Schultern mit Vorderläufen, Rücken sowie Keulen zerlegen. Die Teile bieten sich hervorragend zum Braten und Schmoren an, lassen sich aber auch gut zu Pasteten und Terrinen verarbeiten.

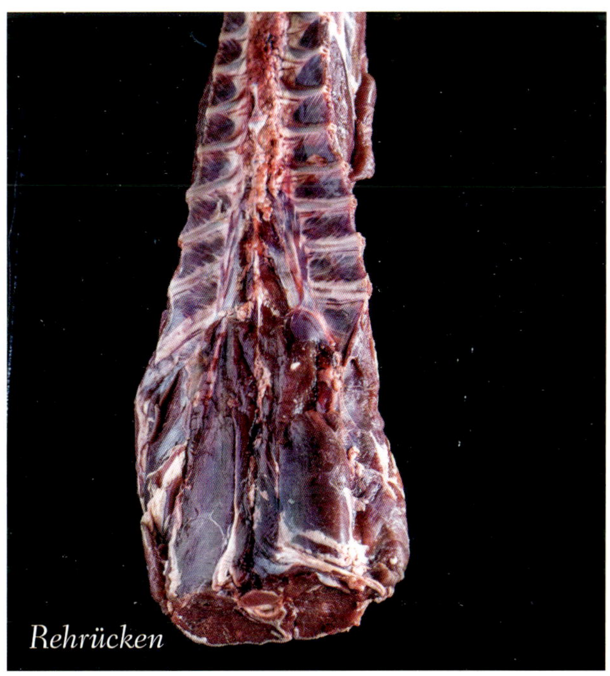

Rehrücken

RICHTIG WÜRZEN

Für Abwechslung und Gaumenkitzel von Fleisch sorgen die richtigen Gewürze. Worauf kommt es an?

Gutes, hochwertiges Fleisch hat so viel köstliches Eigenaroma, dass bestenfalls nur ein paar Krümel Salz nötig sind, damit es perfekt schmeckt. Trotzdem greift man gern zu allen möglichen Aromaten, um dem Stück auf dem Teller eine besondere Note zu geben. Das liegt zum einen daran, dass die Lust auf Geschmack immer wieder nach Abwechslung ruft, hängt aber auch damit zusammen, dass Küchenkräuter und Gewürze nicht nur unseren Gaumen verwöhnen, sondern auch zu einer besseren Bekömmlichkeit beitragen, die Verdauung unterstützen und auch sonst viel zu unserem Wohlbefinden beitragen. Man denke nur an die zu Heilzwecken eingesetzten Kräuter in Zeiten, als es noch keine Apotheken und keine pharmazeutische Industrie gab. Im Prinzip ist das Würzen von Fleisch eine reine Geschmackssache. Jeder entscheidet individuell, was er mag und was nicht. Dennoch gibt es Erfahrungswerte, welches Kraut zu welcher Fleischsorte eher gut oder vielleicht auch gar nicht passt. Außerdem hilft es zu wissen, wie man mit Kräutern und Gewürzen richtig umgeht, um die Entfaltung der Aromen zu unterstützen und ein Verkochen oder Verbrennen zu vermeiden.

DIE AROMENVIELFALT

Welche Aromen gibt es überhaupt? Die britische Kochautorin Niki Segnit hat in ihrem Buch »Der Geschmacksthesaurus« die wichtigsten Lebensmittel den folgenden uns bekannten Geschmacksrichtungen zugeordnet: Würzig, waldig, frisch-fruchtig, mild-fruchtig, Zitrusaromen, von Strauch und Hecke, blumig-fruchtig, geröstet, Fleisch, käseartig, erdig, senfartig, schwefelig, maritim, Lake und Salz, grüne und Grasaromen. Innerhalb dieses Spektrums findet alles Schmecken und Würzen statt. Geschmack ist unstreitbar eine ganz persönliche Angelegenheit. Nicht jeder mag alles und nicht alle mögen dasselbe. Wenn jedoch hier von Geschmack die Rede ist, sind die Aromen gemeint, die das Schmeckbare nicht nur an einem Stück Fleisch, sondern auch an allen anderen Lebensmitteln ausmachen. Aromen verlangen Behutsamkeit im Umgang, denn was dem einen Genießer schon ein aufdringliches Zuviel ist, empfindet der andere noch als zu fade, und er möchte augenblicklich nachwürzen.

TRADITIONELLES WÜRZEN

Beim Würzen von Fleisch sind wir in unseren Breiten über Salz und Pfeffer hinaus bestimmte Kombinationen gewohnt. Auch wenn wir persönlich nicht jede einzelne mögen, so sind sie uns doch vertraut. Die nachfolgenden Empfehlungen entsprechen weitgehend unserer Traditionsküche (ohne Anspruch auf Vollständigkeit).

WELCHES FLEISCH ZU WELCHEM GEWÜRZ?

Rindfleisch: Thymian, Petersilie, Schnittlauch, Oregano, Majoran, Liebstöckel, Knoblauch, Zwiebeln, Meerrettich, Chili, Muskat, Paprika, Piment, Wacholderbeeren, Säure

Schweinefleisch: Rosmarin, Fenchel, Petersilie, Salbei, Knoblauch, Zwiebeln, Chili, Muskat, Paprika, Kümmel, Lorbeer, Säure, Süße, Koriander, Senf, Ingwer, Nelke.

Kalbfleisch: Estragon, Salbei, Kerbel, Basilikum, Zwiebeln, Knoblauch, Paprika, Säure

Lammfleisch: Thymian, Oregano, Rosmarin, Majoran, Minze, Kräuter der Provence, Knoblauch, Zwiebeln, Piment, Chili, Minze, Säure

Geflügel: Petersilie, Majoran, Beifuß, Thymian, Zwiebeln, Knoblauch, Ingwer, Chili, Paprika, Curry, Säure, Süße

Wild: Rosmarin, Thymian, Piment, Wacholderbeeren, schwarzer Pfeffer, Koriander, Knoblauch, Lorbeer, Orangenschale, Zimt, Gewürznelken

Säure kann z. B. von Wein, Essig oder den Saft von Zitrus- oder anderen Früchten beigesteuert werden, Süße z. B. von Zucker, Honig, Sirup oder Trockenfrüchten.

WÜRZEN VON INNEREIEN

Innereien verfügen über geschmackliche Nuancen, die von Fleischaromen zum Teil stark abweichen. Deshalb sollten sie mit speziell ausgewählten Kräutern und Gewürzen verfeinert werden.

Zu Nieren: Thymian, Rosmarin, Salbei, Estragon, Kerbel, Petersilie, Majoran, Curry, Senf, Essig, Worcestershiresoße, Madeira, Cognac, Knoblauch, Zwiebel

Zu Leber: Estragon, Salbei, Majoran, Thymian, Rosmarin, Kerbel, Petersilie, Pimpinelle, Schnittlauch, Pfeffer, Muskat, Curry, Essig, Rotwein, Zwiebeln

Zu Herz: Wacholderbeeren, Rosmarin, Gewürznelken, Majoran, Petersilie, Lorbeerblätter, Rotwein, Zwiebeln

Zu Kalbsbries: Estragon, Petersilie, Schnittlauch, Cayennepfeffer, Muskat, Kapern, Zitronensaft, Weißwein, Wermutwein, Worcestershiresoße- und Tabasco, Zwiebeln

Zu Hirn: Petersilie, weißer Pfeffer, Paprika, Zitronensaft, Weißwein, Sherry, Worcestershiresoße, Sardellen, Kapern, Senf

Zu Zunge: Thymian, Pfeffer, Zitrone, Senf, Madeira

WÜRZTECHNIKEN

Kräuter immer erst zum Schluss zufügen, da sich ihre Aromen unter dem Einfluss von Hitze schnell verflüchtigen. Gewürze entfalten ihre Aromen nur in Flüssigkeit, in heißem Fett aber werden sie bitter. Daher Fleischstücke bzw. Innereien, die ohne weitere Zutaten angebraten werden, erst nachher würzen. Innereien und Fleisch, das mit frischem Gemüse in den Topf oder die Pfanne kommen, können vorher gewürzt werden, weil das Gemüse genug Flüssigkeit für die Gewürze abgibt. Salz ist ein Mineral, das von heißem Fett nicht verändert wird, und kann – je nach Glaubensrichtung – auch schon vor dem Garen zugefügt werden (siehe »Marinieren«).

BBQ-RUB

Eine besondere Form des trockenen Würzens stellt der Rub (engl. to rub = einreiben) dar. Dabei handelt es sich um Mischungen aus Gewürzen und (getrockneten) Kräutern, die in große Fleischstücke eingerieben bzw. dick auftragen werden. Während des Garens auf dem Grill oder im Ofen lassen sie eine würzige Kruste entstehen. Ein Rub besteht im Prinzip aus vier Zutaten: Dem geschmacksprägenden Hauptgewürz, z. B. Paprikapulver, dann Salz, ferner Süße (meist Zucker, gern Puderzucker) und außerdem einem besonderen Akzent, z. B. Chili oder Limettenschale. Nach dem Auftragen des Rubs das Fleisch am besten ein paar Stunden oder über Nacht, gut eingepackt oder vakuumiert, ruhen lassen. Während des Garens restlichen Rub oder abtropfenden Fond mit einem Kräuterbündel wie mit einem Pinsel immer wieder auf das Fleisch streichen.

MARINIEREN

Das nasse Würzen nennt man marinieren. Der Wortstamm ***marin*** lässt vermuten, dass die Technik des Marinierens an Küsten entstand (lat. ***mare*** = Meer). Das französische ***mariner*** bzw. ***mariné***, bedeutet »eingelegt« bzw. »in Salzwasser eingelegt«. Früher diente die Prozedur der Konservierung von Fleisch, Fisch und anderen Lebensmitteln, heute vor allem der geschmacklichen Aufwertung. Man unterscheidet heute drei Typen: Die leichte Marinade veredelt und unterstreicht den Eigengeschmack des Fleisches. Die aufwertende Marinade verändert und verbessert ihn, während die dominierende Marinade selbst Teil des Geschmackserlebnisses werden soll.

Das Prinzip besteht darin, eine Flüssigkeit oder eine fast flüssige Mischung aus Säure (Wein, Essig, Zitrussäfte oder Senf), Öl und Gewürzen sowie Kräutern nach Geschmack herzustellen und das Fleisch darin einzulegen. Dabei nimmt das eingelegte Gut den Geschmack der Marinade an. Das Fleisch wird damit gut bedeckt und muss anschließend ebenfalls mehrere Stunden ruhen. Eine Trockenmarinade besteht manchmal nur aus einer Gewürzmischung oder aber auch Gemüse. Geflügelstücke beispielsweise kann man über Nacht in ein Bett aus Paprikaschoten, Tomaten, Knoblauch, Petersilie, Basilikum, Olivenöl und gestoßenem Pfeffer legen.

Die Frage, ob eine Marinade Salz enthalten darf bzw. sogar soll oder ob das Fleisch erst nach dem Einlegen gesalzen werden soll, kann auch an dieser Stelle nicht abschließend beantwortet werden. Die Befürworter einer leicht gesalzenen Einlegeflüssigkeit argumentieren, das Salz wirke erst dann auf das Fleisch ein, wenn während der Zubereitung das Öl unter Hitzeeinwirkung dünnflüssig wird – die Salzkristalle werden vorher von dem Öl umschlossen. Außerdem sei Salz der Hauptbestandteil

der Urmarinade gewesen. Die Gegner einer gesalzenen Marinade behaupten, das Salz entziehe den eingelegten Stücken viel Flüssigkeit und mache sie trocken. Die Wahrheit liegt vermutlich in der Mitte: Wenn die Marinade nur so viel Salz enthält wie das Fleisch von Natur aus, steht sich beides neutral gegenüber und das Fleisch laugt weder aus, noch wird es übersalzen.

Auch zur Marinierdauer gibt es unterschiedliche Auffassungen: Die einen schwören auf mindestens 12 bis 24 Stunden, den anderen reicht schon weniger als ein halber Tag. Man kann aber davon ausgehen, dass die Aromen der Marinade umso tiefer in das Fleisch eindringen, je länger die Ruhezeit ist. Kurze Marinierzeiten sind jedoch für Geflügelteile sinnvoll, die einen zarten Eigengeschmack haben, der sich gegen eine Langzeitmarinade nicht durchsetzen würde.

Wenn man mehrere Steaks mariniert, keine flache Schüssel verwenden, sondern eine hohe Form, in der man das Fleisch schichten kann. Auf die Weise baut sich Druck auf, der dazu führt, dass die Aromen noch besser in das Fleisch dringen. Dabei kann man auch ganze oder grob zerkleinerte Gewürze nehmen. Zuerst etwas Öl auf den Boden der Form geben und dann abwechselnd Fleisch und Marinade hineinlöffeln. Die oberste Fleischschicht soll mit Öl und Gewürzen abgedeckt sein.

Vor dem Braten oder Grillen muss die Marinade abtropfen, weil ihre abfließenden Bestandteile in Verbindung mit großer Hitze verbrennen und ungesunden Rauch erzeugen. Beim indirekten Grillen (siehe »Barbecuing« auf Seite 38) darf die Marinade haften bleiben, weil sie nicht mit der Glut in Berührung kommen kann.

NEUE GESCHMACKSSTRÖMUNGEN

Unsere überlieferten Geschmacksgewohnheiten wurden inzwischen durch den Einfluss anderer Kulturen ergänzt und erweitert, sie wurden von starren Koch- und Essgewohnheiten weitgehend befreit. Nicht erst mit den sogenannten Gastarbeitern in der zweiten Hälfte des vergangenen Jahrhunderts, sondern bereits zu Zeiten der Kolonialisierung und auch schon davor kamen Gewürze und Geschmäcker zu uns, die wir bis dahin aus eigenen Gärten nicht kannten, man denke nur an Ingwer oder Curry. Reisen in alle Länder der Welt trugen ebenfalls dazu bei, unseren kulinarischen Horizont zu erweitern. Kontakte mit neuen Aromen und Geschmacksrichtungen in Restaurants, Garküchen oder privaten Haushalten machten Lust auf eigene Kochversuche. Zudem setzten in den zurückliegenden zwanzig bis dreißig Jahren ambitionierte Köche eine Reihe neuer Trends in Gang, z. B. die Fusion- bzw. Crossoverküche. Sie entwickelten vor allem im Rahmen der Molekularküche geschmackliche Highlights, die wir bis dahin nicht für möglich gehalten haben. Was zunächst fremd war und gewöhnungsbedürftig erschien, macht plötzlich neugierig und hat eine atemberaubende und begeisternde Wirkung gewonnen.

FOODPAIRING UND FOODCOMPLETING

Ein weiterer Prozess ist gerade dabei, unsere Würz- und damit Genussgewohnheiten zu verändern. Ambitionierte Köche und Naturwissenschaftler begannen damit, das gewohnte Würzen in zwei Spielarten zu unterteilen: das Foodpairing und das Foodcompleting. Beim Pairing wird die Hauptzutat, beispielsweise Fleisch, mit solchen Kräutern, Gewürzen, Gemüse, Früchten und anderen Aromaten kombiniert, die dem Eigengeschmack des Fleisches möglichst ähnlich sind und ihn verstärken oder unterstreichen sollen. Beim Completing hingegen werden Aromen kombiniert, die keine Gemeinsamkeiten haben und überaus reizvolle Spannungsbögen entwickeln sollen. Der Weg dahin führt nicht nur durch Küchen, sondern auch in Labore: Unsere Lebensmittel von Ananas bis Ziegenfleisch werden labormäßig in ihre Aromabestandteile zerlegt, die katalogisiert und anschließend miteinander verglichen werden. Ein Beispiel: Verbindet man Rindfleisch mit Blauschimmelkäse, treffen sich zwei ähnliche Aromenbündel, die sich gegenseitig verstärken. Mit dunkler Kuvertüre passiert Ähnliches. Würzt man Rind mit Zimt oder/und Birne, scheinen sich die beiden Geschmacksrichtungen erst einmal zu widersprechen, verbinden sich – unter Berücksichtigung weiterer Zutaten – dann aber doch zu einem überraschenden Genuss. Completing heißt aber nicht, dass grundsätzlich alles mit allem in einen Topf geworfen werden kann und zu überzeugenden Ergebnissen führen würde – manche Aromen vertragen sich einfach nicht.

DAS PERFEKTE STEAK

Das gute Stück Fleisch braucht die allerbeste Behandlung, um zum Hochgenuss zu werden

Der Begriff Steak ist zu einem Synonym für Fleisch geworden. Wer von Steak spricht, meint aber nicht Fleisch schlechthin, sondern ein besonders gutes Stück – eines zum Kurzbraten, das innen wunderbar saftig ist, beglückend aromatisch und so zart, dass es auf der Zunge fast von allein zergeht. Für die meisten Fleischesser ist ein perfekt gebratenes Steak das Maximum des Fleischgenusses – mehr geht nicht. Wenn man von Steak spricht, ist bezüglich der Form und Größe eine Fleischscheibe gemeint, ca. zwei bis drei Zentimeter dick (oder dicker) und 180 Gramm bis ein Kilogramm schwer, mit Knochen oder ohne. Es muss flach sein, damit es auf den glatt geschnittenen Seitenflächen gleichmäßig gebraten oder gegrillt werden kann. Steak bezieht sich in erste Linie auf das Rindfleisch, obwohl vergleichbar geschnittene Fleischscheiben von anderen Tieren ebenfalls als Steaks bezeichnet werden können. Die nachfolgenden Hinweise beziehen sich auf Steaks vom Rind.

ZEHN GUTE STEAKS

Die besten und saftigsten Steaks werden aus den verschiedenen Rückenteilen des Rindes, aber auch aus anderen Partien geschnitten. Viele Länder haben eigene Zuschnitte, die sich zum Teil deutlich voneinander unterscheiden. Auch Steaks sind Moden unterworfen und machen dann als Trend Cut Karriere. Besonders beliebt sind die folgenden Zuschnitte:

01 FILET MIGNON

Das zarteste und begehrteste Stück Rindfleisch. Filet ist sehr mager, von außerordentlich feinem Geschmack und simpel zuzubereiten – manche Köche finden es im Vergleich zu kernigeren Steaks deshalb eher langweilig. Die englische Bezeichnung lautet Tenderloin-Steak. Ein doppelt dick geschnittenes Filetsteak nennt man Chateaubriand. Tournedos sind besonders kleine Filetsteakstücke.

02 NEW YORK CUT

Die stark marmorierte Fleischscheibe wird auf der einen Seite von einem Rippenknochen, auf der anderen von einem dicken Fettmantel eingehüllt und ist sehr saftig. Nach dem Braten ein paar Minuten ruhen lassen.

03 SIRLOIN CUT

Ein New York Cut ohne Knochen. Wir kennen es vor allem als Rumpsteak, Entrecôte oder Entrecôte double, wenn der Zuschnitt fast 500 Gramm ergibt. Ein Entrecôte Château bringt ca. 600 Gramm auf den Teller.

04 RIB-EYE

Das Steak mit der ausgeprägtesten Marmorierung und Fettzeichnung ist besonders saftig und aromatisch. Es wird aus dem Kern der Hochrippe geschnitten.

05 BONE-IN-RIB-EYE

Ein Rib-Eye-Steak, aber mit Rippenknochen. Man kennt es auch als Ochsen- oder Hochrippenkotelett beziehungsweise Côte de Bœuf.

06 PORTERHOUSE

Zwei Sorten Fleisch in einem, denn Roastbeef und Filet finden sich zu beiden Seiten des T-förmigen Mittelknochens. Der fettreiche und überaus beliebte Leckerbissen kann bis zu ein Kilogamm schwer sein und sättigt zwei Personen.

07 T-BONE-STEAK

Der kleine Bruder des Porterhousesteaks. Der Klassiker verdankt seinen Namen dem charakteristischen Knochenstück und wird wie das Porterhouse mit Filet- und Roastbeefanteil aus dem flachen Roastbeef geschnitten. Eine satte Portion für einen sehr hungrigen Esser.

08 SKIRTSTEAK / ONGLET / HANGER STEAK

Es stammt aus dem unteren Rippenbereich unterhalb des Filets und wird aus dem Zwerchfell geschnitten. Die bis zu ein Kilogramm schweren Trend Cuts sind etwas zäh, erlangen aber in einem längeren Marinadebad – am besten über Nacht – die nötige Zartheit. Quer zur Faser schneiden!

09 FLANKSTEAK

Hat Ähnlichkeit mit dem Skirtsteak, denn es wird ebenfalls aus dem unteren Rippenbereich, dem sogenannten Rinderlappen geschnitten. Zubereitung ebenfalls wie das Skirtsteak. Bei uns noch nicht so lange auf dem Markt. Ein typischer Trend Cut, der sehr populär geworden ist.

10 RUMPSTEAK / STRIPLOIN STEAK / NEW YORK STRIP (ROASTBEEF)

Kommt aus dem Roastbeef, ist aber ohne Knochen. Gewicht: 200 bis 400 Gramm. Gut marmoriert, außerdem meist mit deutlichem, relativ festem Fettrand. Intensiver Geschmack, eher feste Konsistenz. In Österreich auch als »Beiried« und in den USA als »Club Steak« bekannt.

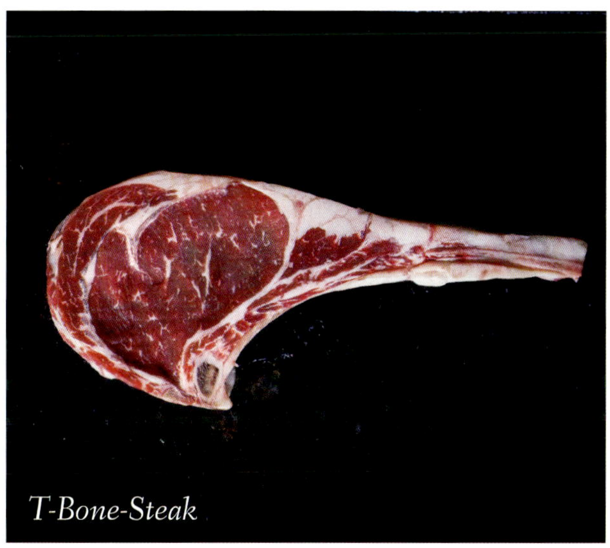

T-Bone-Steak

PERFEKT BRATEN

Nicht nur der Zuschnitt entscheidet über die Qualität eines Stücks, sondern auch die Rasse, von dem es stammt. Außerdem sollte es gut abgehangen sein (siehe Seite 14). Letztlich tragen die verwendete Pfanne und die Brattechnik ebenfalls dazu bei, ob das Steak nur einfach lecker oder ein Hochgenuss wird. Unbedingt beachten: Vor der Zubereitung das Fleisch etwa eine Stunde Zimmertemperatur annehmen lassen, damit es gleichmäßig durchgart. Informationen zum Würzen auf Seite 48.

Die richtige Pfanne: Sie sollte sich stark erhitzen lassen, dazu mehr auf Seite 23.

Das richtige Fett: Es sollte sich ebenfalls stark erhitzen lassen. Für hohe Brattemperaturen über 200 Grad sind High-Oleic-Öle aus Sonnenblumen- oder Avocadoöl ideal. Butterschmalz und Rapsöl lassen sich bis ca. 205 Grad erhitzen. Generell sind raffinierte Öle und Fette mit einem hohen Anteil an gesättigten und einfach ungesättigten Fettsäuren (zusammen über 70 Prozent) und einem sehr hohen Rauchpunkt (über 200 Grad) empfehlenswert. Der Moment, in dem das Öl anfängt zu rauchen, sollte aber nie erreicht werden, weil dann Giftstoffe entstehen. Kaltgepresste native Öle wie Oliven-, Walnuss-, Lein-, Distel- und Kürbiskernöl sind ungeeignet.

VORGEHENSWEISE:

1. Zuerst die trockene Pfanne durch und durch sehr heiß werden lassen.
2. Anschließend erst das Fett hineingeben. Eine sehr kleine Menge reicht schon, das Fleisch soll nicht darin schwimmen! Das Fett ebenfalls sehr heiß werden lassen.
3. Das trockene (!) Steak in die Pfanne legen und einfach braten lassen – dabei nichts weiter tun! Nicht schütteln und auch nicht versuchen, die anfangs evtl. noch am Pfannenboden klebende Unterseite loszulösen. Sie löst sich von allein, sobald die sogenannte Maillard-Reaktion (siehe Seite 33) abgeschlossen ist. Das dauert 60 bis 80 Sekunden.
4. Jetzt erst das Fleisch wenden, am besten mit einem Pfannenwender oder einer Fleischzange. Auf keinen Fall mit einer Gabel oder einem anderen scharfen oder spitzen Gegenstand in das Fleisch stechen, weil aus den Öffnungen der Saft austreten würde – nicht jetzt und auch nicht eher, bis das Steak auf dem Teller liegt.
5. Das Fleisch falls nötig im vorgeheizten Ofen zu Ende garen. Das kann abhängig vom Rezept bzw. der Art und Dicke des Fleisches und dem gewünschten Garzustand bei 120 bis 140 Grad etwa zehn Minuten dauern.
6. Das Fleisch abgedeckt an einem warmen Ort ruhen lassen. Faustformel: genauso lange, wie es im Ofen war. Während dieser Phase verteilen sich der Saft und die Hitze (im Außenbereich höher als innen) gleichmäßig. Das Steak kann danach bereits serviert werden.
7. Garprobe machen. Hilfreich für Anfänger: Mit dem Daumen auf das Steak drücken. Ist es ganz weich, dann ist der Garzustand »bleu« (siehe unten) , mehr Widerstand »medium«, viel Widerstand »well done«.
8. Nun das Fleisch evtl. nachbraten, z. B. in Butter. Dann Kräuter und Gewürze zufügen.

GARZUSTAND

Die einen mögen ihr Fleisch, wenn es fast noch roh ist, die anderen wollen es durchgebraten. Die folgenden Benennungen haben jeweils international Gültigkeit und werden in jedem Restaurant verstanden:

»bleu« **»blau«** **»rare«**	außen scharf angebraten, innen roh und kaum warm
»englisch« **»saignant«** **»medium rare«**	außen angebraten, innen roh und blutig, aber warm
»halb englisch« **»(halb durch)«** **»à point«** **»medium«**	zartrosa und saftig (häufigste Bratart)
»durch« **»bien cuit«** **»well done«**	völlig durchgebraten, heller Fleischsaft zeigt keine Rotfärbung

Durch oder rosa? Für ein Dinner oder als Fingerfood? Die nachfolgenden Rezepte ...

... bieten für viele Fleischstücke gleich mehrere verlockende Optionen

WICHTIGE HINWEISE

Mit den in den Rezepten **angegebenen Fleischsorten** erreichen die Zubereitungen ihr Ideal. Wenn Sie die genannte Sorte nicht erhalten oder nicht verwenden möchten (z.B. aus Kostengründen), wählen Sie das **gleiche Teilstück** von einem anderen hochwertigen Tier.

Die Zubereitungszeiten von Genusshelfern und anderen vorbereiteten Zutaten sind bei den **Zeitangaben** nicht mit eingerechnet. Diese können bei den Genusshelfer-Rezepten nachgeschlagen werden.

Einige der angegebenen Fleischsorten können Sie über **Otto Gourmet** ***(www.otto-gourmet.de)***, andere Produkte z.B. über den Spezialversender **Bosfood** ***(www.bosfood.de)*** beziehen.

Zur Ermittlung der Fleischkerntemperatur verwenden Sie ein **Fleischthermometer.**

Sternchen auf der Rezeptseite kennzeichnen **besonders anspruchsvolle Rezepte** aufgrund der Zubereitungsart.

FLEISCH REZEPTE

RIND

Ob Fleisch-, Milch- und Zweinutzrassen: Rinder spielen eine vielseitige kulinarische Hauptrolle

RINDERRASSEN

Weltweit gibt es rund 450 Rinderrassen, die in Größe, Typ und Färbung zum Teil stark voneinander abweichen. Diese Rassen können dann noch einmal nach Unterrassen bzw. nach Herkunft unterschieden werden. Unter Nutzaspekten trennt man zwischen Fleischrassen, die als Fleischlieferanten dienen, Milchrassen, die viel Milch erzeugen, und Zweinutzrassen sowohl für die Fleisch- als auch die Milchproduktion. Vor allem alte Rassen, die fast schon ausgestorben waren, werden von Züchtern wieder auf größere Bestände gebracht, existieren aber oft erst nur wieder in kleinen Herden von wenigen tausend Tieren. So widersinnig es auch klingt: Will man die alten, in puncto Fleischqualität meist sehr viel interessanteren Rassen erhalten, muss man sie aufessen. Denn wenn der Konsum und damit die Nachfrage bei den Züchtern steigt, besteht eine gute Chance, dass wieder mehr Wert auf die Zucht dieser Rassen gelegt wird. Im Folgenden die kulinarisch interessantesten Rinderrassen:

LIMOUSIN

Die hell- bis dunkelbraunen Tiere werden wegen der Zartheit, Feinheit, Farbe und besonders guten Marmorierung ihres Fleisches hoch geschätzt. Sie stammen aus dem Westen des französischen Zentral-Massivs und gelten als sehr robust. Mutterkühe erreichen ein Gewicht von ca. 800 Kilogramm, Stiere auf 1000 Kilogramm.

CHAROLAIS

Der Fettansatz dieser Rinder bildet sich nur langsam aus, sodass auch ältere Tiere über maßvoll fettes Fleisch verfügen. Die Tiere verfügen über beachtliche Muskelmassen. Die Kühe bringen 700 bis 800 Kilogramm und die Stiere sogar bis zu 1400 Kilogramm auf die Waage. Sie stammen aus dem Osten Frankreichs und werden in 70 Ländern gezüchtet.

ANGUS/DEUTSCH ANGUS

Die robuste Rasse ist relativ leicht zu halten und daher bei Züchtern sehr beliebt. Die deutsche Variante ging nach dem Zweiten Weltkrieg durch Einkreuzungen aus der schwarzen schottischen Rasse Aberdeen Angus hervor und wurde deutschen Umgebungsverhältnissen angepasst. Die Tiere werden etwa bis zu 1100 Kilogramm schwer.

GALLOWAYS

Die Rasse ist seit etwa 25 Jahren recht häufig auf unseren Weiden anzutreffen. Man erkennt sie leicht an ihrem charakteristischen Haarbüschel im Stirnbereich und an den nicht vorhandenen Hörnern. Sie setzen nur vergleichsweise langsam Muskelmasse an, die dafür von umso besserer Qualität ist.

HIGHLAND-CATTLE

Diese Rasse setzt nur relativ langsam Fleisch an. Die Tiere sind mit einem Maximalgewicht von 650 Kilogramm bei weiblichen Tieren und 850 Kilogramm bei männlichen vergleichsweise klein. Dafür zeichnen sie sich durch Langlebigkeit und ausgeprägte Robustheit aus. Sie sind seit mehr als 200 Jahren in Schottland populär und seit 1978 in Deutschland eingeführt.

UCKERMÄRKER

Diese Rinder sind eine in der DDR aus Fleckvieh und Charolais vorgenommene Kreuzung, die als Rasse nach der Wiedervereinigung formal anerkannt wurde. Die für die extensive Weidehaltung gut geeigneten Tiere erhielten ihren Namen nach der Region Uckermark, wo sich der damalige Zuchtbetrieb befand. Sie werden bis zu 1300 Kilogramm schwer.

BLONDE D'AQUITAINE

Die Tiere gelten als ideal für die Produktion schwerer Kälber und Jungbullen und werden gern in Kreuzungen mit milchreichen Rassen oder auch mit robusten Rassen eingesetzt. Die hellgelbe bis weizenfarbene Blonde d'Aquitaine entstand 1962 aus der Zusammenführung dreier französischer Rassen.

ROTES HÖHENVIEH

Die Tiere sind leicht erkennbar an ihrem einfarbig roten bis rotbraunen Fell und der hellen Schwanzquaste. Rotes Höhenvieh ist eine 1984 getroffene Sammelbezeichnung für alte, robuste, einfarbig rote Hausrindrassen, die vom Aussterben bedroht waren. Sie kamen in den Mittelgebirgen von Niedersachsen bis Bayern sowie in Polen und Tschechien vor.

WAGYU- BZW. KOBE-RIND

Nach Ansicht von Fleischexperten liefert das Wagyu-Rind das beste Fleisch der Welt. Wagyu bedeutet japanisches Rind und stellt eine Rasse dar. Als Kobe dürfen nur solche Wagyu-Rinder bezeichnet werden, die in der japanischen Region Kobe geboren, aufgezogen, gemästet und geschlachtet wurden. Die Tiere werden nach der Kobemethode mit Naturkraftfutter auf der Basis von Getreide, Futterrüben und Kartoffeln gemästet. Zum Trinken erhalten sie u.a. Bier, um ihren Appetit zu steigern. Sie werden täglich massiert, damit sich auf dem Muskelfleisch eine nur sehr dünne Fettauflage bildet und eine besonders feine und gleichmäßige Marmorierung entsteht.

HEREFORD

Dank ihrer hervorragenden Anpassungsfähigkeit an klimatische Extreme gehören Hereford zu den weltweit verbreitetsten Rassen überhaupt. Ihr Fleisch zeichnet sich zudem durch eine gute Marmorierung aus. Sie stammen aus der englischen Grafschaft Hereford Shire, gehen aber auf Einkreuzungen aus der Zeit um 1800 in Flandern zurück.

AUBRAC

Die als besonders ästhetisch wirkende mittelgroße Rasse wurde vor 150 Jahren in Frankreich gezüchtet und entwickelte im Zentralmassiv der Auvergne eine ausgeprägte Robustheit. Die weiblichen Tiere werden daher in schwierigem Gelände gern als Mutterkühe eingesetzt. Das Fleisch ist gut marmoriert und weist eine gute Fettabdeckung auf.

BISON & WISENT

Diese Rassen bilden molekulargenetisch zwar keine gemeinsame Gruppe, werden aber als eine Gattung betrachtet. Man kennt den Amerikanischen Bison (Bos bison), auch Büffel genannt, und den in Europa vorkommenden Wisent (Bos bonasus). Das spätlateinische Wort Bison wird als eine Entlehnung an das germanische ***wisund*** betrachtet.

GRUNDREZEPT

DAS PERFEKTE STEAK

mit **SALZ** *gewürzt*

1 Steak (bis 380 g)	geklärte Butter oder Butterschmalz zum Braten	Salz

VORBEREITUNG

Das Steak ca. 2 Stunden Zimmertemperatur annehmen lassen.

ZUBEREITUNG

Eine Pfanne stark erhitzen. Das Steak mit dem anhaftenden Fett von beiden Seiten gut 1 Minute darin anbraten. Die Temperatur um ein Drittel reduzieren, etwas Butter oder Butterschmalz in die Pfanne geben und das Steak auf jeder Seite nochmals 1 weitere Minute braten.

RUHEPHASE

Das Steak auf einen Teller legen und ruhen lassen, bis der gewünschte Grad erreicht ist; dabei verteilt sich der Saft im Fleisch (siehe Kapitel »Das perfekte Steak« auf den Seiten 52–54).

ABSCHLUSSPHASE

Nochmals kurz von beiden Seiten braten. Anschließend salzen und mit einer Beilage nach Wahl servieren.

DIE PERFEKTE KERNTEMPERATUR

Rare	45–50 °C
Medium rare	50–54 °C
Medium	54–56 °C
Medium well	56–60 °C
Well done	60–62 °C

1 Steak Zubereitungszeit: ca. 10 Minuten plus 2 Stunden Temperierzeit

PANZANELLA-BURGER

mit RUCOLA *und* PARMESANSPÄNEN

Für die Pattys:

2 Zwiebeln

1 kg leicht fetthaltiges Rinderhackfleisch (am besten aus der Keule)

2 EL Worcestershiresoße

1 TL frisch gemahlener schwarzer Pfeffer

1 geh. TL Salz

evtl. etwas Fett zum Braten

Für die Burger:

20 kleine Graubrotscheiben

300 g Rucola

Vinaigrette (Seite 296)

150 g Parmesan

frisch gemahlener schwarzer Pfeffer

Für die Pattys die Zwiebeln schälen und fein reiben. Mit den anderen Zutaten 3–4 Minuten vermischen, am besten mit den Händen. Daraus 20 ca. 2 cm dicke Pattys formen. In die Mitte jeweils eine kleine Vertiefung drücken. Die Pattys können sofort verwendet werden, der Geschmack verbessert sich aber, wenn sie für ein paar Stunden oder über Nacht gut abgedeckt im Kühlschrank durchziehen können.

Die Pattys 2–3 Minuten pro Seite auf einem Holzkohle- oder Gasgrill mit direkter Hitze bei mittlerer Temperatur grillen. Nach der Hälfte der Zeit um 45 Grad drehen, um ein Grillmuster zu erhalten. Alternativ die Pattys in einer leicht gefetteten Pfanne von beiden Seiten bei mittlerer Hitze 2–3 Minuten braten. Beide Seiten sollten schön gebräunt, die Pattys im Innern jedoch noch rosa sein.

Währenddessen die Graubrotscheiben über indirekter Hitze ca. 1 Minute 30 Sekunden lang von beiden Seiten rösten oder kurz toasten. Den Rucola waschen, gut abtropfen lassen und mit der Vinaigrette vermischen. Den Parmesan hobeln.

Die Pattys ganz oder geteilt auf die gerösteten Graubrotscheiben legen und den Rucolasalat darauf verteilen. Anschließend mit Parmesan bestreuen und mit Pfeffer würzen. Noch frischer werden die Burger mit ein paar Zwiebelscheiben und Tomatenwürfel zum Rucola.

20 Mini-Burger · Zubereitungszeit: 20 Minuten plus evtl. einige Stunden Temperierzeit

MEDI-BURGER

mit BALSAMICOSCHALOTTEN *und* CHAMPIGNONS

4 fertige TK-Rindfleischpattys (wahlweise »Pattys« von Seite 66)	4 Burgerbrötchen (wahlweise Toasties)	50 g Borettanezwiebeln (wahlweise Balsamicoschalotten aus dem Glas)
4 große Champignonköpfe	60 g getrocknete Tomaten	frischer Thymian (junge Triebe)

Pattys kurz vor der Zubereitung aus dem Kühlgerät nehmen und aus der Verpackung lösen. 3–4 Minuten pro Seite auf einem Holzkohle- oder Gasgrill mit direkter Hitze bei mittlerer Temperatur grillen. Nach der Hälfte der Zeit die Pattys jeweils um 45 Grad drehen, um ein Grillmuster zu erhalten. Alternativ die Pattys in einer leicht gefetteten Pfanne von beiden Seiten bei mittlerer Hitze 3–4 Minuten braten.

Die Champignonköpfe, waschen, trocken tupfen und mit auf den Grill legen oder braten.

Die Brötchen toasten und mit Pattys, getrockneten Tomaten, Borretanezwiebeln, Thymian und Champignons belegen.

4 Burger Zubereitungszeit: 10 Minuten

DELUXE-BURGER

mit CARABINIEROS, GARI *und* LIMETTE

200 g Zuckerschoten Salz 1 EL eingelegter Ingwer (Gari, aus dem Asienladen) 1 EL Sesam 1 Avocado	1 Spritzer frisch gepresster Zitronensaft frisch gemahlener schwarzer Pfeffer 4 TK-Carabineros (wahlweise andere größere TK-Garnelen) Zucker Olivenöl	etwas abgeriebene Schale und etwas Saft von 1 Bio-Limette 8 Radieschen 4 TK-Rindfleischpattys (wahlweise »Pattys« von Seite 66) 4 Burgerbrötchen (wahlweise Milchbrötchen) **Cocktailsoße (Seite 299)**

Zuckerschoten waschen, in Streifen schneiden und in leicht gesalzenem Wasser 1 Minute kochen, dann auf einem Sieb abgießen. Eingelegten Ingwer in einer Pfanne ohne Fett rösten. Zuckerschoten mit Sesam und Ingwer vermischen, anschließend salzen.

Avocado halbieren, den Kern entfernen, mit einem Löffel das Fruchtfleisch herauslösen und würfeln. Mit Zitronensaft, Salz und Pfeffer würzen. Die Carabineros auftauen, putzen, in kleine Würfel schneiden und mit etwas Salz, Zucker, Olivenöl, abgeriebener Limettenschale und Limettensaft würzen. Die Radieschen waschen, putzen und in feine Scheiben hobeln.

Pattys kurz vor der Zubereitung aus dem Kühlgerät nehmen und aus der Verpackung lösen. 3–4 Minuten pro Seite auf einem Holzkohle- oder Gasgrill mit direkter Hitze bei mittlerer Temperatur grillen. Nach der Hälfte der Zeit die Pattys um 45 Grad drehen, um ein Grillmuster zu erhalten. Alternativ die Pattys in einer leicht gefetteten Pfanne von beiden Seiten bei mittlerer Hitze 3–4 Minuten braten.

Die Brötchen toasten und die unteren Brötchenhälften in dieser Reihenfolge belegen: Zuckerschotensalat, Avocadowürfel, Radieschen, Patty, Carabinero-Tatar, Avocadowürfel, Radieschen, Cocktailsoße. Anschließend mit der oberen Brötchenhälfte abschließen.

4 Personen · Zubereitungszeit: 20 Minuten

KOBEFILET-MEDAILLON

mit HONIG-INGWER-MÖHREN *und* GRAPEFRUIT

4 kleine Möhren	1 EL Fenchelsamen	4 Bund Koriandergrün
etwas ausgelassenes Kobefett (wahlweise ein anderes gutes Rinderfett)	¼ Vanilleschote	800–1000 g Filetsteak (z. B. Kobe Wagyu Beef Filet-Medaillon oder Ozaki Wagyu Filet)
Salz	2 Grapefruits	1 EL Sushi-Ingwer (eingelegter Ingwer aus dem Glas)
flüssiger Honig	Saft von ½ Zitrone	2 EL Macadamianüsse
	4 Dillstiele	
	250 g junger Spinat	

Möhren waschen und der Länge nach fein hobeln. Etwas Fett in einer Pfanne erhitzen und die Möhrenstreifen darin scharf anbraten. Mit Salz, Honig, angedrückten Fenchelsamen und dem Stück Vanilleschote würzen und etwas karamellisieren lassen.

In der Zwischenzeit 1 Grapefruit schälen und filettieren, die andere Grapefruit entsaften. Grapefruitfilets und -saft mit dem Zitronensaft in die Pfanne zu den Möhren geben und einkochen. Den Dill waschen, trocken schütteln und die Blättchen abzupfen. Zugeben, wenn die Möhren weich sind und kurz ziehen lassen.

Spinat und Koriander waschen, abtropfen lassen und zusammen blanchieren. Beides zusammen mixen und mit etwas Salz abschmecken.

Filetsteak aus dem Kühlschrank nehmen, etwas Fett in einer Pfanne erhitzen und das Steak von jeder Seite ca. 30 Sekunden anbraten, dann 4–5 Minuten ruhen lassen. In 4 Portionen dünn aufschneiden und salzen.

Filet zusammen mit dem Möhren-Zitrusfrüchte-Kompott, Koriander-Spinat und Sushi-Ingwer anrichten. Die Macadamianüsse grob hacken und alles damit garnieren.

4 Personen · Zubereitungszeit: 30 Minuten

KALBSTATAR

mit KAVIAR, WILDREIS *und* WILDKRÄUTERSALAT

130 g Wildreis (wahlweise gepuffte Quinoa aus dem Bio-Laden, Reformhaus oder Drogeriemarkt)

Salz

Fett zum Braten

500 g Kalbshüfte

abgeriebene Schale von 1–2 Bio-Limetten

Olivenöl

1 Salatgurke

8 Radieschen

8 Champignons

Zucker

1 EL Mayonnaise

2 EL körniger Frischkäse (Hüttenkäse)

100 g Wildkräutersalat (z. B. junger Spinat, Feldsalat, Mangold, Rauke)

Dill zum Garnieren

50 g Kaviar

Außerdem:

2 Formringe in unterschiedlichen Größen

Den Wildreis in reichlich Salzwasser etwas zu weich kochen, abgießen und gut abspülen. Sorgfältig trocken tupfen. Den Reis auf einem feinen Gitter oder auf mit kleinen Löchern versehenem Backpapier verteilen. Bei 60–65 °C über Nacht im Backofen trocknen lassen.

Am nächsten Tag etwas Fett in einem Topf erhitzen und den Reis in kleinen Portionen darin aufpuffen lassen. Auf Küchenpapier verteilen und leicht salzen.

Das Kalbshüftfilet zuerst in Scheiben, dann in Streifen schneiden und diese möglichst fein würfeln. Das Tatar mit 1 Prise Salz, etwas abgeriebener Limettenschale und Olivenöl marinieren.

Gurke, Radieschen und Champignons waschen. Gurke längs, Radieschen und Champignons quer hobeln. Mit etwas abgeriebener Limettenschale und je 1 Prise Salz und Zucker würzen. Die Mayonnaise mit etwas abgeriebener Limettenschale, 1 Prise Zucker und Hüttenkäse gut verrühren. Den Wildkräutersalat waschen und trocken schütteln.

Den größeren Formring mit Wildkräutersalat auf einem Teller anrichten. Mit gepufftem Wildreis bestreuen. Die zweite, kleinere Form mittig auf den Salat in die erste Form setzen. Mit Tatar füllen und dieses dabei immer wieder vorsichtig andrücken. Mayonnaisemischung mittig auf dem Tatar verteilen. Beide Ringe nacheinander vorsichtig entfernen.

Mit den Gurken-, Champignon- und Radieschenscheiben sowie den Dillstielen garnieren. Zum Abschluss je 1 Kaviarnocke auf das Tatar geben und mit einigen Tropfen Olivenöl verfeinern.

4 Personen Zubereitungszeit: 30 Minuten plus Trockenzeit über Nacht für den Reis

COUNTRY DOG

mit FRUCHTIGEM CHUTNEY *und* SENFCREME

Für das Boskop-Zwiebel-Chutney:	2 Boskop-Äpfel	Außerdem:
1 kg rote Zwiebeln	250 g Speck (z. B. vom Livar-Klosterschwein)	12 kleine oder 6 große Hot-Dog-Würstchen (am besten vom Wagyu-Rind)
neutrales Öl zum Anschwitzen	evtl. etwas Speisestärke	6 Hot-Dog-Milchbrötchen
2 EL Senfsamen	Salz	**Senfcreme (Seite 300)**
1 l trockener Rotwein	frisch gemahlener schwarzer Pfeffer	
1 Gewürzbeutel (1 Lorbeerblatt, 5 Pfefferkörner, 1 Nelke, ¼ Zimtstange)	Zucker	

Für das Boskop-Zwiebel-Chutney die Zwiebeln schälen und in feine Ringe schneiden. Das Öl in einer Pfanne erhitzen und die Zwiebeln mit den Senfsamen darin anschwitzen. Mit Rotwein aufgießen und auf die Hälfte einkochen, dann den Gewürzbeutel zugeben.

In der Zwischenzeit die Äpfel schälen, würfeln und zugeben, wenn der Wein eingekocht ist. Alles marmeladenartig einköcheln lassen.

Den Speck würfeln, in der Pfanne kross braten und zusammen mit dem dabei ausgetretenen Fett zum Chutney geben. Gegebenenfalls mit etwas Stärke binden und mit Salz, Pfeffer und Zucker abschmecken.

Die Hot-Dog-Würstchen in leicht gesalzenem Wasser erhitzen. Die Brötchen im Dämpfer oder Backofen erwärmen und längs aufschneiden, aber nicht durchschneiden. Je ein oder zwei Würstchen in die Brötchen legen und die weiteren Zutaten appetitlich darauf verteilen.

6 Personen · Zubereitungszeit: 30 Minuten

DANS STRIPSTEAK

mit BEEFBUTTER MASH, RÖST *und* OREGANO

Für das Steak: 400 g Strip Loin (am besten vom Morgan Ranch Wagyu) 25 g Butter	**Für die Beilagen:** 2 Schalotten 50 g Mehl 50 g Panko (japanisches Paniermehl aus Weißbrot, wahlweise normales Paniermehl)	500 ml Traubenkernöl (nicht kalt gepresst!) zum Frittieren 1 kleiner Bund Oregano **Beefbutter Mash (Seite 304)**

Den Backofen auf 160 °C Umluft vorheizen. Das Fleisch Zimmertemperatur annehmen lassen. In einer Pfanne langsam im eigenen Fett anbraten, bis es von allen Seiten schön gebräunt ist. Anschließend im vorgeheizten Ofen ca. 5 Minuten garen, danach an einem warmen Ort etwa 10 Minuten ruhen lassen. Zum Schluss in Butter etwas nachbraten. Das Steak sollte eine Kerntemperatur von 54–56 °C haben, dann ist es medium gegart.

Für Röst und Oregano die Schalotten schälen und in dünne Ringe hobeln. Mehl und Panko mischen und die Schalotten darin wenden. Das Öl auf etwa 160 °C erhitzen und die Schalotten darin goldgelb frittieren. Anschließend den Oregano grob zerzupfen und ebenfalls kurz frittieren.

Steak und Beefbutter Mash auf Tellern verteilen und mit Röst und Oregano garnieren.

2 Personen · Zubereitungszeit: 30 Minuten

SOUS-VIDE-GEGARTES

SPIDER STEAK

mit PURPLE CURRY und ROTER BETE

Für das Fleisch:

2 Morgan Ranch Spider Steaks (Fledermaussteaks) à 200 g

geklärte Butter

Salz

Currymarinade (Seite 294)

Für das Gemüse:

2 kleinere Rote Beten

1 EL Purple Curry (säuerliches, mildes Currypulver mit Hibiskusblüten)

Salz

Cayennepfeffer

750 ml Geflügelfond

25 g Butter

junge Triebe einer Kohlsorte nach Wahl (z. B. Flower Sprouts) nach Belieben

etwas Olivenöl nach Belieben

Außerdem:

Sous-Vide-Gerät und Utensilien

Die Steaks mit etwas geklärter Butter vakuumieren. 8 Stunden bei 62 °C sous-vide-garen. Fleisch herausnehmen und die Flüssigkeit auffangen. Dann das Fleisch leicht salzen und rundherum in einer Pfanne bei mittlerer bis hoher Hitze in etwas geklärter Butter anbräunen.

Mit der Currymarinade ablöschen und stetig mit dem Sud übergießen, bis eine Kerntemperatur von 60 °C erreicht ist. Fleisch aus der Pfanne nehmen und ruhen lassen.

Die Rote Bete schälen und grob würfeln. In einen Topf mit Purple Curry, Salz, Cayennepfeffer und Geflügelfond geben und kochen. Die Rote Bete herausnehmen, wenn sie gar ist. Anschließend den Sud stark einkochen und mit der Butter binden.

Das Fleisch mit Gemüse anrichten. Nach Belieben die jungen Triebe des Kohls mit kräftigem Olivenöl und Salz vermischen und dazu servieren.

2 Personen | Zubereitungszeit: 45 Minuten plus 8 Stunden Garzeit

STICKY CHILI DOG

mit SMOKED BRISKET-CHILI *und* KÄSE

Für das Brisket-Chili:

200 g Beef Rib (selbst geräuchert oder Brisket smoked, am besten die Burned Ends, z. B. von Otto Gourmet)

100 g Zwiebeln

1 Knoblauchzehe

1 rote Chilischote

Olivenöl zum Anschwitzen

1 Flasche Smoky Low & Slow BBQ-Soße (wahlweise eine andere BBQ-Soße)

etwas Koriandergrün

Für die Hot Dogs:

4 Hot-Dog-Milchbrötchen

8 kleine oder 4 große Hot-Dog-Würstchen (am besten vom Wagyu-Rind)

Salz

4 Scheiben Cheddar

Chilischoten, Frühlingslauch und Koriander zum Garnieren

Außerdem:

Flambierbrenner

Für das Brisket-Chili das Fleisch vom Knochen lösen und würfeln. Zwiebeln und Knoblauch schälen, Chili waschen. Alles in feine Würfel schneiden und in etwas Olivenöl in einem Topf anschwitzen. Mit BBQ-Soße aufgießen und das Brisket dazugeben. Alles leicht sämig einkochen. Koriander waschen, trocken schütteln, in Streifen schneiden und zugeben.

Für die Hot Dogs die Brötchen im Dämpfer oder dem Backofen erwärmen und längs halbieren, aber nicht ganz durchschneiden. Würstchen in gesalzenem Wasser erwärmen, in die Brötchen legen und tief eindrücken. Das Brisket-Chili auf den Würstchen verteilen. Mit Cheddarscheiben oder in Stücke zerzupftem Cheddar belegen. Nach Belieben den Käse unter dem Backofengrill oder mit einem Flambierbrenner schmelzen. Mit geschnittenen Chilis, Frühlingslauch und Koriander garnieren.

4 Personen | Zubereitungszeit: 20 Minuten

STRIP LOIN ★

mit KARTOFFELSPIRALE, ABGEFLÄMMTEM PARMESAN *und* PILZEN

1 mittelgroße Kartoffel 1 Dry aged Strip Loin vom US Black Angus (ca. 280 g) Fett zum Braten 3 mittelgroße Champignons Butter	Salz Schnittlauchröllchen neutrales Öl zum Frittieren Parmesan edelsüßes Paprikapulver	**Außerdem:** Spiralschneider/Turning Slicer (siehe Tipp) Spieß Flambierbrenner

Die Kartoffel schälen und mit einem Spiralschneider zu einer Spirale schneiden. Die Spirale auf einen Spieß fädeln und in kochendem Wasser bissfest blanchieren.

Das Steak von beiden Seiten in einer Pfanne in wenig Fett ca. 2 Minuten scharf anbraten. Dann ca. 2 Minuten ruhen lassen und bei Bedarf ggf. nachbraten. Die Kerntemperatur sollte 54 °C betragen.

Die Pilze waschen, in Sechstel teilen und in etwas Butter in einer Pfanne braten. Mit Salz und Schnittlauch abschmecken. Die Kartoffelspirale in heißem Öl bei 160 °C kross frittieren. Anschließend etwas Parmesan darüber reiben und diesen mit dem Flambierbrenner abflammen. Die Kartoffelspirale mit Paprikapulver bestäuben. Alles zusammen anrichten.

Tipp:
In vielen Lebensmittelgeschäften gibt es einfache Gemüsespiralschneider (Turning Slicer) für weniger als 10 Euro. Wenn Sie keinen Spiralschneider zur Verfügung haben, dann verwenden Sie statt der Kartoffelspirale Kartoffelwürfel (Seite 304), die Sie wie die Kartoffelspirale servieren.

1 Portion · Zubereitungszeit: 25 Minuten

SOUS-VIDE-GEGARTES RIBEYE ★

mit KAMILLE *in* HEU

50 g Bio-Heu (z. B. aus dem Tierbedarf) 10 g getrocknete Kamillenblüten (aus der Apotheke) Olivenöl	550–600 g Dry Aged Hereford Ribeye 100 g grüner Spargel Salz Butter	**Außerdem:** Sous-Vide-Gerät und Utensilien

Heu, Kamillenblüten und Olivenöl miteinander vermengen. Die Steaks in einer Pfanne mit etwas Butter von jeder Seite etwa 2 Minuten scharf angrillen.

Die Steaks mit der Heumischung in einen Vakuumbeutel geben, sodass sie rundum von Heu umhüllt sind. Den Beutel verschließen und im Sous-Vide-Bad bei 52 °C 1 Stunde garen. Alternativ können die Steaks auf die gleiche Weise im Dampfgarer zubereitet werden.

Den Spargel waschen, im unteren Drittel schälen und in kochendem Salzwasser bissfest blanchieren. Herausnehmen, abtropfen lassen, in Butter schwenken und mit Salz abschmecken.

Die Steaks aus dem Beutel nehmen. Von Heu und Blüten befreien und mit Salz würzen. Nochmals kurz in Butter braten.

Die Steaks mit dem Spargel auf Tellern anrichten. Dazu passen Topinamburpüree und Feldsalat.

2 Personen · Zubereitungszeit: 20 Minuten plus 1 Stunde Garzeit

BISON STRIP LOIN À LA RAVIOLI

mit THAI-SPARGEL, PFIRSICHEN *und* WILDKRÄUTERSALAT

Für das Fleisch:

2 Strip Loins vom Bison (550–600 g)

250 g Pfifferlinge

1 TL Butter

4 Weinbergpfirsiche

2 EL Sonnenblumenkerne

ca. 6 Stangen grüner Thai-Spargel/Person

60 g Wildkräutersalat (z. B. junger Spinat, Feldsalat, Mangold, Rauke)

Vinaigrette (Seite 296)

Salz

frisch gemahlener schwarzer Pfeffer

Für das Fleisch jedes der beiden Strip Loins einmal in der Mitte teilen. Die Hälften quer aufschneiden, sodass sie am Ende noch verbunden sind (sogenannter Butterfly-Cut). Zwischen zwei Lagen Frischhaltefolie oder in einem Gefrierbeutel mit einer Stielkasserolle oder einer schweren Pfanne wie für Carpaccio dünn plattieren.

Die Pfifferlinge putzen, die Butter bei mittlerer Hitze in einer Pfanne zerlassen und die Pfifferlinge darin anschwenken. Dann die Pfanne vom Herd nehmen.

Die Pfirsiche waschen und klein schneiden. Die Sonnenblumenkerne in einer Pfanne ohne Fett rösten. Den Spargel waschen, blanchieren und in mundgerechte Stücke schneiden. Den Wildkräutersalat putzen, waschen und trocken schleudern.

Wildkräutersalat mit Vinaigrette vermischen. Das Strip Loin mit Salz und Pfeffer würzen, eine der beiden Hälften mit Pfifferlingen, Pfirsichen, Wildkräutersalat und dem Spargel belegen und die Sonnenblumenkerne darüberstreuen. Die zweite Fleischhälfte darüberklappen.

8 Personen   Zubereitungszeit: 25 Minuten

FILET VOM BISON

mit SELLERIEPÜREE *und* WURZELGEMÜSE

Für die Selleriecreme:

500 g Knollensellerie

Salz

Zucker

150 g Butter

Cayennepfeffer

einige Tropfen frisch gepresster Limettensaft

Für das Wurzelgemüse:

3 kleine Bundmöhren

3 kleine Pastinaken

Aceto balsamico

Olivenöl

Walnussöl

Für das Fleisch:

1,5 kg Filet-Medaillons vom Bison

Fett zum Braten (z. B. geklärte Butter)

Salzflocken

Außerdem:

30 kleine eingelegte Perlzwiebeln (Seite 303)

Kalbsjus

50 g schwarzer Wintertrüffel

Für die Selleriecreme den Knollensellerie schälen, würfeln und in gesalzenem und gezuckertem Wasser weich kochen. Dann durch ein Sieb passieren und mit der Butter zu einer cremigen Konsistenz glatt mixen. Mit Salz, Cayennepfeffer und Limettensaft abschmecken.

Den Ofen auf 180 °C Ober-/Unterhitze (Umluft 160 °C) vorheizen. Möhren und Pastinaken waschen, nach Bedarf schälen, auf einem mit Backpapier belegten Backblech verteilen und mit Salz und Zucker würzen. Im vorgeheizten Ofen 20–30 Minuten garen, dann herausnehmen. Die Ofentemperatur auf 80 °C Ober-/Unterhitze (Umluft 60 °C) reduzieren. Das Gemüse mit etwas Aceto balsamico, Oliven- und Walnussöl marinieren.

Die Filetstücke von allen Seiten in einer Pfanne in etwas Fett scharf anbraten und im vorgeheizten Ofen medium (Kerntemperatur: 54 °C) ziehen lassen. Mit Salzflocken würzen und mit Selleriecreme, Wurzelgemüse und den Perlzwiebeln anrichten. Zum Schluss etwas erwärmte Kalbsjus angießen und mit gehobelten Trüffeln toppen.

6 Personen · Zubereitungszeit: 50 Minuten

BISON-BURGER

mit GEGRILLTEM APFEL, ROQUEFORT *und* WALNUSSCREME

1 Apfel (Boskop oder Cox Orange) Fett zum Braten nach Bedarf 4 Pattys vom Bison (nach dem Rezept »Pattys« von Seite 66)	Wildkräutersalat (z. B. junger Spinat, Feldsalat, Mangold, Rauke) mit essbaren Blüten 4 Hamburgerbrötchen 80 g Roquefort	**Walnusscreme (Seite 300)** verschiedene Kressesorten

Den Apfel schälen, Kerngehäuse entfernen und das Fruchtfleisch in 4 gleich große Scheiben schneiden. Dann die Apfelscheiben je 45 Sekunden über direkter mittlerer Hitze grillen oder in der Pfanne in etwas Fett anbraten.

Pattys 3–4 Minuten pro Seite auf einem Holzkohle- oder Gasgrill über direkter mittlerer Hitze grillen. Nach der Hälfte der Zeit die Burger um 45 Grad drehen, um das bekannte Grillmuster zu erhalten. Anschließend wenden und den Vorgang wiederholen. Alternativ die Pattys in einer leicht gefetteten Pfanne von beiden Seiten bei mittlerer Hitze 3–4 Minuten braten.

Salat waschen und trocken schütteln. Die Brötchenhälften bei indirekter mittlerer Hitze rösten oder toasten.

Die untere Brötchenhälfte in dieser Reihenfolge belegen: Bison-Patty, Apfelscheibe, etwas Roquefort, etwas Walnusscreme sowie Kresse und Salat. Anschließend die obere Brötchenhälfte auflegen.

4 Personen · Zubereitungszeit: 20 Minuten

PORTERHOUSE

mit CAESAR SALAD

Für das Fleisch:	**Für den Salat:**	geklärte Butter zum Braten
1 Porterhousesteak	1 Romanasalat	1–2 EL Pinienkerne
Salzflocken	¼ Knoblauchzehe	1–2 TL Kapern (Größe Nonpareilles)
Butter zum Braten	frisch gepresster Saft von ½ Zitrone	Parmesanspäne
	8 EL Mayonnaise	natives Olivenöl bester Qualität
	4 Sardellenfilets bester Qualität	lang gereifter Aceto balsamico
	helles Bauernbrot vom Vortag	

Das Steak 2 Stunden vor der Zubereitung Zimmertemperatur annehmen lassen.

Salat gründlich waschen und trocken schleudern. Knoblauch schälen und eine kleine Schüssel damit ausreiben, Zitronensaft hineingeben und die Mayonnaise darin glatt rühren. Die Sardellen in etwa ½ cm große Stücke schneiden.

Das Brot würfeln, die Butter in einer Pfanne zerlassen und die Brotstücke darin kross braten. Bei Bedarf im Backofen noch etwas nachtrocknen lassen. Die Pinienkerne in einer Pfanne ohne Fett rösten.

Das Fleisch rundherum mit Salzflocken würzen, anschließend in einer Pfanne von beiden Seiten in etwas Butter langsam braten, bis eine Kerntemperatur von ca. 46 °C erreicht ist. An einem warmen Ort ruhen lassen und das Steak auf 54 °C Kerntemperatur (medium-rare) weiter ziehen lassen. Wenn nötig, in einer sauberen Pfanne mit frischer Butter von jeder Seite 20 Sekunden nachbraten.

Die Salatblätter locker auf einer Platte verteilen und mit Mayonnaise, Sardellen, Kapern, Parmesanspänen, Brotwürfeln, Olivenöl, Aceto balsamico und den Pinienkernen anrichten. Das Porterhousesteak aufschneiden und zusammen mit dem Salat servieren.

2 Personen · Zubereitungszeit: 30 Minuten plus 2 Stunden Temperierzeit

FLANK STEAK ★

mit BAKED BEANS *und* PROSCIUTTO-TOMATEN

Für das Fleisch:

Butter zum Braten

Butterschmalz zum Braten

2 kg Flank Steak

Salzflocken

Für die Baked Beans:

4 Schalotten

2 Knoblauchzehen

100 g fetter geräucherter Bauchspeck

1–2 kleine Chilischoten

50 g Rinderfett oder Butterschmalz

je 1 TL Senfsamen, Koriandersamen, Rosmarin und Kakaopulver

50 ml Malzessig oder Aceto balsamico bianco

2 cl Brandy

1 doppelter Espresso

2 Dosen passierte Tomaten (800 g)

2 Dosen gemischte Bohnen (800 g)

Salz, brauner Zucker

Kräuter und Frühlingslauch nach Geschmack

Für die Tomaten:

4 schöne, nicht überreife Tomaten

8 Scheiben Prosciutto di Monastero (z. B. vom Livar-Klosterschwein)

2 EL Ahornsirup (wahlweise Honig)

2 EL Aceto balsamico

3 Thymianzweige

Salz

frisch gemahlener schwarzer Pfeffer

natives Olivenöl bester Qualität

Für das Fleisch je 1 EL Butter und Butterschmalz in einer Pfanne erhitzen und die Steaks darin bei mäßiger Hitze langsam anbraten. Fleisch aus der Pfanne nehmen, wenn es ca. 50 °C Kerntemperatur hat, und an einem warmen Ort 15 Minuten ruhen lassen.

In der Zwischenzeit für die Baked Beans Schalotten und Knoblauch schälen und in Streifen schneiden. Bauchspeck würfeln, Chilis nach Bedarf fein würfeln. Das Fett in einem Topf zerlassen und Schalotten, Knoblauch und Bauchspeck darin langsam anschwitzen. Chilis (gewürfelt oder im Ganzen), Gewürze, Kräuter und den Kakao zugeben und mit anschwitzen. Mit Essig, Brandy und Espresso ablöschen und einige Minuten einkochen lassen. Dann ganze Chilis herausnehmen.

Den Backofen auf 140 °C Ober-/Unterhitze (Umluft 120 °C) vorheizen. Die passierten Tomaten zugeben, aufkochen lassen und etwas einkochen. Die Bohnen abgießen und die Flüssigkeit auffangen. Die Bohnen zu den Tomaten geben und mit Salz und Zucker abschmecken. Im Backofen warmhalten, bis die Steaks fertig sind. Zum Servieren die Bohnen ggf. mit der zurückbehaltenen Flüssigkeit auf die gewünschte Konsistenz bringen.

Die Tomaten waschen, halbieren und den Strunk entfernen. In einer heißen Pfanne ohne Fett zusammen mit dem Schinken scharf anbraten.

Den Schinken aus der Pfanne nehmen, wenn er ausgelassen und knusprig ist. Ahornsirup in die Pfanne geben und einkochen, dann mit Aceto balsamico ablöschen. Thymianblättchen abzupfen und mit Salz und Pfeffer in die Pfanne geben. Tomaten mit Ahornsirup-Essig glasieren und einige Tropfen Olivenöl zugeben.

Die Pfanne, in der das Fleisch gebraten wurde, mit Küchenpapier auswischen. Das Fleisch in schäumender Butter ca. ½ Minute nachbraten. Mit Salzflocken würzen. Das Steak mit Bohnen, Tomaten und Schinken servieren.

8 Personen · Zubereitungszeit: 35 Minuten

STAUB
STAUB

PASTRAMI-TOAST

AUFGESPIESST *als* FINGERFOOD *der* EXTRAKLASSE

3 Eier	1 kleines Glas Gewürzgurken	**Außerdem:**
1 US Beef Pastrami	2 EL grober Senf	12 Zahnstocher oder Fingerfood-Pieker
Wagyu-Schmalz (ersatzweise anderes Rinderschmalz oder Butter) zum Braten	250 g Mayonnaise	
12 Scheiben Vollkorntoastbrot	1 Kopfsalatherz	
	1 Gläschen Saiblingskaviar (100 g)	

Die Eier in kochendem Wasser hart kochen und abkühlen lassen. Das Pastrami mit einem scharfen Messer oder auf der Aufschnittmaschine dünn aufschneiden. Schmalz oder Butter in einer Pfanne zerlassen und das Toastbrot darin goldbraun anbraten.

Die Gewürzgurken in dünne Scheiben schneiden. Eier pellen und der Länge nach vierteln. Senf und Mayonnaise verrühren. Salat waschen und trocken schleudern.

Auf das Toastbrot zuerst die Gurkenscheiben verteilen, dann die Pastramischeiben. Die Mayo-Senf-Mischung nach Belieben daraufstreichen. Jeweils ein Eierviertel und etwas Salat mit einem Pieker auf die Toasts stecken. Zum Schluss mit dem Saiblingskaviar garnieren.

12 Personen | Zubereitungszeit: 20 Minuten

TATAR VOM BISON

mit MELONE, FETA *und* PILZEN

Für das Fleisch: 360 g Bisonhüfte oder -filet Salzflocken 1 EL Ahornsirup 3 EL Olivenöl	**Für die Melone:** 300 g kernlose Wassermelone Saft von 1 Limette 5 EL Olivenöl 1 Handvoll gemischte japanische Pilze (z. B. Enoki, Shiitake, Buchenpilze)	Apfelbalsamessig 200–250 g Feta Wildkräutersalat (z. B. junger Spinat, Feldsalat, Mangold, Rauke) zum Garnieren 50 g Sonnenblumenkerne

Das Fleisch parieren, mit einem scharfen Messer erst in feine Scheiben, dann zu einem Tatar (in kleine Würfelchen) schneiden. Anschließend mit Salzflocken, Ahornsirup und 3 EL Olivenöl marinieren.

Die Melone in 6 Stücke schneiden und mit Limettensaft und 3 EL Olivenöl marinieren und in einer Grillpfanne stark anbraten.

Die Pilze vorsichtig bürsten und säubern, dann mit dem Apfelbalsamessig und restlichem Olivenöl marinieren. Den Feta würfeln. Den Wildkräutersalat waschen und trocken schleudern. Die Sonnenblumenkerne in einer Pfanne ohne Fett rösten.

Melone zusammen mit dem Tatar auf einem Teller anrichten, den Feta darüber verteilen und mit Pilzen, Salat und Sonnenblumenkernen garnieren.

6 Personen · Zubereitungszeit: 20 Minuten

SOUS-VIDE-GEGARTES

SHABU SHABU VOM BISON

mit THAI-SPARGEL, PFIRSICHEN *und* WILDKRÄUTERSALAT

Für den Sud:	**Für Fleisch und Gemüse:**	**Außerdem:**
Dashi-Sud (japanische Fischbrühe, aus dem Asienladen)	2 Rote Beten	Sous-Vide-Gerät und Utensilien
40 g Kombu-Algen (aus dem Asienladen)	4 Bison Strip Loin (à 280 g)	
4 getrocknete Shiitake-Pilze	8 Pak Choi	
40 g Bonitoflocken (aus dem Asienladen)	Butter	
	Salz	
	24 Maiskölbchen (aus dem Glas)	

Den Backofen auf 160 °C Ober-/Unterhitze (Umluft 140 °C) vorheizen. Die Rote Bete zuerst in Backpapier, dann in Alufolie wickeln und ca. 1 Stunde 30 Minuten im Ofen garen.

Das Bison Strip Loin 1 Stunde vakuumverpackt bei 60 °C sous-vide-garen.

Für den Sud alle Zutaten mit 1,6 l Wasser langsam zum Kochen bringen. 30 Minuten ziehen lassen, dann durch ein feines Sieb passieren.

Den Pak Choi waschen, halbieren, in etwas Butter auf der Schnittfläche anbraten, den vorbereiteten Sud angießen und alles weich garen. Gegebenenfalls mit etwas Salz würzen. Die Maiskölbchen in kochendem Wasser blanchieren, abschrecken und in 1 TL Butter anbraten.

Die Rote Bete noch warm schälen und in 1 cm dicke Scheiben schneiden. Das Bison Strip Loin auspacken, abtupfen und in Tranchen schneiden.

Das Gemüse auf Tellern anrichten, die Tranchen anlegen und den Dashisud angießen.

8 Personen · Zubereitungszeit: 1 Stunde 40 Minuten

HANGING TENDER

mit EXOTISCHEM LINSENCURRY *und* SALAT

100 g Belugalinsen 750 g Hanging Tender (Nierenzapfen/Onglet), am besten vom Bison Butterschmalz zum Braten 1 große weiße Zwiebel 1 Knoblauchzehe 1 kleine, milde Chilischote	neutrales Öl zum Braten 1 EL grüne Currypaste 500 ml Geflügelfond 1 Dose Kokosmilch (400 ml) 1 Granny-Smith-Apfel Salz	Gartenkräutersalat (z. B. Kapuzinerkresse, Sauerklee-Oxalis, junger Spinat) 1 Handvoll Koriandergrün 1 Becher griechischer Joghurt (100 g) 3 Pfefferminzblättchen Wasabinüsse (Snack, aus dem Supermarkt) Salzflocken

Die Belugalinsen in kochendem Wasser ohne Zugabe von Salz 20 Minuten garen.

In der Zwischenzeit den Backofen auf 100 °C Ober-/Unterhitze (Umluft 80 °C) vorheizen. Das Hanging Tender parieren, die Mittelsehne entfernen und das Fleisch in 6 gleich große Portionen schneiden. Eine Pfanne erhitzen, etwas Butterschmalz darin auslassen und das Fleisch ca. 2 Minuten von allen Seiten anbraten. Dann 5 Minuten im vorgeheizten Backofen garen, anschließend weitere 5 Minuten ruhen lassen, bis eine Kerntemperatur von ca. 56 °C erreicht ist. Mit etwas Butterschmalz können die Stücke in der Pfanne kurz nachgebraten werden.

Zwiebel und Knoblauch schälen und fein würfeln, Chilischoten waschen, entkernen und ebenfalls fein würfeln. Etwas Öl in einem Topf erhitzen und Zwiebeln, Knoblauch und Chili mit der Currypaste 5–10 Minuten darin anschwitzen. Die Geflügelbrühe und die Kokosmilch angießen und langsam sämig einkochen. Den Apfel waschen, vierteln Kerngehäuse entfernen, würfeln und zusammen mit den Linsen zugeben. Mit Salz abschmecken.

Den Gartenkräutersalat und das Koriandergrün waschen und trocken schleudern.

Hanging Tender zusammen mit dem Curry, Joghurt, Salat und Kräutern sowie gehackten Wasabinüssen servieren. Mit einigen Salzflocken würzen.

6 Personen · Zubereitungszeit: 30 Minuten

CARPACCIO

mit QUINOA *und* MEERRETTICHCREME

200 g weiße Quinoa Salz Olivenöl Low & Slow BBQ-Soße (wahlweise eine andere BBQ-Soße) 1 Bund Schnittlauch Limonenseitlinge (wahlweise Pilze nach Geschmack)	Butter 100 g Frischkäse 100 g Sahnemeerrettich (aus dem Glas) Zucker frisch gepresster Zitronensaft 500 g Chateaubriand/ Chateaustück (dry aged)	fermentierter Pfeffer (wahlweise in Weißwein blanchierter grüner Pfeffer aus der Lake) Salzflocken **Außerdem:** Flambierbrenner

Quinoa in einem Sieb unter fließendem Wasser gründlich waschen und ca. 10 Minuten in kochendem Salzwasser garen. Abgießen und mit etwas Olivenöl und BBQ-Soße verrühren. Den Schnittlauch waschen, trocken schütteln, in feine Röllchen schneiden und unterrühren. Die Pilze putzen und kurz in etwas Butter anbraten.

Frischkäse und Sahnemeerrettich verrühren und mit Salz, Zucker und Zitronensaft abschmecken.

Das Chateaubriand ringsum mit einem Flambierbrenner abflämmen und dünn aufschneiden. Alles zusammen anrichten und mit etwas fermentiertem Pfeffer und Salzflocken garnieren.

Anrichtetipp für ein leichtes Hauptgericht für 3–4 Personen: Mit Radieschen, Schnittlauchspitzen, Wildkräutersalat und gerösteten Mini-Maiskolben (der Länge nach geviertelt und bei 180 °C Ober-/Unterhitze (Umluft 160 °C) 10 Minuten im Ofen gegart) auf Tellern servieren.

6 Personen als Vorspeise · Zubereitungszeit: 15 Minuten

FLANKSTEAK

mit KARAMELLISIERTEM HONIG

600 g Hereford Flank (wahlweise ein anderes Flankstück) Salz Zucker	Butter zum Braten 1 EL Sesam 1 EL Honig	Saft und abgeriebene Schale von 1 Bio-Limette 2 EL Sojasoße

Das Fleisch 2 Stunden vor der Zubereitung Zimmertemperatur annehmen lassen. Den Backofen auf 120 °C Ober-/Unterhitze (Umluft 100 °C) vorheizen. Fleisch mit Salz und Zucker im Verhältnis 5:1 würzen. Von beiden Seiten in einer Pfanne in etwas Butter anbraten und im Backofen bis zu einer Kerntemperatur von 54 °C garen.

Sesam in einer Pfanne ohne Fett rösten. Den Honig in der Pfanne karamellisieren und mit Limettensaft ablöschen. Sojasoße und Sesam zugeben, einkochen lassen und mit abgeriebener Limettenschale abschmecken. Das Flank darin glasieren, bis es eine Kerntemperatur von 57 °C hat.

Das Fleisch anschließend lange ruhen lassen und gegen die Faser aufschneiden.

4 Personen · Zubereitungszeit: 20 Minuten plus 2 Stunden Temperierzeit

CENTERCUT ★

mit STICKY CARROTS

Für das Fleisch:

1,5 kg Mittelstückfilet (Centercut) vom Irish Hereford Prime Beef

Salz

Zucker

Fett zum Braten (z. B. geklärte Butter)

Butter und frischer Thymian nach Belieben

Für die Sticky Carrots:

12 Fingermöhren

2 EL Ahornsirup

Salz

Außerdem:

Drillinge aus dem Salzbett (Seite 305)

Kräuterquark (Seite 307)

Küchengarn

Das Filet 2 Stunden auf Zimmertemperatur bringen. Mit Salz und Zucker im Verhältnis 5:1 würzen und mit dem Küchengarn in Form binden. Den Backofen auf 140 °C Ober-/Unterhitze (Umluft 120 °C) vorheizen.

Das Filet von allen Seiten in einer Pfanne in Fett anbraten und im vorgeheizten Ofen ca. 1 Stunde 30 Minuten auf eine Kerntemperatur von 54 °C bringen. Aus dem Ofen nehmen, in einer heißen Pfanne nachbraten und nach Bedarf mit frischer Butter und Thymian überziehen. Anschließend aufschneiden.

Für die Sticky Carrots die Möhren waschen und 3 Minuten in kochendem Wasser blanchieren. Dann mit Ahornsirup und Salz überziehen und bei starker Hitze kurz grillen, bis sie schön karamellisieren.

Fleisch mit Möhren und nach Gusto mit Drillingen aus dem Salzbett und Kräuterquark servieren.

6–8 Personen   Zubereitungszeit: 45 Minuten plus 2 Stunden Temperierzeit und 1 Stunde 30 Minuten Garzeit

LANG GEGARTE

HEREFORD PRIME BACK RIBS

auf GEMÜSEBETT

1,2–1,5 kg Prime Back Ribs vom Hereford (wahlweise von einer anderen Rasse)

Salz

Zucker

Fett zum Braten (z. B. geklärte Butter)

2 Gemüsezwiebeln

4 Knoblauchzehen

½ Knollensellerie

1 Möhre

500 ml trockener Rotwein

6 frische Tomaten

1 l Gemüsefond

2 Lorbeerblätter

10 Pfefferkörner

evtl. etwas Stärke zum Binden

fermentierter Pfeffer (wahlweise in Weißwein blanchierter grüner Pfeffer aus der Lake)

Salzflocken (z. B. Murray River Salt Flakes)

Das Fleisch mit Salz und Zucker im Verhältnis 5:1 würzen. In einem Bräter in Fett anbraten und wieder herausnehmen.

Zwiebeln, Knoblauch, Sellerie und Möhre schälen und würfeln. In dem Bräter in Fett rösten, mit Rotwein ablöschen und einkochen. Die Tomaten waschen und klein schneiden. Den Fond angießen und Lorbeerblätter, Pfefferkörner und Tomaten zugeben. Den Backofen auf 160 °C Ober-/Unterhitze (Umluft 140 °C) vorheizen.

Alles aufkochen und die Back Ribs mit der Fleischseite nach unten in den Bräter legen.

Mit geschlossenem Deckel im vorgeheizten Ofen 3 Stunden bis 3 Stunden 30 Minuten garen. Die Ribs sind fertig, wenn man an der dicksten Stelle mit einer Gabel ohne Widerstand einstechen kann und das Fleisch locker abfällt.

Das Fleisch herausnehmen. Den Ansatz passieren und einkochen. Ggf. mit etwas Stärke binden.

Die Rippen mit der Soße glasieren, mit fermentiertem Pfeffer und Salzflocken bestreuen und servieren. Dazu passen Bratkartoffeln und Buttergemüse.

4 Personen · Zubereitungszeit: 30 Minuten plus 3 Stunden 30 Minuten Garzeit

PERFERKT GEGRILLTES

PORTERHOUSESTEAK

nach Wunsch **GETRÜFFELT**

800 g Porterhouse Salz Zucker	400 g Pommes frites für die Fritteuse neutrales Öl zum Frittieren Meersalz oder optional Trüffelsalz	6 g frischer Perigord-Trüffel nach Belieben Parmesanspäne

Das Steak 2 Stunden vor der Zubereitung auf Zimmertemperatur bringen.

Den Backofen auf 120 °C Ober-/Unterhitze (Umluft 100 °C) vorheizen. Das Steak mit Salz und Zucker im Verhältnis 5:1 würzen. Eine Grillpfanne erhitzen und das Steak rund 45 Sekunden grillen, um 90 Grad drehen und wieder 45 Sekunden grillen. Umdrehen und ebenso verfahren, so erhält man ein schönes Grillmuster.

Das Steak im vorgeheizten Ofen auf eine Kerntemperatur von 54 °C garen, aus dem Ofen nehmen und nochmal nachgrillen.

Die Pommes frites nach Packungsangabe goldgelb im Öl frittieren. Anschließend mit Salz würzen. Trüffel, wenn verwendet, hobeln und zusammen mit Parmesan zugeben. Alles vermengen.

Tipp:
Statt das Steak im Ofen nachzugrillen, kann man es am Schluss auch mit frischem Rosmarin, Thymian und etwas Knoblauch in Butter braten.

2 Personen · Zubereitungszeit: 20 Minuten plus 2 Stunden Temperierzeit

OCHSENBACKEN

mit PILZGRÖSTEL *und* BAKED POTATOES

2–3 kg Ochsenbacken, am besten vom Hereford Salz Zucker Fett zum Braten (z. B. geklärte Butter) 2 Gemüsezwiebeln 4 Knoblauchzehen	1 Möhre ½ Knollensellerie 500 ml trockener Rotwein 6 Tomaten 1 l Rinderfond 2 Lorbeerblätter 10 Pfefferkörner	4 dicke Ofenkartoffeln Speisestärke zum Binden nach Bedarf 6 Kräuterseitlinge frisch gemahlener schwarzer Pfeffer 4 große Champignons 4 Scheiben Frühstücksspeck

Das Fleisch 2 Stunden vor der Zubereitung Zimmertemperatur annehmen lassen. Von den groben außenliegenden Sehnen und Fett befreien. Anschließend mit Salz und Zucker im Verhältnis 5:1 würzen, in einem Bräter in Fett anrösten und wieder herausnehmen.

Den Backofen auf 160 °C Ober-/Unterhitze (Umluft 140 °C) vorheizen. Zwiebeln, Knoblauch, Möhre und Sellerie schälen. Zwiebeln, Möhren und Sellerie in Walnussgröße schneiden, Knoblauchzehen halbieren. Alles im Bräter in heißem Fett rösten, mit Rotwein ablöschen und einkochen.

In der Zwischenzeit die Tomaten waschen und klein scheiden. Den Fond zum Gemüse geben, Gewürze und Tomaten ebenfalls zugeben und das Fleisch einlegen. Mit geschlossenem Deckel im vorgeheizten Ofen ca. 3 Stunden garen, alternativ mit Umluft ca. 1 Stunde 45 Minuten.

Das Fleisch ist fertig, wenn man an der dicksten Stelle mit einer Gabel ohne Widerstand einstechen kann und das Fleisch locker abfällt.

Kartoffeln waschen und in Alufolie wickeln. Eine gute Stunde im Ofen mitgaren.

Das Fleisch aus dem Bräter nehmen. Den Ansatz passieren, einkochen und ggf. mit etwas Stärke binden. Die Ochsenbacken mit der Soße glasieren.

Die Seitlinge putzen, mit Salz und Pfeffer würzen und in einer Grillpfanne grillen. Die Champignons waschen und roh in Scheiben hobeln. Den Frühstücksspeck in einer Pfanne ohne Fett kross braten.

Ochsenbacken mit Pilzgröstl und Ofenkartoffeln appetitlich anrichten.

4 Personen · Zubereitungszeit: 30 Minuten plus 2 Stunden Temperierzeit und 3 Stunden 30 Minuten Garzeit

SOUS-VIDE-GEGARTE

ZUNGE À LA BENEDIKT

mit POCHIERTEM EI *und* HOLLANDAISE

Für das Fleisch:

1 Rinderzunge (am besten vom Wagyu)

10 g (2 TL) Mineralsalz

4 Petersilienstiele

1 Lorbeerblatt

1 TL Senfsamen

50 ml Geflügelfond

1 Eiweiß

Guarkernmehl (wahlweise Speisestärke)

1 Spritzer Apfelessig

Zucker

Sauce Hollandaise (Seite 299)

Kornblumenblüten, Senfsamen und Wildkräuter nach Belieben zum Garnieren

Petersilienpaste (Seite 301) nach Belieben

Für die pochierten Eier:

Essig

Salz

4 Bio-Eier (Größe M)

Außerdem:

Sous-Vide-Gerät und Utensilien

Die Zunge mit Salz, abgezupften Petersilienblättern, Lorbeerblatt, Senfsamen und dem Fond in einem Vakuumbeutel im Sous-Vide-Bad bei 80 °C 18 Stunden garen. Beim Öffnen den Garfond auffangen.

Die Zunge noch warm mit einem kleinen Küchenmesser häuten und bis zur Verwendung rasch kühl stellen. Nach dem Abkühlen in 1,5–2 mm dünne Scheiben schneiden. Den Garfond aufkochen und mit dem Eiweiß klären. Mit Guarkernmehl binden und mit Apfelessig, Salz und Zucker abschmecken.

Für die pochierten Eier einen Sud aus Wasser, Essig und Salz herstellen und erhitzen.

Den Sud mit einem Kochlöffel in einer Kreisbewegung rühren, bis ein Strudel entsteht, und die Eier einzeln langsam hineingleiten lassen. 3–5 Minuten pochieren.

Die Zunge mit etwas warmer Hollandaise überziehen und auf Teller verteilen. Pochierte Eier daraufsetzen und etwas Hollandaise daraufgeben. Nach Wunsch mit Kornblumen, Senfsamen und Wildkräutern garnieren. Dazu passt zusätzlich Petersilienpaste. Mit frisch gekochtem schwarzem Reis servieren.

Tipp:
Sie können die Zunge auch mit den gleichen Zutaten in gesalzenem Wasser 3 Stunden lang gar kochen. Sie ist fertig, wenn man eine Fleischgabel einstechen und ohne Widerstand herausziehen kann.

4 Personen · Zubereitungszeit: 20 Minuten plus 18 Stunden Garzeit

GEBEIZTES TRI TIP

mit MARINIERTEM ROHKOSTSALAT *aus* WURZELGEMÜSE

Für das Tri Tip:

1,6 kg Bürgermeisterstück vom Blackmore oder Wagyu (Tri Tip)

200 g Mineralsalz

80 g Zucker

10 g Kombu-Algen (aus dem Asienladen)

Für die Beilagen:

Radieschen

Pastinaken

Rote Bete

Möhren

Salz

fermentierter Pfeffer (wahlweise in Weißwein blanchierter grüner Pfeffer aus der Lake)

Ahornsirup

Apfelessig

Rapsöl

gefriergetrockneter Dill

Kornblumenblüten und Wildkräuter zum Garnieren

Angemachter Hüttenkäse (Seite 307)

Außerdem:

Vakuumbeutel oder Frischhaltefolie

Für das Tri Tip das Fleisch parieren, anschließend in Loins von ca. 8 x 8 cm schneiden; Spitzen und Anschnitte für Tatar oder sautierte Streifen aufbewahren.

Salz, Zucker und Algen fein mixen oder mörsern. Mit dem Fleisch in einen Vakuumbeutel geben und vakuumieren. Alternativ zusammen straff in Frischhaltefolie wickeln. 48 Stunden im Kühlschrank marinieren lassen. Dann mit Küchenpapier trocken tupfen und bis zur Verwendung kühl stellen. Das fertig gebeizte Fleisch zu dünnen Scheiben aufschneiden.

Für den Wurzelsalat das Gemüse waschen, nach Bedarf schälen, anschließend dünn hobeln und kurz in Eiswasser legen. Trocken tupfen, mit Salz, Pfeffer und Ahornsirup marinieren, etwas Apfelessig und Rapsöl zugeben und vermengen. Den gefriergetrockneten Dill fein mörsern oder mixen.

Fleisch und Rohkost als Salat anrichten und mit Dill sowie Kornblumen und Wildkräutern garnieren. Mit etwas Rapsöl beträufeln. Dazu Hüttenkäse servieren.

8–10 Personen · Zubereitungszeit: 30 Minuten plus 48 Stunden Marinierzeit

PRIME BEEF TATAR

mit PERLZWIEBELN, MEERRETTICH *und* SAIBLINGSKAVIAR

Für das Schnittlauchöl:

75 g Schnittlauch

250 g Olivenöl

Für die Panko-Brösel:

150 g Rinder-Knochenmark oder -fett

200 g Panko (japanisches Paniermehl aus Weißbrot, wahlweise normales Paniermehl)

Salz

frisch gemahlener schwarzer Pfeffer

100 g Maltodextrin (aus der Apotheke)

Für das Hereford-Tatar:

500 g Hüftfleisch vom Hereford (Herz der Hüfte)

Salz

Zucker

Olivenöl

Eingelegte Perlzwiebeln (Seite 303)

Meerrettichcreme (Seite 301)

Für die Beilagen:

gegarte Rote-Bete-Scheiben

1 TL Saiblingskaviar pro Portion

Für die Garnitur bzw. zum Anrichten:

frisch gehobelte Meerrettichspäne

Kresse

Außerdem:

Flambierbrenner

Für das Schnittlauchöl den Schnittlauch grob hacken und zusammen mit Olivenöl in der Küchenmaschine mixen. In einem Topf aufkochen, durch ein feines Sieb oder Küchenpapier passieren und sofort im Eisbad abkühlen, damit das Öl seine schöne grüne Farbe behält.

Für die Panko-Brösel das Knochenmark oder -fett in einer Pfanne zerlassen. Panko mit Salz und Pfeffer würzen und im Fett goldgelb rösten. Auf einem Teller abkühlen lassen. Dabei kein Küchenpapier verwenden, damit das Fett am Panko bleibt! Mit Maltodextrin im Mixer vermengen.

Für das Tatar das Fleisch wolfen oder sehr fein hacken. Mit Salz und Zucker im Verhältnis 5:1 würzen. Kurz durchziehen lassen und mit einem guten Schuss Olivenöl abschmecken.

Die Eingelegten Perlzwiebeln mit dem Flambierbrenner abflämmen oder unter dem Ofengrill kurz erhitzen. Wer diese Möglichkeiten nicht hat, kann die Zwiebeln bei Zimmertemperatur servieren oder mit wenig Flüssigkeit in der Sauteuse erhitzen, bis die Flüssigkeit verdampft ist.

Tatar mit Perlzwiebeln, Meerrettichcreme, Roter Bete, Saiblingskaviar, Meerrettichspänen, Panko und Kresse appetitlich schichten und anrichten.

4 Personen Zubereitungszeit: 25 Minuten

SURF AND TURF

mit POMMES FRITES, MELONE *und* AVOCADO

Pommes frites (Seite 304)	1 Prise Zucker	**Für Fleisch und Hummer:**
Für die Melone:	Dill	4 Filets Mignon
4 Scheiben Wassermelone	Salz	4 ausgelöste Hummerschwänze
1 Spritzer Essig	**Für die Avocado:**	Butter
Senfsamen	½ Avocado	Balsamico-Olivenöl
	Salz	Salz
		Zucker
		Cocktailsoße (Seite 299)

Aus der Melone Kugeln ausstechen. Mit etwas Wasser, Essig, Senfsamen, Zucker und Dill marinieren. Dann in einer Pfanne scharf anbraten bzw. grillen und leicht salzen.

Für die Avocado die halbe Frucht in Schiffchen schneiden, leicht salzen und scharf angrillen.

Für Fleisch und Hummer die Filets scharf anbraten oder grillen und danach ruhen lassen. Medium rare bis rare ist der optimale Garpunkt, dabei liegt die Kerntemperatur bei 48–52 °C.

Hummerschwänze in der Ruhephase des Fleisches kurz braten oder grillen.

Beef und Hummer zum Schluss noch einmal zusammen in einer Pfanne in etwas Butter und Balsamico-Olivenöl schwenken, mit Salz und Zucker würzen.

Fleisch und Hummer mit Pommes frites, Melone, Avocado und Cocktailsoße auf Tellern appetitlich anrichten.

4 Personen · Zubereitungszeit: 40 Minuten

IRISH BEEF TOURNEDOS

mit ROTWEINSOSSE *und* PFIFFERLINGEN

4 Tournedos (Filetsteaks; à 100 g)	250 ml Rotwein	1 dünne Frühlingszwiebel
1 Zwiebel	1 Glas Fleischfond (400 ml)	2 EL gehackte glatte Petersilie
1 Knoblauchzehe	3 Thymianzweige	Salz
75 g Butter	200 g Pfifferlinge	frisch gemahlener schwarzer Pfeffer

Die Tournedos Zimmertemperatur annehmen lassen. Zwiebel und Knoblauch schälen und fein hacken. In einer breiten Pfanne 1 EL Butter schmelzen und die Zwiebel mit dem Knoblauch darin glasig anschwitzen. Rotwein, Fleischfond und Thymianzweige dazugeben. Bei mittlerer Hitze auf ein Drittel einkochen lassen.

Pfifferlinge putzen, Frühlingszwiebel waschen und in hauchdünne Ringe schneiden. 4 TL Butter in einer kleinen Pfanne schmelzen und die Pfifferlinge bei mittlerer Temperatur 4 Minuten braten. Pfanne von der Kochstelle nehmen, Frühlingszwiebel und Petersilie unterrühren und mit Salz und Pfeffer abschmecken.

Tournedos mit Salz und Pfeffer einreiben. Restliche Butter in einer Pfanne erhitzen, bis sich der Schaum aufgelöst hat. Tournedos 4–6 Minuten braten, nach der Hälfte der Bratzeit wenden. Von innen sind sie dann noch schön rosa. Auf einem warmen Teller unter Alufolie warm halten.

Die eingekochte Flüssigkeit durch ein Sieb zum Bratfett geben und kurz zu einer schmackhaften Soße einkochen lassen. Soße auf 4 vorgewärmte Teller geben, Tournedos darauf anrichten. Pfifferlinge über die Tournedos verteilen. Dazu schmecken geschmorter Rosenkohl und Kartoffelgratin.

4 Personen · Zubereitungszeit: 40 Minuten

FILET IN SALBEIBUTTER

mit GERSTENRISOTTO *und* WÜRZIGEN PERLZWIEBELN

Für das Fleisch:

4 Filetmedaillons

Salz

Butterschmalz

Butter

frische Salbeiblättchen

Für die Perlzwiebeln:

250 g Perlzwiebeln

1 EL Butter

500 ml trockener Rotwein

etwas Thymian

6 Körner Sarawakpfeffer, gemahlen (ersatzweise anderer frisch gemahlener schwarzer Pfeffer)

2 EL brauner Zucker

Salz

250 ml Geflügelfond

Rotweinessig nach Belieben

Für den Risotto:

4 Schalotten

neutrales Öl zum Braten

350 g Gerste

50 g Iberico-Schinken

250 ml dry Sherry

1 l Geflügelfond

Salz

2 EL Butter

Außerdem:

Küchengarn

Die Medaillons Zimmertemperatur annehmen lassen. Mit Küchengarn rundbinden und mit etwas Salz würzen. In etwas Butterschmalz in einer Pfanne von allen Seiten anbraten und bei Bedarf noch im Backofen bei ca. 80 °C Ober-/Unterhitze (Umluft 60 °C) auf eine Kerntemperatur von 48 °C bringen. Anschließend an einem warmen Ort ruhen lassen.

Für die Zwiebeln die Perlzwiebeln schälen und der Länge nach halbieren. In einer Sauteuse die Butter zum Schäumen bringen und die Perlzwiebeln darin anschwitzen. Mit Rotwein ablöschen und mit Thymian, Pfeffer, Zucker und Salz würzen.

Mit Geflügelfond aufgießen. Die Zwiebeln langsam gar köcheln, bis die Flüssigkeit sirupartig ist. Nach Wunsch noch mit Rotweinessig abschmecken.

Für den Risotto die Schalotten schälen und fein würfeln. Öl in einem Topf erhitzen und Schalotten und Gerste darin anschwitzen. Schinken grob schneiden und dazugeben. Mit Sherry ablöschen und den Fond aufgießen. Etwas Salz dazugeben und die Gerste weich kochen. Zum Schluss mit der Butter binden.

Die Medaillons zum Schluss noch einmal in reichlich Butter mit den Salbeiblättchen ca. ½ Minute nachbraten. Alles zusammen anrichten.

Tipp:
Die Perlzwiebeln lassen sich ideal am Vortag zubereiten.

4 Personen · Zubereitungszeit: 35 Minuten plus 2 Stunden Temperierzeit

PERFERKT GEGRILLTES

SKIRT STEAK

mit einer FRUCHTIGEN BBQ-SOSSE

2 Zwiebeln	2 Skirt Steaks (z. B. US Beef Outside Skirt; à 500 g)	frisch gemahlener schwarzer Pfeffer
2 Knoblauchzehen	Salz	500 ml Orangensaft
1 Stück frischer Ingwer		2 EL würzige BBQ-Soße

Zwiebeln, Knoblauch und Ingwer schälen und in dünne Scheiben schneiden. Die Steaks mit Salz und Pfeffer würzen und in eine Schüssel legen. Mit Zwiebeln, Knoblauch und Ingwer bedecken. Den Orangensaft mit der BBQ-Soße verrühren und die Mischung über die Steaks gießen. Mindestens 6 Stunden im Kühlschrank marinieren.

Die Steaks danach trocken tupfen und direkt bei starker Hitze von beiden Seiten 3 Minuten grillen. Anschließend das Fleisch kurz ruhen lassen und dann in dünnen Streifen der Länge nach aufschneiden.

Schmeckt perfekt als Belag für ein üppiges Sandwich.

4 Personen · Zubereitungszeit: 15 Minuten plus 6 Stunden Marinierzeit

IRISH-BEEF-SALAT

mit **ASIATISCHER** *Geschmacknote*

750 g Lenden- oder Filetstück vom Irish Beef (ca. 2,5 cm dick)	Fett zum Braten (z. B. geklärte Butter)	1 Handvoll frische Korianderblätter
6 EL Limettensaft	1 kleine Salatgurke	1 kleine Handvoll frische Basilikumblätter
4 EL Palmzucker oder heller Muscovado-Zucker	4 rote Schalotten	4 Frühlingszwiebeln
Salz	100 g Kirschtomaten	3 EL Thai-Fischsoße
gemahlener Szechuanpfeffer	1 milde rote Chilischote	100 g gemischter grüner Blattsalat
	1 Handvoll frische Minzblätter	

Das Fleisch beidseitig mit 2 EL Limettensaft beträufeln und die Hälfte des Zuckers darübergeben. Mit etwas Salz und Szechuanpfeffer würzen. 4–5 Minuten in einer Pfanne in wenig Fett anbraten, dabei einmal wenden. Es soll gebräunt, aber innen noch roh und saftig sein. Fleisch, mit Pergament- oder Metzgerpapier bedeckt, auf ein Holzbrett legen und 15 Minuten ruhen lassen.

In der Zwischenzeit Gurke schälen, halbieren, entkernen und in 1 cm dicke Scheiben schneiden. Schalotten schälen und in feine Ringe schneiden, Kirschtomaten waschen und halbieren, Chili entkernen und in Ringe schneiden, Kräuter waschen und trocken schleudern und Frühlingszwiebeln in feine Ringe schneiden. Alles in einer Schüssel vorsichtig durchmischen. Restlichen Zucker im restlichen Limettensaft und der Fischsoße auflösen. Die Blattsalate waschen und trocken schleudern.

Das Fleisch zum Servieren in dünne Streifen schneiden und in eine große Salatschüssel legen. Gemüse und Kräuter, Blattsalate und das Fischdressing dazugeben und mischen. Zum Servieren auf kleinen Salattellern anrichten.

4 Personen · Zubereitungszeit: 25 Minuten

DELUXE

CHILI CON CARNE

mit COLA, KAKAO *und* KORIANDER

2 kg Bürgermeisterstück (Tri Tip) neutrales Öl (wahlweise Wagyu-Fett oder ein anderes Rinderfett) zum Braten 4 Knoblauchzehen 1 kg rote Zwiebeln 3 große rote Chilischoten	50 g entöltes ungesüßtes Kakaopulver 1 EL gemahlener Kreuzkümmel 2 Lorbeerblätter frisch gemahlener schwarzer Pfeffer 1–2 EL Salz 500 g passierte Tomaten (Dose)	250 ml Cola ca. 1 l Rinderbrühe nach Belieben (Menge abhängig von der Topfgröße) 2 Dosen Kidneybohnen (à 400 g) Korianderblätter etwas Sour Cream

Das Tri Tip nur vom groben Fett befreien und in nicht zu kleine Würfel (ca. 4 cm) schneiden. In einem großen Bräter oder portionsweise in einer gusseisernen Pfanne mit etwas Öl oder Fett scharf anbraten, dann herausnehmen.

Knoblauch und Zwiebeln schälen und fein hacken. Beides im Bräter anrösten. Chilischoten waschen, entkernen und in Ringe schneiden. Zusammen mit Kakao, Kreuzkümmel, Lorbeerblättern, Pfeffer und Salz in den Bräter geben und verrühren. Jetzt das Fleisch und die passierten Tomaten dazugeben und alles einköcheln lassen. Anschließend die Cola angießen und erneut einkochen lassen. Nach und nach Rinderbrühe oder Wasser angießen, bis alles bedeckt ist.

Bei mittlerer Hitze gut 2 Stunden schmoren lassen. 30 Minuten vor Schluss die Kidneybohnen dazugeben – 1 Dose davon mit dem Sud, die andere abgetropft. Einkochen lassen. Vor dem Servieren noch einmal abschmecken.

Mit frischem Koriander und etwas Sour Cream garnieren, nach Bedarf mit dem Chili-Öl-Mix nachwürzen.

Das Chili am besten einen Tag vorher zubereiten, damit es gut durchziehen kann. Dazu frisches Baguette oder geröstete Weißbrotscheiben servieren.

Tipp:
Das Chili nach Bedarf mit einer fein gewürfelten und mit wenig Öl vermischten Chilischote nachwürzen.

8 Personen · Zubereitungszeit: 30 Minuten plus 2 Stunden Garzeit

CHAMPIGNON-DOG

mit FENCHEL-ORANGEN-SALAT *und* MISO-MAYONNAISE

Für den Fenchel-Orangen-Salat:	Für die Hot Dogs:	Miso-Mayonnaise (Seite 298)
2 Knollen Fenchel	6 Hot-Dog-Milchbrötchen	2 Steinchampignons oder Steinpilze
Salz	12 kleine oder 6 große gute Hot-Dog-Würstchen (am besten vom Wagyu-Rind)	**12 Eingelegte Perlzwiebeln (Seite 303)**
Zucker	Salz	
Saft von 1 Orange		
1 EL Rapsöl		

Für den Fenchel-Orangen-Salat den Fenchel waschen, halbieren und von Strunk und Grün befreien. Mit einem Hobel in dünne Scheiben schneiden. Mit etwas Salz, Zucker und dem Orangensaft marinieren und mit den Händen durchkneten. Das ausgelöste Fruchtfleisch der Orange kann mit in den Salat gegeben werden. Das Fenchelgrün klein schneiden und etwas davon zugeben, den Rest für die Garnitur aufheben. Mit Rapsöl abschmecken.

Für die Hot Dogs die Brötchen im Dämpfer oder Backofen erwärmen und längs nicht ganz durchschneiden. Würstchen in gesalzenem Wasser erwärmen.

Den Fenchel-Orangen-Salat im Brötchen verteilen und die Würstchen hineinlegen. Die Miso-Mayonnaise großzügig über die Hot Dogs verteilen. Für die Garnitur Pilze putzen und roh in dünne Scheiben hobeln. Zusammen mit dem restlichen Fenchelgrün darüberstreuen. Die Perlzwiebeln darauf verteilen.

4 Personen · Zubereitungszeit: 20 Minuten

PASTRAMI-NAAN

mit GURKENSALAT *und* JOGHURTSOSSE

Für das Naan:	Für die Joghurtsoße:	Für den Gurkensalat:
5 g frische Kurkumawurzel (wahlweise 1–2 Msp. Kurkumapulver)	300 g Joghurt (10 % Fett)	1 Salatgurke
250 g Mehl	10 g (2 TL) Olivenöl	1 Prise Salz
1 Msp. Trockenhefe	1 g (1 Prise) Salz	**Minz-Vinaigrette (Seite 296)**
4 g Salz	1 g (1 Prise) Guarkernmehl	**Außerdem:**
Olivenöl zum Ausbacken		800 g Pastrami

Für das Naan Kurkuma schälen und reiben und mit allen Zutaten vermischen. Mit 230 ml sprudelnd kochendem Wasser aufgießen und zügig mit einem Holzlöffel vermengen. Wenn der Teig handwarm geworden ist, 3 Minuten gut durchkneten und danach 1 Stunde gehen lassen.

Zu 10 g schweren Kugeln formen und 5 mm dünn ausrollen. Teigfladen in einer Pfanne in reichlich Olivenöl ausbacken. Die Fladen bei der ersten Blasenbildung wenden. Wenn das Naan die gewünschte Färbung hat, auf Küchenpapier abtropfen lassen.

Für die Joghurtsoße alle Zutaten vermengen. Für den Gurkensalat die Gurke schälen, halbieren und die Kerne mit einem Löffel herauskratzen. Die Gurke in 4 mm breite Stücke schneiden.

Die Kernmasse in ein Sieb legen und mit 1 Prise Salz bestreuen. Den austretenden Saft auffangen und zusammen mit der Gurke mit der Minz-Vinaigrette verrühren.

Pastrami dünn aufschneiden und alles zusammen appetitlich anrichten.

ca. 10 Personen   Zubereitungszeit: 30 Minuten plus 1 Stunde Gehzeit

HIMMEL UND ERDE

mit NIERENZAPFEN, ZWIEBELMARMELADE *und* KARTOFFELPÜREE

Für die Zwiebelmarmelade:

400 g Zwiebeln

50 g Butter

5 g (1 TL) Salz

2–3 Msp. Guarkernmehl

25 g neutrales Öl

5 g (1 TL) fermentierter Pfeffer (wahlweise in Weißwein blanchierter grüner Pfeffer aus der Lake)

Für das Kartoffelstroh:

1 sehr große Kartoffel

Salz

neutrales Öl zum Frittieren

Für das Kartoffelpüree:

600 g Kartoffeln

Salz

250 g Butter

frisch geriebene Muskatnuss

Für das Fleisch:

2,5–3 kg Onglet (Nierenzapfen)

Fett zum Braten (z. B. geklärte Butter)

Apfelkompott (Seite 302)

Für die Zwiebelmarmelade Zwiebeln schälen und fein würfeln. In einem Topf in der Butter anschwitzen, salzen und mit 250 ml Wasser auffüllen. Weich dünsten und die gesamte Flüssigkeit verkochen lassen. Guarkernmehl und Öl einrühren und den Pfeffer zugeben.

Für das Kartoffelstroh die Kartoffel schälen und grob reiben. In Salzwasser blanchieren und trocken tupfen. In 170 °C heißem Fett frittieren.

Für das Kartoffelpüree die Kartoffeln schälen, in Salzwasser weich kochen und abgießen. Die Garflüssigkeit dabei auffangen. Die Kartoffeln ausdämpfen lassen, die Butter unterheben und stampfen. Mit Muskat und Salz würzen. Bei Bedarf etwas Kochwasser zugeben.

Den Ofen auf 60–70 °C Ober-/Unterhitze (Umluft 40–50 °C) vorheizen. Onglet in wenig Fett scharf anbraten, dann im vorgeheizten Ofen eine Kerntemperatur von 52 °C erreichen lassen. Ruhen lassen, dann in der Pfanne kurz nachbraten, bis die Kerntemperatur bei 56 °C liegt.

Onglet mit Kartoffelstroh, Kartoffelpüree, Zwiebelmarmelade und Apfelkompott appetitlich anrichten.

ca. 10 Personen   Zubereitungszeit: 50 Minuten

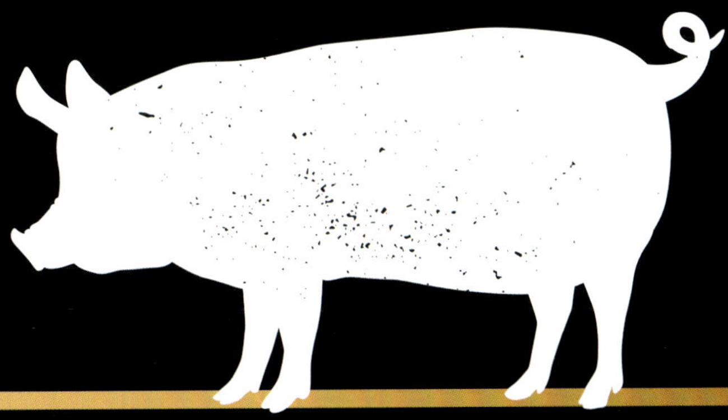

SCHWEIN

Schweinefleisch gehört bei uns zu den beliebtesten Fleischsorten. Entsprechend hoch ist der Anteil der Produktion hierzulande

SCHWEINERASSEN

Deutschland ist zurzeit der viertgrößte Schweinefleischproduzent der Welt. Den überwiegenden Anteil am Fleischaufkommen im Bereich der meist konventionell gemästeten Tiere hat das Hybridschwein. Es gibt aber eine Reihe alter deutscher Schweinerassen, die vor allem aus Gründen der Artenvielfalt als erhaltenswert betrachtet werden und von einzelnen Landwirten gezüchtet werden. Dazu zählen wegen hervorragender Fleischqualitäten auch Neuzüchtungen, die nach dem Zweiten Weltkrieg in der DDR vorgenommen wurden. Einige Rassen liegen bestandsmäßig bei hundert Tieren und darunter. Aus dem Ausland kommend, hat sich bei uns lediglich das Fleisch des Iberischen Schweins einen kleinen Marktanteil erobert, es stammt aus Spanien.

DEUTSCHE LANDRASSE

Bis 1968 wurde diese um 1890 entstandene Rasse »Deutsches veredeltes Landschwein« genannt. Damals wurden Landschweinerassen mit Schlappohren, heller Haut und hellen Borsten mit weißen Stehohr-Schweinen aus England gekreuzt. Die fettreichen Tiere wurden in den 50er-Jahren zu magereren Fleischschweinen mit zusätzlicher Rippe umgezüchtet. Auch ihre hohe Stressanfälligkeit wurde wegezüchtet.

DEUTSCHES SATTELSCHWEIN

Seinen Namen verdankt es dem hellen »Sattel« auf der sonst dunklen Schwarte. Da das Fleisch der anfänglich beliebten und jetzt gefährdeten Rasse recht fetthaltig ist, wurde es immer weniger nachgefragt und verlor an wirtschaftlicher Bedeutung. Die Rasse ist eine Kreuzung aus Angler Sattelschwein und Schwäbisch-Hällischem Landschwein.

ANGLER SATTELSCHWEIN

Die hintere Körperhälfte des Angler Sattelschweins ist schwarz, ein weißer Gürtel oder Sattel zieht sich bis in den vorderen Rumpfbereich. Die Tiere sind sehr anspruchslos in der Haltung. Die in den 20er-Jahren in Angeln in Schleswig-Holstein aus englischen Schweinen entwickelte Rasse wurde 1937 als eigenständige Rasse anerkannt. Sie gilt als besonders gefährdet.

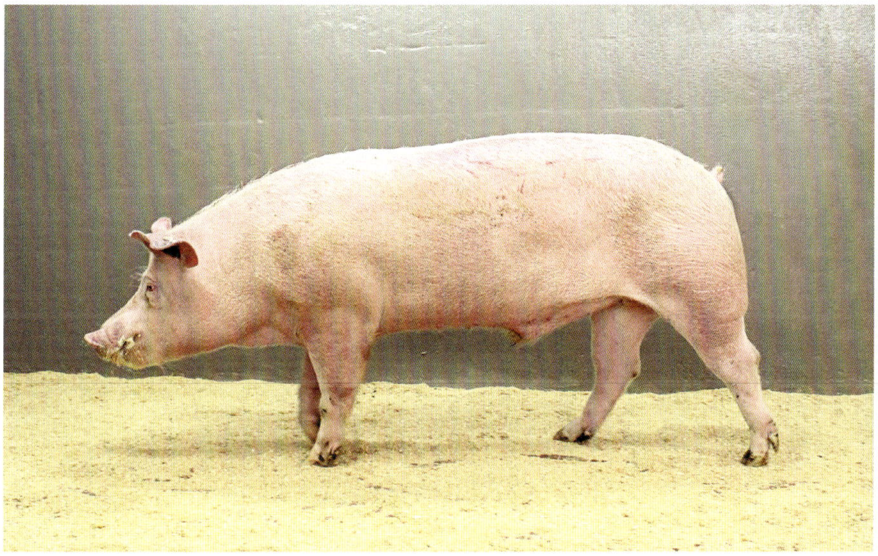

LEICOMA

An der Züchtung hatten Deutsche Landrasse, Niederländische Landrasse, Deutsches Sattelschwein, Iberisches Duroc-Schwein und Estnische Baconrasse ihren Anteil. Der Name dieser in der DDR erzeugten Rasse besteht aus den Anfangsbuchstaben der beteiligten Bezirke Leipzig, Cottbus und Magdeburg. Der höhere intramuskuläre Fettanteil des Fleisches wird sehr geschätzt.

IBÉRICO-SCHWEIN

Das Iberische Schwein ist in Spanien und Portugal heimisch. Im Vergleich zu Hausschweinrassen ist es kleiner und wendiger. Die Tiere werden als Weideschweine freilaufend in Korkeichen- und Steineichenhainen gehalten und häufig mit Eicheln gemästet, was dann ihren besonderen Geschmack ausmacht. Sie wurden bereits von römischen Legionären in der Extremadura gezüchtet.

WOLL- ODER MANGALITZASCHWEINE

Die drei Arten Schwalbenbäuchiges Wollschwein, Blondes sowie Rotes Wollschwein erkennt man an ihrer unterschiedlich gefärbten, aber immer stark wolligen Behaarung. Die vor mehr als hundert Jahren in Ungarn weit verbreiteten Tiere existieren in Deutschland nur noch in geringen Stückzahlen. Das Fleisch weist einen starken Fettansatz auf und wird besonders gern zur Herstellung von Dauerwurst verwendet.

ROTBUNTES HUSUMER SCHWEIN

Als Ende des 19./Anfang des 20. Jahrhunderts die in Nordfriesland lebenden Dänen ihre Nationalflagge nicht hissen durften, konzentrierten sie sich auf die Zucht des Rotbunten Husumer Schweins, dessen rot-weiße Zeichnung an die dänische Nationalflagge erinnert. So wurde die Rasse auch als Dänisches Protestschwein bekannt. Sie ist selten und gilt als bedroht.

BUNTES BENTHEIMER SCHWEIN

Die vom Aussterben bedrohte Rasse, auch Bentheimer Landschwein genannt, stammt aus der Grafschaft Bentheim und dem benachbarten Emsland. Dank ihrer hervorragenden Fleischqualität – hoher Speckanteil und eine gute Fettmarmorierung des Muskelfleisches – gewinnt sie langsam wieder an Bedeutung. Auch die Brateigenschaften sind deutlich besser als die von üblichen Zuchtschweinen.

SCHWÄBISCH-HÄLLISCHES SCHWEIN

Die Züchtung geht auf Kreuzungen heimischer Rassen mit chinesischen Maskenschweinen Anfang des 19. Jahrhunderts zurück. Man kennt die vor allem in Baden-Württemberg, insbesondere im Landkreis Schwäbisch Hall verbreitete Rasse auch als Hällisch-Fränkisches Landschwein oder »Mohrenköpfle«, Letzteres wegen ihrer dunklen Köpfe. Die Schweine bieten eine hervorragende Fleischqualität.

PULLED PORK BURGER

mit EINGELEGTEN PERLZWIEBELN *und* KORIANDER-MAYONNAISE

Für den Burger:	Eingelegte Perlzwiebeln (Seite 303)	Außerdem:
600 g Pulled Pork	**Koriander-Mayonnaise (Seite 298)**	Utensilien zum Vakuumieren
4 Hamburgerbrötchen		
Wildkräutersalat (z. B. junger Spinat, Feldsalat, Mangold, Rauke)		

Das Pulled Pork vakuumieren und im Wasserbad erhitzen. Die Perlzwiebeln halbieren und auf der Planche-Grillplatte oder in der Pfanne auf den Schnittflächen scharf grillen, bis sie schön gebräunt sind. Die Brötchen durchschneiden und toasten. Den Wildkräutersalat waschen und trocken schleudern.

Untere Brötchenhälfte mit Wildkräutersalat, Pulled Pork und ein paar Zwiebelhälften belegen. Darüber einige Spritzer Koriander-Mayonnaise geben. Mit den oberen Brötchenhälften schließen.

4 Personen · Zubereitungszeit: 25 Minuten

IBÉRICO DOG

mit HASELNUSS-MAYONNAISE, THYMIANZWIEBELN *und* GEGRILLTER PAPRIKA

Für die Garnitur:

10 Kirschtomaten (wahlweise getrocknete Tomaten)

Salz, Zucker

½ Bund Basilikum

1 rote Paprika

1 gelbe Paprika

Olivenöl

frisch gemahlener schwarzer Pfeffer

4 rote Zwiebeln

Ahornsirup

Thymian

Für die Einlage:

einige Blätter Romanasalat

Aceto balsamico

Olivenöl

40 g Ibérico-Schinken (Bellota-Qualität)

6 Hot-Dog-Milchbrötchen

12 kleine oder 6 große gute Hot-Dog-Würstchen

Haselnuss-Mayonnaise (Seite 298)

Wenn frische Kirschtomaten für die Garnitur verwendet werden, den Backofen auf 90 °C Ober-/Unterhitze (Umluft 70 °C) vorheizen. Tomaten waschen, halbieren, salzen und zuckern. Basilikum waschen, trocken schütteln und die Blätter abzupfen. Basilikum und Tomaten vermischen ca. 5 Stunden im Backofen trocknen lassen.

Für die Garnitur den Backofen auf 180 °C Ober-/Unterhitze (Umluft 160 °C) vorheizen. Paprika halbieren, vom Kerngehäuse befreien, waschen und mit etwas Olivenöl, Salz, Pfeffer und Zucker marinieren. Dann auf der Haut scharf grillen, bis diese schwarz ist. Kurz abkühlen lassen, dann die Haut ablösen. Den Ofen nicht abstellen.

In der Zwischenzeit die Zwiebeln schälen, in Spalten schneiden und mit Salz, Ahornsirup und Thymian würzen. Zwiebeln und Paprika im vorgeheizten Ofen 20 Minuten garen. Die Ofentemperatur auf 80 °C reduzieren.

Für die Einlage den Romanasalat waschen, trocken schleudern und mit Aceto balsamico und Olivenöl marinieren.

Ibérico-Schinken langsam im Ofen zu einem krossen Chip trocknen, das dauert je nach Dicke des Schinkens 30 Minuten bis 3 Stunden. Brötchen im Dämpfer oder Backofen erwärmen und längs nicht ganz durchschneiden. Würstchen in gesalzenem Wasser erwärmen.

Romanasalat in die Brötchen füllen und die Würstchen einlegen. Mit den restlichen Zutaten garnieren. Die Haselnuss-Mayonnaise großzügig darüber verteilen.

Tipp:
Dünne Schinkenscheiben lassen sich, zwischen zwei Backpapierblätter gelegt, auch in der Mikrowelle trocknen, das dauert etwa 2 Minuten.

6 Personen · Zubereitungszeit: 45 Minuten plus 5 Stunden Trocknungszeit nach Bedarf

SECRETO VOM GRILL

mit PAPRIKACREME, GREMOLATA *und* MIXED PICKLES

Für Secreto und Paprikacreme: 700 g Secreto vom Ibérico-Schwein (geheimes Filet) 4 rote Paprika 30 ml Olivenöl Salz 2 Scheiben Toast	3 g Pimentón de la Vera (geräuchertes Paprikapulver) **Für die Gremolata:** 100 g Liverano (luftgetrocknete Salami vom Livar-Klosterschwein, wahlweise eine andere luftgetrocknete Salami) 25 g Schalotte	1 Knoblauchzehe 30 g getrocknete Tomaten 100 ml Olivenöl 1 Prise geschroteter Pfeffer abgeriebene Schale von ½ Bio-Limette 1–2 EL fein gehackte Petersilie

Für das Secreto das Fleisch 1 Stunde vor der Zubereitung Zimmertemperatur annehmen lassen. Zwei Brennkörbe im Holzkohlegrill anfeuern. Secreto bei direkter Hitze mit etwas Flamme von beiden Seiten grillen. Anschließend in der indirekten Grillzone ruhen lassen, bis eine Kerntemperatur von 54–58 °C erreicht ist.

Tipp beim Angrillen:
Die dünnere Seite des Secreto Richtung indirekte Zone legen, dann wird die Garung gleichmäßiger!

Paprika waschen, mit etwas Öl benetzen und leicht salzen. Bei voller Hitze grillen, bis sich die Haut löst und schwarz wird. Schoten auskühlen lassen, halbieren, die Kerngehäuse entfernen und die Schale abziehen. Grob zerkleinern und mit den restlichen Zutaten zu einer glatten homogenen Creme mixen. Bei Bedarf mit Salz abschmecken.

Für die Gremolata die Liverano mittelfein würfeln, Schalotten und Knoblauch schälen und fein würfeln und die getrockneten Tomaten fein schneiden. Die Liverano in etwas Olivenöl kross auslassen und die Schalotte sowie Knoblauch hinzugeben. Alles weiter anschwitzen und den Pfeffer zugeben. Von der Platte nehmen und die restlichen Zutaten zugeben, zuletzt die Petersilie.

4 Personen · Zubereitungszeit: 45 Minuten plus 1 Stunde Temperierzeit

IBÉRICO-SCHWEINEBÄCKCHEN ★

mit DRILLINGEN AUS DER ERDE *und* SPARGEL

Für das Fleisch:

4 Ibérico-Schweinebäckchen (wahlweise Klosterschweinbäckchen; à ca. 150 g)

Salz

200 g Zwiebeln

1 Knoblauchzehe

100 g Möhren

100 g Knollensellerie

100 g Staudensellerie

3 vollreife Fleischtomaten

Butterschmalz zum Anbraten

500 ml trockener Rotwein

10 Pfefferkörner

1 Lorbeerblatt

4 Thymianzweige

5 Wacholderbeeren

500 ml heller Kalbsfond oder Wasser

Stärke zum Binden

Für den Spargel:

5 Stangen grüner Spargel

5 Stangen weißer Spargel

Salz

Zucker

2 TL milder Aceto balsamico

etwas abgeriebene Schale von 1 Bio-Zitrone

Außerdem:

Drillinge aus der Erde (Seite 305)

Bäckchen waschen, trocken tupfen und salzen. Zwiebeln, Knoblauch, Möhren und Knollensellerie schälen, Staudensellerie und Tomaten waschen. Alles in walnussgroße Stücke schneiden.

Die Bäckchen in Butterschmalz von allen Seiten anbraten und herausnehmen. Dann wieder etwas Butterschmalz in der Pfanne zerlassen und das Gemüse darin anbraten. Die Tomaten erst gegen Ende zugeben.

Den Backofen auf 150 °C Ober-/Unterhitze (Umluft 130 °C) vorheizen. Bratensatz in der Pfanne mit Rotwein ablöschen. Bäckchen, Gemüse, Gewürze, Kräuter und Bratensatz in einen Bräter geben, den restlichen Rotwein zugeben und mit dem Fond oder Wasser auffüllen, sodass das Fleisch bedeckt ist. Zugedeckt im Ofen etwa 3 Stunden garen.

In der Zwischenzeit weißen Spargel im Ganzen, grünen Spargel im unteren Drittel schälen. Je 4 weiße und 4 grüne Stangen in gesalzenem und gezuckertem Wasser bissfest blanchieren und in Eiswasser abschrecken. Die Stangen der Länge nach halbieren und vor dem Anrichten leicht grillen, sodass ein schönes Grillmuster entsteht.

Den übrigen Spargel der Länge nach auf der Mandoline (Reibe) dünn hobeln und mit dem Aceto balsamico, abgeriebener Zitronenschale, Salz und etwas Zucker 2 Minuten vor dem Anrichten marinieren.

Die Bäckchen aus dem Bräter herausnehmen, den Fond passieren, evtl. etwas reduzieren und mit Stärke binden. Die Bäckchen in der Soße erwärmen und mit den Drillingen und dem Spargel heiß servieren.

4 Personen · Zubereitungszeit: 20 Minuten plus 3 Stunden Garzeit

SOUS-VIDE-GEGARTE

MEDITERRANE RIPPCHEN ★

mit **SPARGEL** *vom* **GRILL** *und gemischtem* **SALAT**

3,5 kg Costilla (Spareribs)	15 g brauner Zucker	**Für die Beilagen:**
60 g edelsüßes Paprikapulver	10 g Salz	Spargel vom Grill
10 g Pimentón de la Vera (geräuchertes Paprikapulver)	BBQ-Soße	gemischter Salat (nach Belieben)
		Außerdem:
		Sous-Vide-Gerät und Utensilien

Die Spareribs von der Silberhaut befreien und scharf angrillen. Mit den Gewürzen (außer der BBQ-Soße) einreiben und 20 Stunden bei 66 °C im Sous-Vide-Bad garen.

Herausnehmen und das Fleisch mit der BBQ-Soße überziehen. Das Fleisch aufschneiden und mit Spargel vom Grill und gemischten Salat anrichten.

Alternative Zubereitung zu Sous-Vide: Die Sparerips in einen Bräter geben, mit Wasser auffüllen und mit einer Mischung aus 500 ml Weißwein und den Gewürzen 1 Stunde 30 Minuten bis 2 Stunden langsam köcheln lassen. Dann sollten sich die Rippchen vom Knochen lösen. Mit der BBQ-Soße bepinseln, kurz unter dem Grill karamellisieren und servieren.

Rippchen auf Teller verteilen und mit Pommes Pont-Neuf (besonders dicke Pommes), Wedges oder Baked Potatoes und Gurkenrelish oder Sour Cream servieren.

4 Personen · Zubereitungszeit: 25 Minuten plus 20 Stunden Garzeit

GERÖSTETER

PAPADA-SPIESS

mit ZITRUSAROMEN

Für die Tomaten-Gremolata:

2 Tomaten

1 rote Zwiebel

1 Bund Koriandergrün

30 g Pinienkerne

Saft und abgeriebene Schale von ½ Bio-Limette

Salz

frisch gemahlener schwarzer Pfeffer

2 TL brauner Zucker

Für die Papada:

600–800 g Papada vom Ibérico-Schwein (aus dem Kinnbereich)

abgeriebene Schale von 1 Bio-Zitrone

abgeriebene Schale von 1 Bio-Limette

1 gemörserter Langpfeffer

50 ml Olivenöl

etwas Salz

Für die Tomaten-Gremolata Tomaten waschen und würfeln, Zwiebeln schälen und würfeln. Koriander waschen, trocken schütteln und die Blättchen fein hacken. Pinienkerne fein mahlen. Alle Zutaten für die Gremolata verrühren. Mit Salz, Pfeffer und Zucker abschmecken.

Für die Papada das Fleisch in 2 cm große Würfel schneiden und auf einen Edelstahlspieß stecken. Abgeriebene Zitronen- und Limettenschale und Langpfeffer mit dem Olivenöl verrühren und damit die Spieße bestreichen. 30 Minuten im Kühlschrank marinieren.

Die marinierten Spieße direkt auf die Glut legen und von allen Seiten schön anrösten. Anschließend 3 Minuten ruhen lassen, die Würfel in dünne Tranchen schneiden und mit etwas Salz bestreuen.

Papada mit Tomaten-Gremolata und z. B. Pommes frites oder dicken Scheiben Kastenweißbrot servieren.

Tipp:
Den Holzkohlegrill rechtzeitig vorheizen, die Holzkohle im Grill komplett durchglühen lassen.

2–4 Personen · Zubereitungszeit: 30 Minuten plus 30 Minuten Marinierzeit und Zeit zum Anheizen des Grills

SPANFERKEL

KNUSPRIG *aus dem* OFEN

1 kleines Spanferkel (4–6 kg)	1% Salzlake (100 g Salz auf 10 l Wasser)	250 ml Milch (1,5 % Fett) 30 g Salz

Das Spanferkel 12 Stunden in die Lake legen. Das Fleisch muss vollständig von Flüssigkeit umgeben sein. Lufteinschlüsse vermeiden!

Herausnehmen, trocken tupfen und im Dampfgarer auf einem Blech 2 Stunden bei 80 °C dämpfen. Ohne Dampfgarer den Backofen benutzen und die Garzeit auf 2 Stunden 30 Minuten verlängern. In diesem Fall das Ferkel alle 10 Minuten mit Wasser übergießen. Anschließend 16–18 Minuten ruhen lassen.

Die Milch mit dem Salz aufkochen und das Spanferkel damit während der Ruhezeit mehrfach bestreichen. Nun den Backofen auf 180 °C Umluft vorheizen und das Ferkel 20–45 Minuten Minuten goldbraun backen.

Tipp:
Ohren und Schwanz in etwas Alufolie einwickeln, damit diese Teilen nicht beim Bräunen verbrennen.

Zum Spanferkel frisches Brot, Salat und Wein servieren oder ein Fässchen Bier anstechen.

6–8 Personen · Zubereitungszeit: 2–3 Stunden Garzeit plus 12 Stunden Ruhezeit in der Lake

SOUS-VIDE-GEGARTE

PRESA

mit PAK CHOI *und* MAISVARIANTEN

Für die Presa:

1,1 kg Presa (Lendenstück)

Salz, Zucker

70 g Smoky Low & Slow BBQ-Soße (wahlweise eine andere BBQ-Soße)

Für die Maiskolben:

2 Maiskolben

Salz, Zucker

50 g Butter

Für das Maispüree:

4 Schalotten

150 g Butter

1 Dose Mais (400 g)

2 Msp. Piment d'espelette (Chiligewürz)

Salz

350 g Sahne

Für den Pak Choi:

2 Pak Choi

Salz

2 EL Erdnussöl

1 Schuss trockener Weißwein

Außerdem:

Sous-Vide-Gerät und Utensilien

Flambierbrenner

Für die Presa das Fleisch scharf angrillen und mit etwas Salz und Zucker im Verhältnis 5:1 würzen. Anschließend das Fleisch vakuumieren und 5 Stunden bei 55 °C im Sous-Vide-Bad garen.

Herausnehmen, trocken tupfen und mit der BBQ-Soße lackieren. Etwas Soße zum Garnieren zurückbehalten.

Für die Kolben den Mais in einem Topf mit Wasser bedecken, Salz, Zucker und Butter zufügen. 20 Minuten bei niedriger Hitze gar ziehen lassen. Dann mit einem scharfen Messer den Mais herunterschneiden und mit einem Flambierbrenner abbrennen.

Für das Maispüree die Schalotten schälen, würfeln und in Butter farblos anschwitzen. Den Mais abtropfen lassen und zufügen. Würzen und mit der Sahne aufkochen. Minimal am Siedepunkt halten. Nach 15 Minuten heiß durchmixen und durch ein Sieb streichen.

Für den Pak Choi den Kohl waschen, halbieren und salzen. In einer Pfanne in heißem Erdnussöl bei mittlerer Hitze Farbe annehmen lassen und mit etwas Weißwein ablöschen.

Das Fleisch mit den Maiszubereitungen und dem Pak Choi appetitlich anrichten.

4 Personen · Zubereitungszeit: 50 Minuten plus 5 Stunden Garzeit

LIVAR-KLOSTERSCHWEIN-METT

mit ZITRUSFRÜCHTEN, KORIANDERPESTO *und* KRABBENBROT

Für die Limetten-Mayonnaise:	Für das Korianderpesto:	Für das Fleisch:
2 Eigelb	1 Bund Koriandergrün	2 Mandarinen
Saft von 4 Limetten	50 ml Traubenkernöl	1 weißes Rübchen
Salz	100 g geröstete und gesalzene Cashewkerne	400 g sauber parierter Schweinerücken vom Livar-Klosterschwein
brauner Zucker	Salz	1 Salatherz
450 ml Traubenkernöl		Chicken-Chili-Soße (aus dem Asienladen)
		Krabbenbrot (aus dem Asienladen)

Für die Limetten-Mayonnaise Eigelbe, Limettensaft, Salz, Zucker und einen Spritzer Wasser in einen Rührbecher geben. Mit dem Pürierstab auf höchster Stufe vermischen und dann tropfenweise Traubenkernöl hineingeben, sodass eine feste Masse entsteht.

Für das Pesto Koriandergrün waschen, trocken schütteln und die Blättchen klein schneiden. Zwei Drittel des Korianders mit Traubenkernöl, Cashewkernen und etwas Salz zu einem Pesto mörsern.

Die Mandarinen schälen und filetieren. Bis zur Verwendung kalt stellen, den sich sammelnden ablaufenden Saft auffangen. Das Rübchen schälen, sehr dünn hobeln und bis zur Verwendung im Mandarinensaft einlegen. Den Schweinerücken trocken tupfen und zu einem feinen Tatar verarbeiten (entweder in feinste Würfel schneiden oder wolfen). Das Salatherz zerteilen, waschen und trocken schleudern.

Einige Blättchen des restlichen Koriander bis zur Verwendung in kaltes Wasser legen, den Rest fein hacken und zum Fleisch geben. Tatar mit Salz und Chicken-Chili-Soße pikant abschmecken.

Das Korianderpesto auf einem Teller verstreichen, darauf Schweinetatar, Krabbenbrot und Limetten-Mayonnaise verteilen. Die Rübchenscheiben mit den Salatherzblättern vermengen, mit ein wenig Salz würzen und zusammen mit den Mandarinenfilets ebenfalls auf dem Teller anrichten. Zum Schluss mit den abgetropften restlichen Korianderblättchen garnieren.

8 Personen | Zubereitungszeit: 40 Minuten

PULLED PORK

mit ZWEIERLEI SÜSSKARTOFFELN *und* GRÜNEM TOMATENCHUTNEY

1,2 kg Pulled Pork smoked, am besten vom Livar-Klosterschwein (selbst geräuchert oder z. B. von Otto Gourmet)

Für die Süßkartoffeln:

1 kg Süßkartoffeln

50 g frischer Ingwer

2 Knoblauchzehen

1 kleine getrocknete Chilischote

Saft von ½ Zitrone

Salz

50 ml Olivenöl

Süßkartoffelpüree (Seite 304)

Für das Chutney:

1 kleines Bund Koriandergrün

1 reife Mango

3 kleine Gläser grünes Tomatenchutney

Für den Mais:

1 Packung Minimais

50 ml Olivenöl

Den Backofen auf 180 °C Ober-/Unterhitze (Umluft 160 °C) vorheizen. Die Süßkartoffeln schälen und in 8 gleich große Stücke (etwa 4 x 4 x 2 cm) schneiden. Ingwer und Knoblauch schälen und grob zerkleinern. Die Chilischote zerbröseln. Die Süßkartoffelstücke mit Ingwer, Knoblauch, Chili, Zitronensaft, etwas Salz und dem Öl in einer Auflaufform vermischen. Die Form in den vorgeheizten Ofen schieben und alles 35–40 Minuten weich garen.

In der Zwischenzeit das Pulled Pork im Backofen oder im Wasserbad bei 80 °C ca. 30 Minuten erwärmen.

Für das Chutney den Koriander waschen, trocken schütteln, die Blättchen abzupfen und hacken. Die Mango schälen und in mundgerechte Stücke schneiden. Beides mit dem Tomatenchutney vermengen. Einen Teil des Minimaises waschen und in dünne Scheiben schneiden, den restlichen Mais in Olivenöl anbraten.

Die Süßkartoffeln und das Süßkartoffelpüree auf die Teller verteilen, Pulled Pork daraufsetzen, mit Chutney überziehen und den gebratenen Mais anlegen.

8 Personen · Zubereitungszeit: 45 Minuten

DICKE RIPPE

mit WIRSINGGEMÜSE

Für das Fleisch:	1 EL brauner Zucker	600 g Wirsing
1 kg dicke Rippe vom Schwein (Brustspitze)	1 EL Tomatenmark	4 große mehligkochende Kartoffeln
Salz	1 Flasche Malzbier (0,3 l)	Salz
frisch gemahlener schwarzer Pfeffer	1 EL Senf	Zucker
Butterschmalz zum Braten	evtl. etwas Speisestärke	½ TL Kümmel
1 Bund Suppengrün	**Für das Gemüse:**	500 ml Gemüse- oder Fleischbrühe
1 EL Senfsamen	1 Zwiebel	1 EL Senf
	1 EL Schmalz	frisch gemahlener schwarzer Pfeffer

Die dicke Rippe salzen und pfeffern. In einem Bräter mit Butterschmalz kräftig anbraten. Suppengrün putzen, klein schneiden und mit Senfsamen und Zucker hinzufügen, dann das Tomatenmark einrühren. Das Bier nach und nach zugeben, jeweils verdunsten lassen und dann 800 ml Wasser angießen. Kurz aufkochen.

Den Ofen auf 180 °C Ober-/Unterhitze (Umluft 160 °C) vorheizen. Den Bräter mit aufgelegtem Deckel ca. 1 Stunde 30 Minuten in den Ofen schieben.

In der Zwischenzeit für das Gemüse die Zwiebel schälen, würfeln und in einem großen Topf in dem erhitzten Schmalz anschwitzen. Wirsing waschen und in feine Streifen schneiden, Kartoffeln schälen und in 2 cm große Würfel schneiden, Wirsing zu den Zwiebeln geben und ebenfalls kurz anschwitzen. Mit Salz, Zucker und Kümmel würzen. Kartoffeln zugeben und mit Brühe auffüllen. Bei mittlerer Hitze alles zusammen kochen lassen, bis die Kartoffeln weich sind. Dann alles mit einem Kartoffelstampfer grob zerdrücken und mit Senf, Salz und Pfeffer abschmecken.

Den Bräter mit dem Fleisch aus dem Ofen nehmen und die Soße bis auf einen kleinen Rest durch ein Sieb in eine Kasserolle abgießen. Entfetten und mit dem Senf einkochen. Noch einmal abschmecken. Evtl. mit etwas Stärke binden. Den Grill einschalten und das Fleisch im geöffneten Topf für einige Minuten zum Überkrusten wieder in den Ofen schieben.

Das Fleisch portionieren und zusammen mit dem Wirsinggemüse auf Teller verteilen.

Tipp:
Dazu passen gebratene Schupfnudeln (siehe Seite 283).

4 Personen · Zubereitungszeit: 1 Stunde 50 Minuten

IN SALBEI GEBRATENES

SCHWEINEKARREE

mit ARTISCHOCKEN *und* ROTEN ZWIEBELN

2 kg Karree (am besten vom Livar-Klosterschwein)	2 kleine rote Zwiebeln	frisch gemahlener schwarzer Pfeffer
10 Poivraden (wahlweise andere kleinere Artischocken)	2 frische Knoblauchzehen	10 Scheiben luftgetrockneter Bauchspeck
frisch gepresster Zitronensaft	60 g Butter	Salzflocken (z. B. Murray River Salt Flakes)
500 g Drillinge (kleine neue Kartoffeln)	1 Bund Salbei	Aceto balsamico bester Qualität
	Olivenöl bester Qualität	
	Salz	

Den Backofen auf 65 °C Umluft vorheizen. Das Karree in 3 gleich große Stücke zerteilen und 1 Stunde 30 Minuten Zimmertemperatur annehmen lassen. Dann auf einem Gitter im vorgeheizten Backofen 1 Stunde 20 Minuten garen.

In der Zwischenzeit die Artischocken putzen und bis zur Verwendung in Zitronenwasser (50 ml Zitronensaft auf 1 l Wasser) aufbewahren.

Die Kartoffeln waschen, halbieren und das Innere mit einem Kugelausstecher herauslösen, damit sie beim Braten gleichmäßig durchgaren. Zwiebeln und Knoblauch schälen, Zwiebeln halbieren.

Artischocken, Zwiebeln, Knoblauch und Kartoffeln in einer Pfanne in Butter 8 Minuten anbraten. Zusammen mit schönen großen Blättern des Salbeis auf einem mit Olivenöl bepinselten Blech verteilen. Großzügig mit Salz und Pfeffer würzen und 10 Minuten vor Ende der Garzeit des Fleisches zum Fleisch in den Backofen schieben.

Die Karreestücke aus dem Ofen nehmen und in einer Pfanne mit etwas Olivenöl von allen Seiten schön anbraten. Speck und den restlichen Salbei mit den Stielen in den letzten Minuten mit in die Pfanne geben. Das Fleisch aus der Pfanne nehmen und für 5 Minuten ruhen lassen, dann mit Salzflocken bestreuen.

Etwas Bratenjus erwärmen. Das Gemüse aus dem Ofen nehmen und mit Balsamico verfeinern.

Karree aufschneiden und mit Gemüse und Kartoffeln auf vorgewärmten Tellern anrichten. Mit dem kross gebratenen Speck und den gebackenen Salbeiblättern sowie etwas Bratenjus servieren.

8 Personen · Zubereitungszeit: 1 Stunde 30 Minuten plus 1 Stunde 30 Minuten Temperierzeit

KACHELSANDWICH

mit RUCOLA, TOMATEN *und* OLIVEN

500 g Kachelfleisch (z. B. vom Livar-Klosterschwein) Salz frisch gemahlener schwarzer Pfeffer	Fett zum Braten 50 g Rucola 1 Glas getrocknete Tomaten (ca. 200 g)	1 Fladenbrot ca. 2 EL Olivenringe (aus dem Glas) 50 ml griechischer Joghurt

Das Kachelfleisch in ca. 3 cm breite Stücke schneiden, salzen und pfeffern. Von jeder Seite 1–2 Minuten in etwas Fett nicht zu scharf anbraten, bis es Farbe annimmt. Die Temperatur reduzieren und das Fleisch weitergaren, bis die Kerntemperatur bei 65 °C liegt.

Rucola waschen und trocken schleudern, Tomaten abtropfen lassen. Das Fladenbrot so zurechtschneiden, dass es den Umfang der Fleischstücke hat. Wie ein Brötchen durchschneiden. Die untere Hälfte mit Fleisch, Rucola, Tomaten und Oliven belegen und die obere Hälfte auflegen.

2 Personen · Zubereitungszeit: 15 Minuten

BABY BACK RIBS

im klassischen **BBQ-STYLE**

8 Baby Back Ribs 5 EL edelsüßes Paprikapulver	5 EL brauner Zucker 1 TL Cayennepfeffer	2 TL Salz 1 Flasche Low & Slow BBQ-Soße (wahlweise eine andere BBQ-Soße)

Von den Rippchen mithilfe eines Löffelstiels oder Messers die Knochenhaut von der Unterseite entfernen.

Für den Rub Paprikapulver, Zucker, Cayennepfeffer und Salz vermischen, auf den Rippchen verteilen und ins Fleisch einmassieren. 30 Minuten einwirken lassen.

Den Backofen auf 120 °C Ober-/Unterhitze (Umluft 100 °C) vorheizen und die Rippchen auf einem mit Backpapier ausgelegten Blech 2 Stunden darin garen.

BBQ-Soße in einem Topf mit etwas Wasser erwärmen und mithilfe eines Pinsels auf die Rippchen verteilen. Weitere 30–40 Minuten garen. Wenn sich das Fleisch leicht vom Knochen löst, kann man ein letztes Mal das Gargut bepinseln und unter dem zugeschalteten Grill karamellisieren.

Mit knackigem Salat und Baguette oder gebratenem Gemüse und Ofenkartoffeln mit Kräuterquark servieren.

8 Personen · Zubereitungszeit: 20 Minuten plus 30 Minuten Marinierzeit und 2 Stunden 40 Minuten Garzeit

KRUSTENBRATEN KLASSISCH

mit DEFTIGEM SCHMORGEMÜSE

Salz	1 rote Zwiebel	6 Topinambur
1 EL Kümmel	10 kleine Rote Beten	10 Drillinge (kleine neue Kartoffeln)
1 Krustenbraten (2–2,5 kg)	4 Petersilienwurzeln	1 Brokkoli
8 Fingermöhren	3 Navetten (Rübchen)	Olivenöl

Den Backofen auf 180 °C Ober-/Unterhitze (Umluft 160 °C) vorheizen. Wasser mit Salz und 1 EL Kümmel in einem Bräter aufkochen. Die Schwarte des Krustenbratens rautenformig oder in engen Streifen einschneiden. Mit der Schwarte nach unten in den Bräter setzen und alles auf dem Herd aufkochen lassen. Die Fleischseite nun mit Backpapier bedecken und den Braten im vorgeheizten Ofen ca. 1 Stunde 30 Minuten garen. Das Backpapier entfernen, den Braten wenden und weitere 2 Stunden bis 2 Stunden 30 Minuten bei 160 °C Ober-/Unterhitze (Umluft 140 °C) garen.

Durch eine einfache Nadelprobe lässt sich erkennen, ob der Braten fertig ist. Dafür eine Spicknadel in die Mitte des Fleischstückes schieben. Der austretende Fleischsaft muss klar und das Bratenstück leicht durchdringbar sein. Dann den Ofen auf 200 °C Ober-/Unterhitze (Umluft 180 °C) hochschalten oder den Ofengrill auf 180 °C zuschalten, weitere 5–10 Minuten garen.

Möhren, Zwiebeln, Rote Bete, Petersilienwurzeln, Navetten, Topinambur und Drillinge schälen, den Brokkoli waschen. Das Gemüse in kleinere gleich große Stücke schneiden und mit etwas Olivenöl vermischen. 30–40 Minuten vor Ende der Garzeit ebenfalls in den Ofen schieben.

Wenn die Schwarte aufpufft, das Fleisch herausnehmen. Aufschneiden, mit etwas Bratfond begießen und mit dem Gemüse appetitlich auf Tellern anrichten.

6 Personen · Zubereitungszeit: 20 Minuten plus 4 Stunden Garzeit

INVOLTINI VOM MANGALITZA

mit EXOTISCHEM LINSENCURRY *und* SALAT

8 eher kleinere Kartoffeln Salz 1 Lorbeerblatt 2 Handvoll Spinat Butter frisch geriebene Muskatnuss 125 g Hühnerbrust ohne Haut	60 g Sahne fermentierter Pfeffer (wahlweise in Weißwein blanchierter grüner Pfeffer aus der Lake) 2 Rückensteaks (à 180 g; am besten vom Mangalitza-Schwein) 3 Mairüben oder andere Rüben der Saison	1 Apfel 1 Spritzer Estragonessig neutrales Öl etwas Geflügelfond Petersilie Kerbel

Kartoffeln waschen und mit Schale in einem Topf in Salzwasser mit Lorbeerblatt gar kochen. Spinat waschen und abtropfen lassen. Etwas Butter in einem Topf aufschäumen und 1 Handvoll Spinat darin mit Muskat und etwas Salz bei mäßiger Hitze 3 Minuten garen. Abkühlen lassen und ausdrücken.

Hühnerbrust mit Sahne zu einer homogenen Masse (Farce) mixen. 1 Handvoll Spinat zufügen. Alles nochmal durchmixen und mit Salz und fermentiertem Pfeffer würzen.

Den Fettdeckel der Rückensteaks abschneiden und zurückbehalten. Steaks jeweils in 3 Scheiben schneiden und platt klopfen. Die Scheiben auf Frischhaltefolie legen und mit der Farce bestreichen, darauf die restlichen frischen Spinatblätter legen und wieder mit Farce bestreichen. Scheiben fest einrollen und die Folie dicht verschließen. Danach sorgfältig in Alufolie einwickeln.

Einen weiten Topf mit Wasser auf 70–90 °C erhitzen. Einen Teller auf den Topfboden legen und die Involtini einlegen. Im (nicht kochenden!) Wasser ca. 20 Minuten garen. Alternativ im Dampfgarer zubereiten. Herausnehmen und auswickeln.

Mairübchen schälen, Apfel schälen, waschen und halbieren. 1 Mairübchen und eine Apfelhälfte dünn hobeln, leicht salzen und mit etwas Estragonessig sowie Öl vermischen. Die andere Apfelhälfte und die restlichen 2 Mairüben in Streifen schneiden. Mairübenstifte mit Salz würzen, in etwas ausgelassener Butter leicht farblos anschwitzen und mit Geflügelfond auffüllen. Wenn die Brühe verkocht ist, Apfelstreifen dazugeben. Zwischendurch probieren, ob das Gemüse noch Biss hat.

Die Kartoffeln pellen, halbieren und kurz zum Gemüse geben. Petersilie und Kerbel waschen, Petersilie hacken und Kerbelblättchen abzupfen. Kräuter zu den Kartoffeln geben.

Den Fettdeckel in einer Pfanne auslassen und darin die Involtini anbraten. Involtini mit dem Gemüse appetitlich anrichten.

2 Personen · Zubereitungszeit: 1 Stunde 15 Minuten

GESCHMORTE

IBÉRICO-SCHWEINEBÄCKCHEN ★

mit KARTOFFELPÜREE, BLUTWURST *und* APFEL-MEERRETTICH-SCHAUM

Für die Schweinebäckchen:

4 Ibérico- Schweinebäckchen

Salz

frisch gemahlener schwarzer Pfeffer

Olivenöl

3 Zwiebeln

1 TL Tomatenmark

5 g (1 TL) Kümmel

10 g (2 TL) Fenchelsamen

2 Anissterne

5 g schwarze Pfefferkörner

250 ml trockener Rotwein

1 l Kalbsfond

2 Schalotten

125 ml Sherry

400 g gute Blutwurst

Butter

Thymianblättchen

Majoranblättchen

Speckchips (knusprig gebratene Frühstücksspeckstücke)

Für den Apfel-Meerrettich-Schaum:

1 Zwiebel

Butterschmalz

1 Granny-Smith-Apfel

125 ml trockener Riesling

125 ml Apfelsaft

150 g Sahne

20 g geriebener Meerrettich (aus dem Glas)

2 Sternanis

5 Pfefferkörner, Salz

Die Schweinebäckchen mit Salz und Pfeffer würzen und in einer Pfanne in Olivenöl anbraten. Die Zwiebeln schälen und würfeln. Des Fleisch aus der Pfanne nehmen und die Zwiebel in derselben Pfanne stark anrösten. Das Tomatenmark und die Gewürze dazugeben, dann mit dem Rotwein ablöschen.

Den Backofen auf 120 °C Ober-/Unterhitze (Umluft 100 °C) vorheizen. Wenn die Flüssigkeit verkocht ist, die Schweinebäckchen wieder in die Pfanne legen und mit dem Kalbsfond auffüllen. Im vorgeheizten Ofen 2 Stunden 30 Minuten bis 3 Stunden garen.

In der Zwischenzeit die Schalotten schälen, würfeln und in einem Topf in etwas Öl anschwitzen. Mit Sherry ablöschen und einkochen.

Die Blutwurst in einer anderen Pfanne in Butter sanft anbraten. Mit den Kräutern bestreuen.

Für den Apfel-Meerrettich-Schaum die Zwiebel schälen, würfeln und in etwas Butterschmalz anschwitzen. Den Apfel schälen, würfeln und dazugeben. Mit Riesling ablöschen, kurz einkochen lassen und den Apfelsaft sowie die Sahne angießen. Meerrettich und Gewürze hinzugeben, etwa 10 Minuten köcheln lassen und durch ein feines Sieb passieren.

Bäckchen und Blutwurst auf vorgewärmte Teller verteilen. Soßenfond durch ein feines Tuch passieren und die Bäckchen damit glasieren. Mit den Sherryschalotten und den Speckchips garnieren und den Apfel-Meerrettich-Schaum als Haube aufsetzen.

4 Personen   Zubereitungszeit: 30 Minuten plus 3 Stunden Garzeit

SCHWEINEBAUCH

mit FENCHEL-ORANGEN-SALAT *und* WODKA-GREMOLATA

2,5 kg Schweinebauch mit Schwarte (am besten vom Livar-Kloster-schwein)	500 ml trockener Weißwein	2 Bio-Orangen
Salz	3 Lorbeerblätter	Essig
1 Zwiebel	4 Pimentkörner	Cayennepfeffer
1 grüner Apfel	8 schwarze Pfefferkörner	Honig
	1 Bund Liebstöckel	Rapsöl
	2 Fenchelknollen	Wodka

Die Schwarte des Schweinebauchs mit einem sehr scharfen Messer rautenförmig einschneiden. Rundherum großzügig mit Salz einreiben.

Zwiebel und Apfel schälen und klein schneiden. In einem Bräter mit dem Weißwein aufkochen und die Gewürze sowie 3 Liebstöckelstiele zugeben. Den Bauch mit der Schwartenseite nach unten einlegen und mit leicht gesalzenem Wasser auffüllen, bis das Fleisch bedeckt ist.

Den Ofen auf 200 °C Umluft vorheizen. Den Bräter mit Backpapier abdecken und für 2 Stunden 20 Minuten im Ofen garen. Nach 1 Stunde 30 Minuten etwas Wasser nachfüllen, falls alle Flüssigkeit verdampft ist.

Den Fenchel gründlich waschen und das feine Grün abzupfen, hacken und beiseitestellen. Die Orangenschale abreiben und beiseitestellen. Die Orangen filetieren, dabei den Saft auffangen und nach Entfernen der Filets den restlichen Saft aus der Schale pressen. Die Orangenfilets dritteln und in dem Saft bis zur Verwendung kalt stellen.

Den Fenchel dünn hobeln und in gut gesalzenem Wasser kurz garen, er sollte noch schön Biss haben. Den noch heißen Fenchel mit Orangensaft, Essig, Salz, Cayennepfeffer, Honig und Rapsöl süßsauer marinieren. Den restlichen Liebstöckel fein hacken und mit Salz, abgeriebener Orangenschale, Wodka und Rapsöl zu einer Gremolata verrühren.

Nach 2 Stunden 20 Minuten den Ofen auf 230 °C Oberhitze (Grill) vorheizen und das Bauchstück wenden. Wenn die Schwarte nach ca. 15 Minuten schön braun und kross ist, den Bauch aus dem Sud nehmen und portionieren. Falls schon zu viel Flüssigkeit verdampft ist, etwas Wasser nachfüllen. Jetzt den Fenchel mit den Orangenfilets und dem gehackten Grün vorsichtig vermengen.

Bauchfleisch mit Fenchel-Orangen-Salat und Wodka-Gremolata auf Tellern appetitlich anrichten.

4–6 Personen · Zubereitungszeit: 30 Minuten plus 2 Stunden 35 Minuten Garzeit

SANFT GESMOKTES

BOSTON BUTT PULLED PORK ★

von der SCHWEINESCHULTER

1 Schweineschulter (ca. 3,5 kg)	Oliven-, Raps- oder anderes Pflanzenöl	Rub (trockene Fleischwürze) BBQ-Soße

Äußeres überschüssiges Fett von der Schulter abschneiden. Das Fleisch von allen Seiten mit Öl einpinseln und leicht mit trockenem Rub würzen. Mit der Fettseite nach unten in den Smoker geben. Etwa 10 Stunden bei 107 °C smoken. Die tatsächliche Zeit hängt davon ab, wie konstant die Temperatur im Smoker gehalten wird.

Nach ungefähr der Hälfte der Zeit – wenn das Fleisch bereits eine schöne mahagonifarbene Oberfläche hat – die Schulter herausnehmen und auf eine mit Metzger- oder Pergamentpapier bedeckte Arbeitsplatte legen. Noch einmal mit dem trockenen Rub würzen und BBQ-Soße über das Fleisch geben. Darauf achten, dass die Soße dünn genug ist, damit sie sich gut verteilt.

Das Schulterstück in das Papier einwickeln und erneut bei 107 °C weitere 4–5 Stunden smoken. Das Fleisch bei einer Kerntemperatur von 82 °C aus dem Smoker nehmen und noch eine Weile bei geöffnetem Papier ruhen lassen, bis es eine Kerntemperatur von rund 80 °C hat.

Zum Servieren bieten sich mehrere Möglichkeiten an: Zwischen zwei Brötchenhäften mit Mixed Pickles, Zwiebelringen und BBQ-Soße, mit Knoblauchsoße auf Pizza und mit (Raclette-)Käse belegt oder mit Parmesanspänen auf einen gemischten grünen Blattsalat gestreut.

8 Personen · Zubereitungszeit: 15 Minuten plus 15 Stunden Smokerzeit

PLUMA

im WALNUSS-GORGONZOLA-MANTEL

Für das Fleisch:	40 g Walnusskerne	100 ml Rapsöl
100 g Knollensellerie	250 g Gorgonzola	20 ml Walnussöl
Salz	1 Chicorée	20 ml Aceto balsamico
ca. 350 g Pluma (Rückenstück, auch Feder genannt)	**Für den Salat:**	Salz
Fett zum Braten (z. B. geklärte Butter)	300 g Wildkräutersalat (z. B. junger Spinat, Feldsalat, Mangold, Rauke)	Zucker

Für das Fleisch den Sellerie schälen und fein würfeln. Kurz in Salzwasser blanchieren und mit dem Fleisch zusammen in etwas Fett anbraten. Das Pluma medium rare garen.

Die Walnüsse in einer Pfanne ohne Fettzugabe rösten. Den Gorgonzola auf das heiße Fleisch bröseln. Chicoréeblätter abzupfen und mit Nüssen und Selleriewürfeln auf dem Fleisch verteilen.

Für den Salat die Wildkräuter waschen und trocken schleudern. Die übrigen Zutaten mischen und die Wildkräuter damit anmachen.

Das Fleisch mit dem Wildkräutersalat anrichten. Dazu Baguette oder Rösti reichen.

2 Personen Zubereitungszeit: 30 Minuten

SCHWEINEKOTELETTS

mit OFENKÜRBIS *und* ROSMARINKARTOFFELN

Für das Fleisch:

2 Schweinekoteletts (à 450 g)

Zucker, Salz

Butterschmalz

Für die Gewürzmischung:

½ TL abgeriebene Schale von 1 Bio-Limette

½ TL gehackter Rosmarin

1–2 Msp. Fenchelpulver

1 TL Salz

frisch gemahlener schwarzer Pfeffer

Für das Kürbisgemüse:

300 g Hokkaidokürbis

300 g halbfest kochende Kartoffeln

2–3 EL Olivenöl

2 Knoblauchzehen

2 Rosmarinzweige

Salz

frisch gemahlener schwarzer Pfeffer

2 EL sehr fein gehackte rote Paprika

Für das Fleisch den Ofen auf 80 °C Ober-/Unterhitze (Umluft 60 °C) vorheizen. Koteletts leicht zuckern und salzen, auf einen Backrost legen und 1 Stunde garen.

In der Zwischenzeit für das Kürbisgemüse Kürbis und Kartoffeln schälen und in 1,5 cm große Würfel schneiden. Gut mit dem Olivenöl vermischen. Den Knoblauch schälen und hacken, die Rosmarinnadeln abstreifen. Gemüse mit Rosmarinnadeln, Knoblauch, Salz und Pfeffer vermengen. Auf ein mit Backpapier ausgelegtes Blech verteilen.

Wenn das Fleisch fertig ist, herausnehmen und die Ofentemperatur auf 180 °C Ober-/Unterhitze (Umluft 160 °C) erhöhen. Das Kürbisgemüse ca. 20 Minuten darin backen. Herausnehmen und abdecken.

Vor dem Servieren die Koteletts mit der Gewürzmischung einreiben und in heißem Butterschmalz kurz braten. Mit Salz und Pfeffer nachwürzen.

Während das Fleisch in der Pfanne brät, das Kürbisgemüse mit Paprika bestreuen und im Ofen noch einmal gut erhitzen. Kürbisgemüse und Koteletts auf Teller verteilen.

2 Personen · Zubereitungszeit: 25 Minuten plus 1 Stunde 10 Minuten Garzeit

SCHWEINEBAUCH

in HONIGBIERSOSSE *mit* GURKENSALAT *und* BACKKARTOFFELN

Für das Fleisch:

1 kg Schweinebauch mit Schwarte

1 Zwiebel

5 Nelken

3 Lorbeerblätter

2 EL flüssiger Honig

330 ml helles Bier (ein eher süßer als bitter-hopfiger Typ)

2 EL Sojasoße

1 TL gehackter Thymian

1 TL gehackter Rosmarin

Salz

frisch gemahlener schwarzer Pfeffer

Für die Kartoffeln:

4 Backkartoffeln

Salz

evtl. Frühlingsquark

Für den Salat:

1 Salatgurke

5 EL Reisessig oder Aceto balsamico bianco

3 EL Zucker

Salz

1 milde Chilischote

1 Knoblauchzehe

2 rote Zwiebeln

Backkartoffeln putzen und in Salzwasser 15–20 Minuten vorkochen, dann einzeln in Alufolie wickeln.

Für das Fleisch den Schweinebauch in kaltem Wasser in einem großen Topf aufsetzen. Zwiebel schälen, halbieren und mit Nelken und Lorbeerblättern zugeben. Das Wasser zum Kochen bringen. Aufkochen lassen und den Schaum abschöpfen. Fleisch bei mittlerer Hitze ca. 40 Minuten köcheln lassen. Dann das Fleisch herausnehmen und die Haut mit einem scharfen (Teppich-)Messer in engen Streifen einritzen.

Honig, Bier, Sojasoße und Kräuter aufkochen. Den Ofen auf 220 °C Ober-/Unterhitze (keine Umluft) vorheizen. Den Schweinebauch mit der Haut nach oben in eine gefettete Bratenform geben und 50 Minuten garen. Die eingewickelten Backkartoffeln mit in den Ofen legen. Das Fleisch hin und wieder mit der Bier-Honig-Glasur bestreichen. Das Fleisch herausnehmen, 5 Minuten ruhen lassen und dünn geschnitten servieren.

Für den Salat die Gurke schälen, längs vierteln und die Kerne herausschaben. Fruchtfleisch fein schneiden. Den Essig mit der gleichen Menge Wasser in einem Topf erwärmen. Zucker und Salz dazugeben und so lange erhitzen, bis der Zucker gelöst ist. Erkalten lassen. Chilischote entkernen und in feine Ringe schneiden, Knoblauch schälen und sehr fein hacken und Zwiebeln schälen und in Ringe schneiden. Alle Zutaten für den Salat in einer Schüssel vermischen.

Den Schweinebauch aufschneiden und mit den Kartoffeln auf Teller verteilen. Evtl. Frühlingsquark dazugeben. Den Gurkensalat in Schälchen extra reichen.

4 Personen · Zubereitungszeit: 30 Minuten plus 1 Stunde Garzeit

KASSLER AUF SAUERKRAUT

mit KARTOFFELPÜREE *und* FRISCHEN RÖSTZWIEBELN

Für das Sauerkraut:

4 dicke Zwiebeln

Schmalz

1 Möhre

800 g mildes Sauerkraut

1 TL Zucker

2 Nelken

1 TL Senfkörner

5–6 Pfefferkörner

3–4 Wacholderbeeren

2–3 Pimentkörner

1–2 TL Instantbrühe

Für das Kassler:

800 g Kassler (am Stück)

frisch gemahlener schwarzer Pfeffer

3 EL neutrales Öl

3 große Zwiebeln

Salz

1 EL Mehl

Kartoffelpüree, z. B. Beefbutter Mash (Seite 304)

Die Zwiebeln schälen, in Würfel schneiden und in Schmalz glasig anschwitzen. Möhre schälen, in dünne Scheiben schneiden und kurz mitgaren lassen. Das Sauerkraut hineingeben und mit der Gabel lockern. Gewürze und Instantbrühe zufügen und 1 Tasse warmes Wasser angießen. 20–30 Minuten köcheln lassen.

In der Zwischenzeit das Kassler mit Pfeffer würzen und in einer Pfanne in 1 EL Öl von allen Seiten kräftig anbraten. Das Fleisch auf das Kraut setzen. Bei Bedarf immer wieder etwas Wasser angießen, das Kraut darf nicht trocken werden. 40 Minuten bei aufgelegtem Deckel garen lassen, bis das Fleisch weich ist.

In der Zwischenzeit die restlichen 3 Zwiebeln schälen, in Ringe schneiden und in einer Pfanne in restlichen 2 EL Öl kräftig anbraten. Salzen und mit Mehl bestäuben. Kräftig durchrühren, bis das Mehl an den Zwiebeln haftet und etwas braun wird. Anbrennen vermeiden!

Das Kasseler aufschneiden und mit Sauerkraut und Kartoffelpüree auf Teller verteilen. Die Röstzwiebeln auf das Püree geben. Dazu eine Senfsorte nach Wahl servieren.

4 Personen · Zubereitungszeit: 1 Stunde 15 Minuten

CORDON BLEU ★

mit **ARTISCHOCKENPÜREE** *und* **DRILLINGEN** *aus dem* **SALZBETT**

4 dünne große Schweineschnitzel	2 Eier	**Artischockenpüree (Seite 302)**
4 Scheiben Kochschinken	100 g Mehl	**Drillinge aus dem Salzbett (Seite 305)**
4 Scheiben Emmentaler	100 g Semmelbrösel	
Salz	100 ml neutrales Öl	**Außerdem:**
frisch gemahlener schwarzer Pfeffer	Zitronenscheiben zum Belegen	Zahnstocher aus Holz

Die eine Hälfte der Schnitzel mit je 1 Scheibe Schinken und Emmentaler belegen. Schnitzelfleisch so zusammenklappen, dass möglichst nichts von der Füllung übersteht. Mit einem Zahnstocher verschließen. Mit Salz und Pfeffer würzen.

Die Eier mit 1 EL Wasser gut verquirlen. Schnitzel erst in Mehl wenden, dann durch das Ei ziehen und zuletzt in den Bröseln wenden. In einer weiten Pfanne in Öl auf beiden Seiten goldgelb braten.

Cordon bleu auf Teller geben und Zitronenscheiben darauflegen. Mit Artischockenpüree und Drillingen servieren.

4 Personen · Zubereitungszeit: 25 Minuten

KOHLROULADEN

mit den PERFEKTEN BRATKARTOFFELN

Für die Kohlrouladen:

1 trockenes helles Brötchen

8 möglichst große, unversehrte Blätter Weißkohl

Salz

1 Zwiebel

400 g Thüringer Mett

1 Ei

frisch gemahlener schwarzer Pfeffer

500 ml Fleischbrühe

100 g Gruyère oder Appenzeller

100 g Sahne nach Belieben

Für die Bratkartoffeln:

600 g festkochende Kartoffeln

etwas neutrales Öl nach Bedarf

Butter- oder Schweineschmalz

Salz

frisch gemahlener schwarzer Pfeffer

1 große Zwiebel

½ TL edelsüßes Paprikapulver

Für die Bratkartoffeln die Kartoffeln einige Stunden vorher oder am Vortag schrubben, ungeschält in Wasser garen und abgießen.

Für die Kohlrouladen das Brötchen in Wasser einweichen und anschließend gut ausdrücken. Die Weißkohlblätter in kochendem Salzwasser blanchieren. Die Zwiebel schälen und fein würfeln.

Brötchen mit Zwiebel, Mett und Ei am besten mit der Hand verkneten. Mit Salz und Pfeffer würzen. Kohlblätter portionsweise mit der Füllung belegen und zusammenrollen.

Den Ofen auf 180 °C Ober-/Unterhitze (Umluft 160 °C) vorheizen. Kohlrouladen mit der Naht nach unten in eine Auflaufform setzen. Mit Brühe übergießen und ca. 50 Minuten garen. 6–8 Minuten vor Ende der Garzeit mit geriebenem Käse bestreuen und nach Wunsch die Sahne in die Soße rühren.

Eine möglichst große, schwere Eisen- oder Gusseisenpfanne ist für Bratkartoffeln die beste Wahl. Unbeschichtete Pfanne noch kalt mit Öl ausreiben. Die Kartoffeln schälen und in Scheiben schneiden. Pfanne gut heiß werden lassen und dann erst das Schmalz hineingeben. Kartoffeln in das Fett gleiten lassen und durch gelegentliches Schütteln in Bewegung halten, damit sie nicht anhaften. Gelegentlich wenden. Wenn sie gerade anfangen zu bräunen, mit Salz und Pfeffer kräftig würzen. Die Zwiebel schälen, würfeln und 5–10 Minuten vor Ende der Bratzeit unterheben.

Kohlrouladen mit Soße auf Teller verteilen. Bratkartoffeln dazugeben und dünn mit Paprikapulver bestäuben.

4 Personen · Zubereitungszeit: 1 Stunde 30 Minuten

SCHASCHLIKSPIESSE

mit PAPRIKA, ZWIEBELN *und einer* TOMATENSOSSE

800 g Schweinefleisch vom Nacken je ½ grüne und rote Paprika ca. 8 Perlzwiebeln oder andere kleine feste Zwiebeln 130 g Räucherspeck frisch gemahlener schwarzer Pfeffer	neutrales Öl zum Braten 2 EL edelsüßes Paprikapulver 500 ml Rindfleischbrühe 1 Dose Pizzatomaten (400 g) Cayennepfeffer	**Pommes frites (Seite 304)** **Außerdem:** Metall- oder gewässerte Holzspieße (in die verwendete Pfanne bzw. den Topf passend)

Fleisch in 3 cm große Stücke schneiden, Paprika waschen, entkernen und ebenfalls in 3 cm große Stücke schneiden. Zwiebeln schälen und halbieren oder vierteln. Speck in ½ cm dicke Stücke schneiden.

Fleisch im Wechsel mit Paprika, Zwiebeln und Speck eng auf Spieße schieben. Mit Salz und Pfeffer würzen. In einer Pfanne in Öl von allen Seiten kräftig anbraten und mit Paprikapulver bestäuben. Mit Brühe ablöschen, aufkochen lassen und die Tomaten zufügen. Bei halb aufgelegtem Deckel ca. 45 Minuten garen lassen. Mit Salz, Pfeffer, Paprikapulver und Cayennepfeffer abschmecken.

Schaschlikspieße mit Soße auf Teller geben und mit Pommes frites servieren. Dazu passt ein gemischter Salat aus Kopfsalat, Mais, Weißkraut und Tomaten mit Sahnedressing.

4 Personen · Zubereitungszeit: 1 Stunde

SALTIMBOCCA

mit SPINATSALAT *und* SÜSSKARTOFFELPÜREE

Für das Fleisch:

8 Scheiben Schweine- oder Kalbsfilet (à 60–80 g)

Salz

frisch gemahlener schwarzer Pfeffer

4 Scheiben Parma- oder Serranoschinken

8 Salbeiblättchen

2 EL Rapsöl

frisch gepresster Zitronensaft

Für den Spinatsalat:

1 rote Zwiebel

1 Knoblauchzehe

3 EL neutrales Öl

1 TL Senf

5–6 EL frisch gepresster Orangensaft

5 EL Tomatensaft

Salz

frisch gemahlener schwarzer Pfeffer

3 Scheiben Toast

350 g junger Spinat

Außerdem:

Süßkartoffelpüree (Seite 304)

Küchengarn oder kurze Holzspießchen

Die Filets mit Salz und Pfeffer würzen. Jedes mit einer halben Scheibe Schinken umwickeln und dabei jeweils 1 Salbeiblättchen mit einwickeln. Mit Küchengarn oder gewässerten Spießen fixieren.

Den Ofen auf 200 °C Ober-/Unterhitze (180 °C Umluft) vorheizen. Schweinefiletstücke mit etwas Rapsöl bestreichen und 6–8 Minuten garen.

Für den Spinatsalat Zwiebel und Knoblauch schälen, Zwiebel fein würfeln und Knoblauch durchpressen. Beides in 1 EL Öl ca. 2 Minuten anschwitzen. Senf, Orangen- und Tomatensaft einrühren. 1–2 Minuten köcheln lassen, mit Salz und Pfeffer würzen. Dressing in einer Schüssel abkühlen lassen.

Toast entrinden, in kleine Würfel schneiden und im restlichen Öl in einer Pfanne goldgelb rösten. Croûtons leicht salzen und auf Küchenpapier entfetten.

Spinat waschen, abtropfen lassen, mit etwas Dressing vermengen und die Croûtons daraufstreuen.

Saltimbocca auf Teller verteilen und das Süßkartoffelpüree dazugeben. Spinat dazu servieren, das restliche Dressing extra reichen.

4 Personen · Zubereitungszeit: 30 Minuten

GEFLÜGEL

Geflügel ist vor allem für die Eierproduktion unentbehrlich und bietet als gut bekömmlich und gesund bekanntes, fettarmes und besonders eiweißreiches Fleisch

GEFLÜGELRASSEN

Unter den mehr als 10 000 Vogelarten spielen nur sehr wenige eine kulinarische Rolle und letztlich hat sich nur ein Bruchteil für die Zucht bzw. Mast zur Ernährung des Menschen bewährt. Die Nutzung einheimischer Vogelarten als Haustier nimmt in Deutschland seit dem 19. Jahrhundert stark ab.

Man unterscheidet zwischen Arten bzw. Rassen, die der Fleischerzeugung dienen, und solchen, die zur Eierproduktion gehalten werden. Das sogenannte weiße Fleisch ist fettarm und reich an hochwertigem Protein. Es steht im Vergleich zu rotem Fleisch (z.B. von Rind und Schaf) nicht im Verdacht, bestimmte Erkrankungen zu fördern.

HAUSHÜHNER

Das im Handel erhältliche Geflügelfleisch stammt von Hybridzüchtungen, die keine eigene Rasse darstellen. Sie gehen alle auf das Haushuhn (Gallus gallus domesticus) zurück. Die Einteilung der Hybriden in Hähnchen (Broiler), Poularden, junge Hähne, Suppenhühner, Stubenküken und Maishähnchen haben ausschließlich mit dem Alter, dem Gewicht und der Aufzucht der Tiere zu tun (siehe Seite 12). Echte Rassen wie beispielsweise Leghorn, Augsburger, Bergischer Kräher und viele andere mehr werden nur im kleinen Stil gezogen und sind evtl. auf Anfrage bei lokalen und regionalen Geflügelzüchtern erhältlich, wirtschaftlich spielen sie keine Rolle. Nur eine Rasse ist weiter verbreitet: das Schwarzfederhuhn, auch Schwarzfußhuhn oder »König des Bodens« genannt. Die Tiere mit den charakteristischen schwarzen Federn und dunkelgrauen Füßen gehören mit zu den ursprünglichen Hühnern aus der Bresse im östlichen Frankreich, denn ursprünglich gab es weiße, graue und schwarze Hühner. Die weißen haben sich aufgrund der Optik als das Bressehuhn schlechthin durchgesetzt.

PERLHÜHNER

Das natürliche Verbreitungsgebiet der dunkel gefiederten Vögel umfasst den Teil Afrikas südlich der Sahara, es gibt auch Vorkommen im Nordwesten Marokkos. Während des frühen Altertums existierten die Hühner auch in Ägypten. Sie haben einen gedrungenen Körper, kurze Flügel, kräftige Beine und einen kleinen Kopf. Auch der Schwanz ist für Hühner ungewöhnlich kurz. Sie werden hauptsächlich in Frankreich und Italien gemästet.

PUTEN

Puten sind die domestizierte Form des Truthuhns. In Deutschland spricht man bei Puten nicht von verschiedenen Rassen, sondern von verschiedenen Farbenschlägen der Deutschen Pute, die in drei Gewichtsklassen eingeteilt wird. Puten dienten bereits den Azteken als Nahrungsmittel. Sie kamen entweder mit Christoph Kolumbus oder später mit spanischen Seefahrern nach Europa. Insbesondere beim Kauf von Putenfleisch – die Mastmethoden stehen oft mehr noch als bei anderen Tieren in der Kritik – lohnt es sich, auf Bio- bzw. Freilandware zu achten.

ENTEN

Enten gehören zur Familie der Entenvögel, der artenreichsten aus der Ordnung der Gänsevögel. Von den 47 Gattungen und etwa 150 Entenarten wurden fünf domestiziert. Sie werden wegen ihres Fleisches, ihrer Eier und ihrer Federn gejagt und gehalten, und in vielerlei Form treten sie in Märchen, Sagen und Comics in Erscheinung. Ente bezeichnet das Tier an sich, aber auch die weiblichen Exemplare. Männliche heißen Erpel.

GÄNSE

Gänse sind eine Unterfamilie der Entenvögel. In Mitteleuropa ist vor allem die Graugans heimisch, aus der sich durch Domestizierung die Hausgans entwickelt hat. Die bei uns ursprünglich nicht einheimische Kanadagans brütet mittlerweile auch regelmäßig hier. In Ostasien wurde die Schwanengans domestiziert, aus ihr ging als Zuchtform die Höckergans hervor, die wiederum mit europäischen Hausgansrassen gekreuzt wurde. Die meisten Gänsearten brüten in der Arktis.

TAUBEN

Die kräftig gebauten und meist auffallend kleinköpfigen Vögel bilden eine Familie mit etwa 42 Gattungen und mehr als 300 Arten. Die größte Vielfalt existiert im Bereich von Südasien bis Australien. Die kleinsten sind etwa so groß wie eine Lerche, die größten Arten erreichen die Größe eines Haushuhns. Sie ernähren sich fast ausschließlich pflanzlich. Einige Arten gelten als bedroht, und die Zucht durch Menschen spielt eine wesentliche Rolle bei der Arterhaltung.

WACHTELN

Die Vögel werden nicht nur wegen ihres Fleisches, sondern auch wegen der kleinen Eier geschätzt, die vor allem in der gehobenen Küche sehr wirkungsvoll eingesetzt werden. Wachteln sind die kleinsten Hühnervögel und innerhalb dieser Ordnung die einzigen Zugvögel. Man trifft sie in fast ganz Europa, dem westlichen Teil Asiens und einem großen Teil Afrikas an, allerdings bekommt man sie kaum zu Gesicht. In Mitteleuropa gehen die Bestände seit vielen Jahren zurück. In Deutschland darf die wild lebende Wachtel nicht gejagt werden.

PULLED CHICKEN

auf grünem **SALAT** *mit* **KRÄUTERDRESSING** *und* **PARMESAN**

Für das Hähnchen:

2 mittelgroße Zwiebeln

1 dickes Bund Suppengrün

1 Petersilienwurzel

1 Poularde (Masthuhn)

2–3 Lorbeerblätter

1 TL Senfsamen

150 ml Sojasoße

frisch gemahlener schwarzer Pfeffer

Salz

Für den Salat:

600 g gemischter grüner Salat (z. B. Romanaherzen, Eisbergsalat, Feldsalat, Lollo rosso, Kopfsalat)

6–10 Kirschtomaten

4–6 EL Parmesan

gehackte Petersilie zum Bestreuen

Für das Kräuter-Dressing

80 ml Kräuteressig

Salz

Zucker

frisch gemahlener schwarzer Pfeffer

3 EL gehackte Kräuter (z. B. Schnittlauch, Petersilie, Pimpinelle, Majoran)

200 g Sahne (oder ein Mischung aus Milch und Sahne)

Für das Hähnchen die ungeschälten Zwiebeln halbieren und auf der Schnittfläche in einer Pfanne fast schwarz anrösten. Suppengrün waschen, putzen und klein schneiden, Petersilienwurzel schälen und klein schneiden. Zwiebel, Suppengrün, Petersilienwurzel, Poularde, Gewürze, Sojasoße und 2 ½ l kaltes Wasser in einen Topf geben und aufkochen. 1 Stunde bis 1 Stunde 30 Minuten sanft köcheln lassen. Gelegentlich den entstandenen Schaum abschöpfen.

Das Huhn herausnehmen und etwas abkühlen lassen. Die Brühe durch ein Sieb geben und für eine andere Zubereitung verwenden.

Das Huhn von der Haut befreien. Dann das Fleisch von den Knochen zupfen, größere Stücke klein zupfen. Mit Pfeffer und Sojasoße, evtl. noch etwas Salz würzen und leicht warm stellen.

Für den Salat Essig, Salz und Zucker mit 80 ml Wasser mischen, bis sich Salz und Zucker aufgelöst haben. Pfeffer, Kräuter und Sahne einrühren. Mit Salz und Zucker noch einmal abschmecken. Kurz ruhen lassen.

Salat waschen, trocken schleudern und locker auf große, tiefe Teller verteilen. Die Tomaten waschen, halbieren und sternförmig an den Rand legen. Das Dressing darüberträufeln und den Parmesan auf den Salat hobeln. Mit dem Pulled Chicken garnieren und mit Petersilie bestreuen. Dazu geröstete Baguettescheiben servieren.

4 Personen · Zubereitungszeit: 30 Minuten plus 1 Stunde 30 Minuten Garzeit

PULLED GOOSE BURGER

mit CRUNCH, SALAT *und* FRUCHTIGEM CURRY-MANGO-DRESSING

Für die Gans:	Für das Curry-Mango-Dressing:	Für Salat und Buns:
800 g gegartes Gänsefleisch (z. B. Bratenrest)	1 Eigelb	100 g Walnusskerne
30 g Gänseschmalz	2 TL Senf	100 g Zucker
1 rote Zwiebel	½ TL Salz	1 Prise Salz
2 Rosmarinzweige	2 TL Aceto balsamico bianco	1 Msp. Cayennepfeffer
2–3 EL Ahornsirup	1 EL Currypulver	4 Buns (Hamburger- oder Milchbrötchen)
Salz	1 Mango	Butter
frisch gemahlener schwarzer Pfeffer	125 ml neutrales Öl	4 Handvoll Blätter von grünen Salaten (z. B. Romana, Eisbergsalat, Feldsalat, Lollo rosso)

Für die Gans das Fleisch grob zerkleinern und in einer Pfanne in Schmalz knusprig anrösten. Zwiebel schälen und in Ringe schneiden, Rosmarinnadeln hacken und beides kurz mitrösten. Mit Ahornsirup, Salz und Pfeffer würzen.

Für das Curry-Mango-Dressing Eigelb, Senf, Salz, Aceto balsamico und Curry mit dem Pürierstab mixen, bis eine dicke Mayonnaise entstanden ist. Die Mango schälen, das Fruchtfleisch vom Stein schneiden, zerkleinern und untermixen. Stetig weitermixen, dabei das Öl langsam einfließen lassen.

Für den Salat die Nüsse grob hacken und in einer Pfanne ohne Fettzugabe unter ständigem Rühren rösten. Nach und nach unter Rühren den Zucker zufügen und diesen dabei langsam schmelzen lassen. Salz und Cayennepfeffer zufügen. Die karamellisierten Nüsse auf Backpapier abkühlen lassen, dann zerstoßen.

Die Brötchen halbieren und in einer Pfanne in Butter auf der Schnittseite leicht anrösten. Den Salat waschen und trocken schleudern. Auf der unteren Hälfte gezupfte Gans, Nusscrunch und Salat mit Dressing schichten. Mit der anderen Hälfte zuklappen.

4 Personen · Zubereitungszeit: 30 Minuten

STREETFOOD

SATÉ-SPIESSE

als **APPETIZER** *oder* **SNACK**

600 g Putenbrust- oder Kaninchenfilet	4 EL Kokosmilch	**Außerdem:**
40 g frischer Ingwer	2 EL Hoisinsoße (aus dem Asienladen)	12 Holz- oder Metallspieße (die Holzspieße 1 Stunde gewässert)
2 TL gemahlener Koriander	2 EL helle Sojasoße	
1 EL Currypaste (aus dem Asienladen)	1 EL Sesam	

Filets längs in Streifen schneiden. Ingwer schälen und fein reiben, mit Koriander und Currypaste mischen. Dann Kokosmilch, Hoisin- und Sojasoße einrühren. Fleischstreifen in der Marinade wenden und mindestens 1 Stunde abgedeckt und gekühlt ruhen lassen.

Den Grill auf 160 °C direkte und indirekte Hitze vorheizen. Sesam in einer Pfanne ohne Fettzugabe goldgelb rösten.

Fleischstreifen kurz abtropfen lassen und wellenförmig auf die Spieße stecken. Anschließend bei geschlossenem Deckel etwa 6 Minuten in der Grillhitze garen. Zum Servieren mit geröstetem Sesam bestreuen.

Saté-Spieße als Snack aus der Hand essen oder mit asiatisch gewürztem Bratreis servieren.

4–6 Personen · Zubereitungszeit: 20 Minuten plus mindestens 1 Stunde Marinierzeit

HÜHNERFRIKASSEE

mit GEMÜSE *auf* BASMATIREIS

- 200g kleine frische Champignons (wahlweise andere frische Pilze)
- 100g TK-Erbsen
- 1–2 Handvoll geschälte Spargelstücke (frisch oder aus dem Glas)
- 750ml Hühnerbrühe (siehe Seite 221)
- Salz
- 125g Basmatireis
- 3EL Butter
- 2EL Mehl
- 100ml trockener Weißwein
- frisch gemahlener schwarzer Pfeffer
- frisch geriebene Muskatnuss
- 1 Spritzer frisch gepresster Zitronensaft
- 1 Prise Cayennepfeffer
- abgezupftes Fleisch von 1 gekochtem Huhn (z.B. von einer Hühnerbrühe, siehe Seite 221)
- 2EL Schnittlauchröllchen

Champignons putzen und in Scheiben schneiden. Mit Erbsen und frischen Spargelstücken (wenn verwendet) in der Brühe kurz bissfest garen. Herausheben und abtropfen lassen. Spargel aus dem Glas abtropfen lassen. Brühe aufbewahren.

250ml leicht gesalzenes Wasser aufkochen und den Reis einrühren. Sofort den Deckel auflegen, ganz kurz aufkochen und die Herdplatte ausschalten. Der Reis braucht (auf der warmen Platte) zum Garen ca. 10 Minuten, vorher nicht den Deckel abnehmen! Überschüssige Flüssigkeit nach Bedarf abschütten.

In der Zwischenzeit Butter in einer Kasserolle zerlassen und mit einem Schneebesen das Mehl gut einrühren. Unter stetigem Rühren mit Weißwein ablöschen und dann sofort die Brühe einrühren. Das Mehl darf nicht klumpen. Mit Salz, Pfeffer, Muskat, Zitronensaft und Cayennepfeffer würzen. Gemüse und Fleisch zufügen.

Reis auf Teller verteilen, Frikassee daraufgeben und mit Schnittlauch bestreuen.

4 Personen · Zubereitungszeit: 40 Minuten

BACKHÄHNCHEN

mit KARTOFFELSALAT *ohne* MAYONNAISE

Für den Salat:

1 kg festkochende Kartoffeln

Salz

1 Zwiebel

6 EL neutrales Öl

250 ml Gemüsebrühe

50 ml Weißweinessig

1 TL Zucker

frisch gemahlener schwarzer Pfeffer

2 TL Senf

Schnittlauchröllchen

Für das Backhähnchen:

1 küchenfertige Poularde (Masthuhn, ca. 1,3 kg)

Salz

frisch gemahlener schwarzer Pfeffer

neutrales Öl zum Frittieren

3 Eier

100 g Mehl

150 g Semmelbrösel oder geriebenes Weiß- bzw. Toastbrot

1 kleines Bund krause Petersilie

Für den Salat die Kartoffeln gründlich bürsten und ungeschält in Salzwasser garen. In der Zwischenzeit Zwiebel schälen, würfeln und in 2 EL Öl glasig anschwitzen. Brühe zugeben und kurz erhitzen. Vom Herd nehmen und mit Essig, Salz, Zucker, Pfeffer und Senf leicht überwürzt abschmecken. Bis zum Mischen mit den Kartoffeln warm halten.

Kartoffeln abgießen, kurz ausdampfen lassen und pellen. Sofort in Scheiben schneiden und in einer Schüssel behutsam mit der Brühe vermengen. 30 Minuten durchziehen lassen, dann noch einmal abschmecken. Nun das restliche Öl unterheben. Schnittlauch darüberstreuen.

In der Zwischenzeit für das Backhähnchen die ganze Poularde in 6 Stücke teilen. Von allen Seiten salzen und pfeffern.

Das Öl in einer tiefen Pfanne auf ca. 170 °C erhitzen. Die Eier mit 2 EL Wasser verquirlen. Die Hähnchenteile erst in Mehl wenden, dann durch das Ei ziehen und zuletzt in den Bröseln wenden. Im heißen Fett ca. 15 Minuten frittierten. Die Teile sollten möglichst frei schwimmen, ggf. in mehreren Portionen garen und warm halten.

Petersilie durch die Reste von Mehl und Ei ziehen und ebenfalls kurz frittieren.

Backhähnchen mit Kartoffelsalat auf Teller geben. Die Stiele von der Petersilie schneiden und alles mit der Petersilie garnieren.

2–4 Personen · Zubereitungszeit: 40 Minuten plus 30 Minuten Ruhezeit

LINGUINE LACEDONIA

mit FENCHEL PESTO *und* PUTENLEBER *vom* GRILL

Für Fenchelpesto und Pasta:

1 Knoblauchzehe

50 g Parmesan

20 g Basilikumblätter

2 TL Fenchelsamen (wahlweise ½ TL gemahlener Fenchel)

50 g Pinienkerne

50 ml Olivenöl

Salz

1 Prise Cayennepfeffer

Für die Marinade:

50 g Butter

2 EL Rapsöl

1 EL Aceto balsamico

Salz

frisch gemahlener schwarzer Pfeffer

2 rote Zwiebeln

500 g Putenleber

Für die Pasta:

400 g frische Linguine oder eine andere Pastasorte

Salz

Für das Pesto Knoblauch schälen und hacken, Parmesan reiben, Basilikumblätter waschen, trocken schütteln und in feine Streifen schneiden und die Fenchelsamen zerstoßen. Die Pinienkerne in einer Pfanne ohne Fett rösten, bis sie zu duften beginnen. Alles mit Olivenöl im Mixer zu einer körnigen Masse zerkleinern. Mit Salz und Cayennepfeffer abschmecken.

Für die Marinade die Butter in einem Topf zerlassen, Öl und Aceto balsamico einrühren und mit Salz und Pfeffer würzen. Zwiebeln schälen, in Ringe schneiden, in der Marinade schwenken und etwas Flüssigkeit für die Putenleber abnehmen.

Wenn der Ofen verwendet wird, diesen auf 180 °C Ober-/Unterhitze (Umluft 160 °C) vorheizen. Putenleber in der Butter-Marinade wenden. Leber und Zwiebeln nebeneinander in eine Grillschale verteilen und auf dem Grill 10 Minuten grillen oder im vorgeheizten Ofen 10–15 Minuten garen. Die Leber zwischendurch wenden, die Zwiebeln etwas bewegen.

Kurz vor dem Servieren die Linguine in Salzwasser nach Packungsanweisung bissfest kochen.

Die Leber aufschneiden und zusammen mit Zwiebeln, Linguine und Pesto servieren.

4 Personen · Zubereitungszeit: 40 Minuten

ENTENBAGUETTE À L'ORANGE

mit glasierter **ENTE** *und* **ORANGENSAUCE**

Für die Ente:

1 TL abgeriebene Schale von 1 Bio-Orange

1 EL frisch gemahlener schwarzer Pfeffer

1 TL gemahlener Koriander

1 TL gemahlene Vanille

1 EL brauner Zucker

1 TL Salz

4 Entenbrustfilets

Rapsöl zum Bestreichen

4–6 Baguettebrötchen

längliche Salatblätter

Sprossen

Für die Orangensoße:

2 Orangen

1 Thymianzweig

1 EL Demerarazucker (wahlweise brauner Zucker)

1 TL Salz

1 Msp. Cayennepfeffer

Für die Glasur:

1 Knoblauchzehe

Saft von ½ Limette

4 EL Honig

1 EL brauner Zucker

1 TL Salz

2 EL helle Sojasoße

6 EL Orangenlikör

Für die Ente alle Würzzutaten vermischen. Die Haut der Entenbrüste mehrfach mit einem scharfen (Teppich-) Messer einschneiden. Die Würzmischung gründlich einmassieren. Fleisch abgedeckt 30 Minuten ruhen lassen.

Für die Orangensoße die Orangen filetieren und die Thymianblättchen abzupfen. Beides mit den übrigen Zutaten in einem Topf kurz aufkochen. Von der Herdplatte ziehen und etwas ziehen lassen.

Für die Glasur den Knoblauch schälen, durchpressen und mit allen Zutaten gut vermischen.

Den Grill auf 200 °C direkte und indirekte Hitze vorheizen. Ente dünn mit Rapsöl bestreichen und von beiden Seiten je 3 Minuten direkt grillen. Mit der Glasur bestreichen. Dann indirekt weitere 10 Minuten bei geschlossenem Grilldeckel garen, bis eine Kerntemperatur von maximal 65 °C erreicht ist. Gelegentlich mit Glasur bestreichen. Ente in Alufolie wickeln und 5 Minuten ruhen lassen.

Baguettebrötchen aufschneiden und die Innenseiten mit Soße bestreichen. Salat und Sprossen waschen und trocken schleudern bzw. abtropfen lassen. Ente aufschneiden und mit Sprossen und Salat in die Brötchen verteilen.

4–6 Personen · Zubereitungszeit: 30 Minuten plus 30 Minuten Ruhezeit

DRUMSTICKS

würzig MARINIERT

4–5 EL Rapsöl 2 TL frisch gemahlener schwarzer Pfeffer 2 TL edelsüßes Paprikapulver 1 TL Knoblauchpulver	1 TL Zwiebelpulver ½ TL Cayennepfeffer 1 TL gemahlener Kaffee (wie zum Filtern)	2 TL Aceto balsamico bianco 4 TL brauner Zucker 2 TL Meersalz 12 Hähnchen-Drumsticks

Alle Zutaten bis auf die Drumsticks gut verrühren. Die Drumsticks in 1–2 Gefrierbeutel geben, die Marinade dazugeben und von außen in die Drumsticks einmassieren. Mehrere Stunden im Kühlschrank durchziehen lassen.

Den Ofen auf 180 °C Ober-/Unterhitze (160 °C Umluft) vorheizen. Drumsticks in eine ofenfeste Form geben und 40–45 Minuten garen, zwischendurch einmal wenden. Dazu passen frisches Baguette, Salate und vieles mehr.

4 Personen · Zubereitungszeit: 15 Minuten plus mehrere Stunden Ruhezeit und 45 Minuten Garzeit

ENTENBRUST PEKING STYLE

mit WÜRZIGEN BUCHWEIZENKÜCHLEIN

Für die Ente:

50 ml frisch gepresster Zitronensaft

1 Prise Salz

30 g Maltose (Malzzucker; aus dem Asienladen)

1 Prise Five-Spice-Gewürzmischung

1 Sternanis

1 dicke Ingwerscheibe

je 2 Entenbrüste und 2 Entenkeulen (am besten von der Barbarie-Ente)

Erdnussöl zum Braten

Salz (am besten Murray River Salt Flakes)

Frühlingszwiebeln

Für die Buchweizenküchlein:

30 g Butter

70 g Mehl

30 g Buchweizenmehl

3 Eier

125 ml Milch

1 EL Sojasoße

neutrales Öl zum Ausbacken

Für die Ente 300 ml Wasser mit Zitronensaft, Salz, Maltose, Five-Spice-Gewürz, Sternanis und Ingwer aufkochen. Anschließend abkühlen lassen und beiseitestellen.

Den Backofen auf 100 °C Ober-/Unterhitze (Umluft 80 °C) vorheizen. Entenbrüste und -keulen mit der Hautseite nach unten in einen kleinen Bräter geben und den Gewürzsud angießen. Am besten die Knochen aus den Keulen lösen, damit das Fleisch gleichmäßig gart. Mit Frischhaltefolie abdecken und die Entenbrust, z. B. mit einer Stielkasserolle beschwert, in den Ofen stellen. Ca. 1 Stunde 15 Minuten garen, dann im Fond auskühlen lassen. Aus dem abgekühlten Sud nehmen und trocken tupfen.

Zum Fertigstellen das Fleisch auf der Hautseite in einer Pfanne in Öl langsam braten, sodass die Haut schön kross wird und gleichmäßig bräunt.

In der Zwischenzeit für die Buchweizenküchlein die Butter erhitzen, bis sie braun wird (Nussbutter), dann mit den anderen Zutaten (bis auf das Öl) mit einem Pürierstab zu einem Crêpeteig mixen. 30 Minuten ruhen lassen.

Den Teig von beiden Seiten in einer beschichteten Pfanne mit etwas Öl zu 8 kleinen Pfannkuchen ausbacken, bis diese leicht gebräunt sind.

Die Ente aufschneiden und salzen, Frühlingszwiebeln waschen, trocken schütteln und in mittelfeine Ringe schneiden. Mit den Buchweizenküchlein appetitlich anrichten und mit den Frühlingszwiebeln bestreuen.

4 Personen · Zubereitungszeit: 20 Minuten plus 30 Minuten Ruhezeit und 1 Stunde 15 Minuten Garzeit

TAUBE IN BRENNENDEM HEU★

mit NUSSBUTTER

3 küchenfertige Tauben (am besten Miéral Excellence) Salz	1 Bund Thymian 125 g Butter	**Außerdem:** Küchengarn 1 Beutel Bio-Heu (z. B. aus dem Tierbedarf)

Die Tauben von innen mit Salz würzen und mit dem Küchengarn kompakt binden. Ca. 15 Minuten ruhen lassen.

Backofen auf 180 °C Umluft vorheizen. Den Boden eines Bräters mit reichlich Heu bedecken. Die Tauben in den Bräter setzen, die Thymianzweige darauf verteilen und alles wieder mit Heu bedecken. Bräter ohne Deckel in den Backofen stellen.

Wenn die Tauben eine Kerntemperatur von 40 °C erreicht haben, den Bräter aus dem Ofen nehmen und auf eine feuerfeste Unterlage stellen.

Nun das Heu von unten anzünden – dabei unbedingt auf die Umgebung achten, damit kein Gegenstand (z. B. Kleidung, Gardinen, Küchenpapier etc.) Feuer fangen kann! Evtl. auf Balkon oder Terrasse ausweichen! Sobald das Heu brennt, den Deckel schließen und für 15 Minuten geschlossen halten.

In der Zwischenzeit die Butter erhitzen, bis sie braun wird (Nussbutter). Die Tauben herausnehmen und mit der Nussbutter bestreichen.

Tauben z. B. mit cremigem Kartoffelpüree und mildem Champagnerkraut servieren. Alternativ dazu einen Pilzrisotto zubereiten.

6 Personen · Zubereitungszeit: 1 Stunde plus 30 Minuten Ruhezeit

SOUS-VIDE-GEGARTER

GILLBACHTAL-HAHN ★

mit GEMÜSE-GLASNUDEL-SALAT

1 Möhre	7 EL helle Sojasoße	Salz
2 Frühlingszwiebeln	3 EL Fischsoße	Butter
etwas Koriandergrün (möglichst mit Wurzeln)	1–2 TL Limettensaft	Erdnussöl zum Braten
1 Tomate	50 g Erdnüsse	200 g Glasnudeln
2 rote Thai-Chilischoten	400–500 g ausgelöste Hühnerbrüste mit Haut (von einem großen Hahn, z. B. aus dem Gillbachtal)	evtl. Blutampfer
1 Knoblauchzehe	geröstetes Sesamöl	**Außerdem:**
1 TL Palmzucker	frisch gemahlener schwarzer Pfeffer	Sous-Vide-Gerät und Utensilien

Möhre schälen, Frühlingszwiebeln, Koriander mit Wurzel und Tomate waschen und alles in feine Würfel schneiden.

Thai-Chilischote waschen, Knoblauch schälen und beides mit Palmzucker im Mörser zu einer Paste verreiben. Mit Sojasoße, Fischsoße, Limettensaft und fein gehackten Erdnüssen vermengen.

Die Brüste mit Sesamöl bestreichen und mit Pfeffer und Salz würzen. Anschließend mit einem kleinem Stück Butter in einem Vakuumbeutel vakuumieren und im Sous-Vide-Gerät bei 65 °C 2 Stunden garen.

Nach den Sous-Vide-Bad die Brust in einer Pfanne mit heißem Erdnussöl scharf von beiden Seiten anbraten, bis sie auf der Hautseite eine schön knusprige Farbe bekommt.

Glasnudeln ins kochendes Wasser geben. Topf anschließend von der heißen Herdplatte nehmen, 10 Minuten ziehen lassen und dann abseihen. Glasnudeln mit dem vorbereiteten Gemüse und der Marinade vermengen.

Brüste aufschneiden und mit Glasnudelsalatat dekorativ anrichten. Mit einigen Blättern Blutampfer dekorieren.

Alternativ zu Sous-Vide: Die Brüste auf der Hautseite salzen und bei mittlerer Hitze in wenig Erdnussöl auf der Hautseite ca. 8 Minuten braten. Wenden und weitere 4–5 Minuten langsam garen. Zwischendurch ein kleines Stück Butter zugeben, aufschäumen lassen und mit einem Löffel immer wieder über das Fleisch geben.

2 Personen · Zubereitungszeit: 35 Minuten plus 2 Stunden Garzeit

BRESSEHUHN

mit DRILLINGEN, SPARGEL, SAUCE HOLLANDAISE *und* CHICORÉE-SALAT

Für das Huhn:	Für den Spargel:	Für den Salat:
1 küchenfertiges Miéral-Bressehuhn Olivenöl Salz	5 Stangen weißer Spargel 5 Stangen grüner Spargel Salz, Zucker etwas abgeriebene Schale von 1 Bio-Zitrone	1 Chicorée 1 EL Aceto balsamico Salz, Zucker 1 EL Olivenöl **Sauce Hollandaise (Seite 299)** **Drillinge aus dem Salzbett (Seite 305)**

Das Bressehuhn von außen einölen und von innen salzen. Backofen oder Grill auf 100 °C Ober-/Unterhitze (keine Umluft) vorheizen. Das Huhn darin ca. 45 Minuten garen. Brust und Keulen auslösen und vor dem Anrichten auf der Haut bräunen und knusprig grillen oder braten.

Weißen Spargel ganz, grünen Spargel nur im unteren Drittel schälen. In gesalzenem und gezuckertem Wasser mit der abgeriebenen Zitronenschale bissfest blanchieren und in Eiswasser abschrecken.

Für den Salat die Chicoréeblätter waschen, trocken schütteln und mit Aceto balsamico, Salz, Zucker und Olivenöl marinieren.

Bressehuhn, Spargel mit Hollandaise, Kartoffeln und Salat appetitlich auf Tellern anrichten.

4 Personen · Zubereitungszeit: 1 Stunde

SCHWARZFEDERHUHN ★

im SALZTEIG *mit dem* AROMA *von* FRISCHEM SALBEI

1 Bund Salbei 1 kg Mehl (Type 405) 1 kg grobes Meersalz	50 ml neutrales Öl 1 Dry-Aged-Schwarzfederhuhn (1,8 kg; am besten ein Miéral-Schwarzfederhuhn)	Fett zum Braten (z. B. geklärte Butter) Salzflocken (z. B. Murray River Salt Flakes)

Den Backofen auf 230–240 °C Umluft vorheizen. Die Salbeiblätter abzupfen, waschen, trocken schütteln und fein hacken. Mehl, Meersalz, 60 ml Wasser, Öl und die Hälfte des Salbeis zu einem geschmeidigen Teig kneten.

Die andere Hälfte des Salbeis in das Huhn füllen. Den Salzteig etwa 1 cm dick ausrollen und das Huhn darin rundum einschlagen.

Das Huhn 45 Minuten im vorgeheizten Ofen backen, anschließend 20 Minuten ruhen lassen. Den Salzteig aufbrechen, das Huhn herausnehmen und tranchieren. Die Hautseiten der ausgelösten Stücke in einer Pfanne in etwas Fett kross braten. Mit etwas Salz bestreuen.

Huhn auf Teller verteilen. Dazu passen ein Rote-Bete-Apfel-Walnuss-Salat und Kartoffelpüree.

4–6 Personen · Zubereitungszeit: 20 Minuten plus 1 Stunde 5 Minuten Gar- und Ruhezeiten

SOUS-VIDE-GEGARTES

PERLHUHN ★

mit ZARTEN ARTISCHOCKEN *und* WÜRZIGEM ARTISCHOCKENPÜREE

Für das Fleisch:

1 Miéral-Perlhuhn (ca. 1,5 kg)

1 dickes Bund Thymian

Salz

Zucker

6 EL Butter

etwas Trüffeljus (z. B. über ***Bosfood.de*** oder selber herstellen)

Fett zum Braten (z. B. geklärte Butter)

Für die Artischocken:

4 Poweraden (Artischocken; wahlweise eine andere Sorte)

Saft von 1 Zitrone

Olivenöl

Salz

Zucker

Aceto balsamico bianco

1 Rosmarinzweig

2 Thymianzweige

etwas Knoblauch

Trüffel und Wildkräuterblätter nach Belieben

Artischockenpüree (Seite 302)

Außerdem:

Sous-Vide-Gerät und Utensilien

Für das Fleisch das Perlhuhn klassisch in Brust und Keule zerlegen. Den Rest des Geflügels für ein anderes Rezept verwenden. Die Haut von den Brüsten lösen, aber nicht abtrennen. Die Thymianblätter abzupfen, hacken und unter die Haut schieben (etwas zum Nachbraten zurückbehalten), dann die Haut zurückklappen. Brüste und Keulen jeweils mit Salz und etwas Zucker würzen.

4–5 EL Butter erhitzen, bis sie braun wird (Nussbutter). Die Fleischstücke einzeln mit der Nussbutter vakuumieren. Die Brust bei 62 °C für 30 Minuten und die Keulen bei 64 °C für 35 Minuten sous-vide-garen. Die Perlhuhnstücke nach Ende der Garzeit aus den Beuteln nehmen. Keulenfleisch vom Knochen lösen und portionieren (1 Keule ergibt 4 Portionen). In Trüffeljus schwenken und warm halten. Brust bei mittlerer Hitze in einer Pfanne in Fett auf der Hautseite kross braten. Wenden und in der restlichen Butter und Thymian nachbraten. Dabei die Butter schön bräunen lassen.

Die Poweraden putzen und von den äußeren Blättern befreien. Dann mit einem Sparschäler schälen, Blätter abschneiden, den harten Kern entfernen und die Artischocken längs achteln. In einer Schüssel Wasser mit Zitronensaft mischen und die Poweraden bis zum Braten hineinlegen. Das Zitronenwasser aufbewahren.

Olivenöl in einer Pfanne erhitzen, die Poweraden hineingeben, mit Salz und etwas Zucker würzen. Mit Balsamico ablöschen. Rosmarin- und Thymianblättchen abzupfen und hacken, Knoblauch schälen und fein hacken. Kräuter und Knoblauch zu den Artischocken geben, mit Zitronenwasser auffüllen und die Poweraden darin bissfest gar köcheln lassen.

Trüffel, wenn verwendet, hobeln. Perlhuhnbrust gegen die Faser tranchieren und mit Keulenfleisch, Poweraden und Artischockenpüree auf einem Teller anrichten. Mit Trüffel und Wildkräuterblättern garnieren.

4 Personen · Zubereitungszeit: 1 Stunde 30 Minuten plus 35 Minuten Garzeit

HÜHNERSUPPE

mit **EINLAGE** *nach* **GESCHMACK** *und* **SAISON**

1,5 l Hühnerbrühe (Seite 221) 100 g kleine Suppennudeln mit kurzer Garzeit 250 g gekochtes Hühnerfleisch (siehe Seite 221)	**Für Gemüse und Kräuter:** 1 Möhre 1 Lauchstange 2–3 Blätter Pak Choi 200 g kleine frische Champignons (wahlweise andere frische Pilze) 1–2 Handvoll geschälte Spargelstücke	100 g TK-Erbsen 1–2 Handvoll Zuckerschoten frische Kräuter (Majoran, Liebstöckel, Pimpinelle, Petersilie, Schnittlauch) Salz frisch gemahlener schwarzer Pfeffer

Brühe mit den Nudeln zum Kochen bringen. Gemüse nach Wahl vorbereiten: Möhren schälen, würfeln und vorgaren, Lauch waschen und in Ringe schneiden, Pak Choi waschen und Blätter klein zupfen. Champignons putzen und in Scheiben schneiden, Zuckerschoten waschen, Kräuter waschen und fein schneiden.

Die Hitze etwas herunterschalten. Fleisch und Gemüse kurz mit erhitzen, bis das Gemüse bissfest ist. Kurz vor dem Servieren die Kräuter zufügen. Mit Salz und Pfeffer abschmecken. Suppe auf Teller verteilen. Dazu Fladenbrot servieren.

4–6 Personen   Zubereitungszeit: 20 Minuten

GRUNDREZEPT

HÜHNERBRÜHE

LANG GEGART *und sehr* GEHALTVOLL

1 küchenfertiges Freiland-Suppenhuhn (ca. 1,2 kg) 1 Bund Suppengrün	1 Petersilienwurzel 1 Zwiebel	1 EL Salz 3–4 schwarze Pfefferkörner

Das Suppenhuhn mit 3 l kaltem Wasser aufsetzen. Suppengrün und Petersilienwurzel putzen und klein schneiden. Zwiebel schälen und halbieren. Salz, Pfeffer, Suppengrün, Zwiebel und Petersilienwurzel zur Brühe geben. Aufkochen und bei halb aufgelegtem Deckel 2 Stunden sanft köcheln lassen.

Das Huhn herausnehmen und die Brühe durch ein feines Sieb geben. Erkalten lassen und entfetten. Sie ist jetzt zur weiteren Verwendung fertig und kann auch eingefroren werden.

Das Huhn von der Haut befreien und entbeinen. Das Fleisch als Einlage für die Brühe, Soßen, Ragouts, Salate, Sandwiches und andere Gerichte verwenden.

ca. 2½ l · Zubereitungszeit: 20 Minuten plus 2 Stunden Garzeit

WEIHNACHTSGANS ASIA STYLE ★

mit DUFTENDEN GEWÜRZEN *und* MANDARINENSALAT

Für die Gans:

3 g Korianderkörner

1 g Zimtrinde

1 Sternanis

3 Nelken

1 getrocknete Birdeye-Chilischote

40 g brauner Zucker

40 g Salz

2 g Quatre Épices (französische Gewürzmischung)

1 küchenfertige Gans (4,5 kg)

20 g Pflaumentee (Pflaumensirup, aus dem Asienladen)

20 g Ketjap Manis (asiatische Würzsoße, aus dem Asienladen)

Für den Mandarinensalat:

8 Mandarinen

2 EL Fischsoße

1 EL Sesamöl

Salz

frisch gemahlener schwarzer Pfeffer

Zucker

etwas Limettensaft

2 EL Sesam

Außerdem:

Rotkohl (Seite 306)

Winter-Bun (Seite 295)

Sous-Vide-Gerät und Utensilien (nach Bedarf)

Für die Gans Koriander, Zimt, Sternanis und Nelken in einer Pfanne trocken rösten. Dabei die Pfanne in Bewegung halten. Die gerösteten Gewürze zusammen mit der Chilischote im Mixer fein zerkleinern. Mit Zucker, Salz und Quatre Épices vermengen.

Von der Gans die Flügel stutzen und den Hals abtrennen. Mit einer Gabel die Haut mehrfach einstechen und die Gans großzügig mit den gerösteten Gewürzen einreiben. Pflaumentee und Ketjab Manis vermengen und die Gans damit einpinseln, den Rest aufheben.

Vakuumieren und bei 65 °C für 22 Stunden in den Dampfgarer oder in das Sous-Vide-Bad geben. Dann den Backofen auf 180 °C Ober-/Unterhitze (Umluft 160 °C) vorheizen, das Fleisch aus dem Vakuum holen, nochmals mit der Marinade aus Pflaumentee und Ketjap Manis bestreichen und 20–35 Minuten im vorgeheizten Ofen garen, bis die Haut schön gebräunt ist.

Alternativ die Gans klassisch zubereiten: Mit der Brust nach unten bei 140 °C Ober-/Unterhitze (Umluft 120 °C) ca. 1 Stunde 30 Minuten im Ofen garen, dann 1 weitere Stunde 30 Minuten mit der Brust nach oben. Zuletzt zur Bräunung den Ofen auf 180–190 °C Ober-/Unterhitze (Umluft 160–170 °C) hochschalten und die Haut weitere 20–30 Minuten bräunen.

Für den Mandarinensalat die Früchte schälen und filetieren. Mit Fischsoße, Sesamöl, Salz, Pfeffer, Zucker und Limettensaft marinieren. Sesam in einer Pfanne ohne Fett goldbraun rösten und unterrühren.

Die Gans tranchieren. Mit Rotkohl, Winter-Bun und Mandarinensalat appetitlich anrichten.

6 Personen · Zubereitungszeit: 20 Minuten plus 3 Stunden oder 22 ½ Stunden Garzeit je nach Zubereitungsweise

GEBACKENES

SCHWARZFEDERHUHN

gefüllt mit DUFTENDEN MEDITERRANEN KRÄUTERN

100 g Milchbrötchen vom Vortag	1 kleines Bund Thymian	1 Knoblauchknolle
250 g zimmerwarme Butter	1 kleines Bund Rosmarin	neutrales Öl
Salz	1 kleines Bund Majoran	**Außerdem:**
frisch gemahlener weißer Pfeffer	1 kleines Bund Kerbel	Spritzbeutel
Five-Spice-Gewürzmischung	optional 50 g schwarzer Trüffel	Küchengarn
1 küchenfertiges Schwarzfederhuhn		

Den Backofen auf 80 °C Ober-/Unterhitze (Umluft 60 °C) vorheizen. Die Milchbrötchen grob klein schneiden und im vorgeheizten Backofen ca. 30 Minuten trocknen, dann im Mixer grob zerkleinern.

50 g der Butter erhitzen, bis sie braun wird (Nussbutter). Die Nussbutter zusammen mit der restlichen Butter sowie je 1 Prise Salz, weißem Pfeffer sowie Five-Spice-Gewürz aufschlagen.

In der Zwischenzeit Hühnerflügel am ersten Gelenk abtrennen und für ein anderes Rezept verwenden. Die langen Halslappen vorsichtig mit den Fingern öffnen und die Haut vom Brustfleisch lösen, aber nicht vollständig ablösen – in diese Tasche kommt später die Füllung.

Je ⅔ der Kräuterblättchen und -nadeln abzupfen und sehr fein hacken. Den Trüffel, wenn verwendet, fein hacken. Die Brotbrösel, die Hälfte der gehackten Kräuter und Trüffel vorsichtig unter die Butter heben. Die Masse mit einem Spritzbeutel gleichmäßig unter die gelöste Haut spritzen und von außen behutsam verstreichen. Anschließend die andere Hälfte der gehackten Kräuter mit Salz mischen und das Hähnchen von innen großzügig würzen. Die restlichen ungehackten Kräuter mit dem Küchengarn zu einem dekorativen Kräuterstrauß binden.

Backofen auf 150 °C Umluft vorheizen. Das Huhn mit dem Küchengarn kompakt schnüren und auf ein Backblech setzen. Ca. 1 Stunde 30 Minuten knusprig backen, dabei regelmäßig mit Öl bepinseln. Garprobe machen: Beim Einstechen mit einer Nadel in die Keulen soll der austretende Fleischsaft ganz klar sein, sonst noch etwas weitergaren. Im ausgeschalteten Backofen 15 Minuten ruhen lassen.

Das Huhn mit dem Kräuterbouquet garnieren und servieren. Dazu passen ein Pilaw, gebratene Polenta oder einfach ein großer grüner Salat und Knoblauchbaguette.

4 Personen · Zubereitungszeit: 45 Minuten plus 1 Stunde 30 Minuten Garzeit

LANG GEGARTES

SCHWARZFEDERHUHN

mit APFEL-KORIANDER-*Füllung*

Für die Beilage:

3 kleine rote Zwiebeln

2 TL Salzflocken

2 TL brauner Zucker

750 g Hokkaido-Kürbisfleisch

2 EL Olivenöl

Saft und abgeriebene Schale von ½ Bio-Zitrone

1 Thai-Chilischote nach Belieben

½ Granny-Smith-Apfel

1 kleines Glas eingelegte Silberzwiebeln (190 g)

½ Bund Koriandergrün

3 EL geröstete, ungesalzene Erdnusskerne

Für das Huhn:

1 küchenfertiges Schwarzfederhuhn (1,6–2 kg)

Salz

2 rote Zwiebeln

½ Granny-Smith-Apfel

½ Bund Koriandergrün

½ Thai-Chilischote

abgeriebene Schale von ½ Bio-Zitrone

150 ml Geflügelfond

100 g Butterschmalz

1 TL Currypulver

2 TL edelsüßes Paprikapulver

Honig-Soja-Soße (Seite 299)

Außerdem:

Zahnstocher oder Küchengarn

Für die Beilage rote Zwiebeln schälen, würfeln und mit 1 TL Salzflocken und 1 TL braunem Zucker mischen. Kürbisfleisch grob würfeln und ebenfalls mit 1 TL Salzflocken, 1 TL braunem Zucker sowie Olivenöl und etwas Zitronensaft marinieren. Nach Belieben die fein gehackte Chilischote zufügen. Apfel waschen, achteln, in Scheibchen schneiden und im restlichen Zitronensaft marinieren.

Für das Huhn Ofen auf 160 °C Umluft vorheizen. Flügel, Füße und Bürzel des Huhns entfernen. Das Huhn innen und außen salzen. Die Zwiebeln schälen und grob würfeln, Apfel waschen und grob würfeln, Koriander waschen, trocken schütteln und hacken, Chilischote waschen und fein hacken. Alles mit abgeriebener Zitronenschale vermengen, in das Huhn füllen und das Huhn mit Zahnstocher oder Küchengarn verschließen. In den Bräter legen, den Fond angießen und in den vorgeheizten Ofen schieben.

Butterschmalz in einem kleinen Topf erhitzen, Curry- und Paprikapulver unterrühren. Das Huhn alle 10 Minuten mit der flüssigen Gewürzbutter bepinseln.

Nach ca. 25 Minuten gesalzene und gezuckerte Zwiebeln zum Huhn geben. 5 Minuten später Kürbis und Silberzwiebeln zugeben. Weitere 20 Minuten garen, dann die Temperatur auf 220 °C Umluft erhöhen und das Huhn nochmals 15–20 Minuten (je nach gewünschter Bräune) garen, dabei das Einpinseln nicht vergessen.

Koriander waschen, trocken schütteln und mit dem gegarten Gemüse, den Erdnusskernen und den Apfelstückchen vermengen.

Brust und Keule vom Schwarzfederhuhn lösen und mit Honig-Soja-Soße sowie Kürbisgemüse appetitlich anrichten.

4 Personen · Zubereitungszeit: 1 Stunde 30 Minuten

KAPAUN

mit MARONEN *und* ÄPFELN

1 Granny-Smith-Apfel 2 Schalotten (ca. 100 g) 100 g Staudensellerie 100 g braune Champignons 50 g vorgegarte Maronen 1 kleines Bund Thymian	25 g geröstete Mandelstifte 10 g Salzflocken (z. B. Murray River Salt Flakes) 1 TL grüne Pfefferkörner 250 g Butter plus etwas zum Binden 1 küchenfertiger Kapaun (am besten Dombes von Miéral)	2 TL Salz 100 ml Madeira **Braisierter Chicorée (Seite 303)** **Glasierte Weintrauben nach Belieben (Seite 306)** **Balsamico-Maronen nach Belieben (Seite 303)**

Apfel waschen, vierteln, Kerngehäuse entfernen und würfeln. Schalotten schälen, Sellerie und Champignons waschen und alles würfeln. Maronen ebenfalls würfeln. Thymianblättchen abzupfen.

Apfel, Schalotten, Sellerie, Champignons, Maronen, Thymian und Mandelstifte mit Salzflocken, Pfefferkörnern und 200 g Butter vermengen. Den Kapaun mit der Masse füllen und verschnüren. 500 ml Wasser mit dem Salz und dem Madeira in einen Bräter geben.

Bräter in den nicht vorgeheizten Ofen stellen und den Kapaun bei 150 °C Umluft 1 Stunde 30 Minuten garen. Alle 10 Minuten mit der Flüssigkeit aus dem Bräter übergießen. Dann die Temperatur auf 210 °C Umluft erhöhen und den Kapaun 5 Minuten weiterbräunen, auch hierbei weiter übergießen.

Die Brust auslösen, die Flügel entfernen und beides warmstellen. Die Karkasse mit den Keulen weitere 15 Minuten garen. Zum Schluss die Keulen auslösen. Die Fleischstücke mit restlicher aufgeschäumter Butter übergießen, den aufgefangenen Bratensaft im Topf reduzieren und mit etwas Butter binden. Die Füllung kann als Beilage serviert werden.

Die Brust und die Keulen mit der Füllung, dem braisiertem Chicoreé und nach Wunsch mit Weintrauben sowie Maronen appetitlich anrichten.

6 Personen · Zubereitungszeit: 2 Stunden

GÄNSEBRATEN MIT SOSSE

gefüllt mit ÄPFELN, GEMÜSE *und* KRÄUTERN

1 Gillbachtalgans (4–5 kg, wahlweise 1 Stoppelgans von 3–3,5 kg)	2 rote Zwiebeln	**Wacholder-Vinaigrette (Seite 297)**
1 TL Salz	3 Thymianstiele	**Außerdem:**
1 TL edelsüßes Paprikapulver	3 Salbeistiele	Holzspieße
2 Äpfel	4 Beifußstiele	Küchengarn
2 Stangen Staudensellerie	Salzflocken (z. B. Murray River Salt Flakes)	

Die Gans mit Salz und Paprikapulver einreiben. Äpfel und Sellerie waschen, Zwiebel schälen und alles grob würfeln. Kräuter waschen, trocken schütteln, Blättchen abzupfen und hacken. Gemüse und Kräuter in die Gans füllen. Öffnung mit Holzspießen verschließen und die Keulen locker zusammenbinden.

Backofen auf 180 °C Ober-/Unterhitze (keine Umluft) vorheizen. Die Gans mit der Brustseite nach unten in eine Saftpfanne oder einen Bräter legen, 200 ml Wasser angießen und auf der ersten Schiene von unten 45 Minuten garen. Dann die Gans wenden und 2 Stunden bis 2 Stunden 30 Minuten weitergaren, nach der Hälfte der Garzeit den Bratenfond in ein Gefäß gießen und 15 Minuten vor Ende der Garzeit die Ofentemperatur auf 220 °C Ober-/Unterhitze erhöhen. Die Gans immer wieder mit insgesamt 600 ml leicht gesalzenem Wasser begießen. Für die Zubereitung der leichteren Stoppelgans reduziert sich die Garzeit um ein Drittel.

Gans herausnehmen, den restlichen Fond ebenfalls in das Gefäß gießen. Den Fond vom Fett trennen. Die Gans bei 140 °C Ober-/Unterhitze im Ofen warmhalten. Zum Servieren den Fond mit der vorbereiteten Wacholder-Vinaigrette aufkochen und die Gans mithilfe eines Tranchierbestecks zerteilen. Mit Salzflocken bestreuen.

6 Personen · Zubereitungszeit: 3 Stunden

SOUS-VIDE-GEGARTE

PEKINGENTENBRUST ★

mit BROKKOLI *an* ENTENCONSOMMÉ

Für die Entenconsommé:

200 g Möhren

1 Knoblauchzehe

2,5–2,8 kg Entenkarkassen

2 Scheiben frischer Ingwer plus 30 g frischer Ingwer

80–100 ml salzreduzierte Sojasoße

30–50 ml Ponzusoße (aus dem Asienladen)

100 g Schalotten

20–30 g Zitronengras

2 kleine Limettenblätter

Saft und abgeriebene Schale von ½ Bio-Limette

Salz

Für die Entenbrust:

4 Entenbrüste

ca. ½ TL Quatre Épices (französische Gewürzmischung)

Butter

Salz

Außerdem:

Brokkolisalat (Seite 306)

Brokkolicreme (Seite 301)

Kartoffelwürfel (Seite 304)

Sous-Vide-Gerät und Utensilien

Für die Entenconsommé Möhren schälen und grob zerkleinern, Knoblauch schälen und hacken. Beides mit Entenkarkassen, 2 Scheiben Ingwer, Soja- und Ponzusoße sowie Schalotten in einem Topf mit kaltem Wasser bedecken. Langsam zum Kochen bringen und 3 Stunden bei mittlerer Hitze simmern lassen. Währenddessen immer wieder das Fett abschöpfen. Dann durch ein Tuch passieren und auf mehr als die Hälfte einkochen.

Zitronengras, Limettenblätter, Limettensaft und -schale zugeben, Topf von der Platte ziehen und 10 Minuten ziehen lassen. Durch ein Sieb oder Tuch passieren und mit Salz und Sojasoße abschmecken.

Für die Entenbrust das Fleisch auf der Hautseite kreuzweise einritzen. Brüste 10 Sekunden blanchieren. Etwas Quatre Épices auf der Fleischseite einmassieren und mit einer Flocke Butter vakuumieren. Bei 58 °C für 1 Stunde ins Sous-Vide-Bad geben. Danach in Butter auf der Hautseite kross anbraten und salzen.

Alternative Zubereitung: Den Ofen auf 170 °C Ober-/Unterhitze (160 °C Umluft) vorheizen. Die Haut der Brüste kreuzweise einritzen, leicht salzen und auf der Hautseite in Fett anbraten. Nach 2 Minuten wenden und weitere 2 Minuten braten. Dann im Ofen 9–11 Minuten garen, herausnehmen und 6–7 Minuten ruhen lassen.

Die Pfanne wieder erhitzen, Butterflocken hineingeben und aufschäumen lassen. Etwas Quatre Épices zugeben. Die Entenbrust mit der Haut nach oben einlegen. Mit der schäumenden Butter mehrmals übergießen. Nochmals 2 Minuten ruhen lassen, aufschneiden und salzen.

Entenbrüste aufschneiden und mit Brokkolisalat, Brokkolicreme sowie frittierten Kartoffelwürfeln appetitlich anrichten. Die Consommé kann als Vorspeise gereicht oder zum Hauptgang als Beilage serviert werden. Man kann sie auch als Ersatz für die Soße reichen.

4 Personen · Zubereitungszeit: 1 Stunde 30 Minuten plus 3 Stunden für die Soße

LAMM

So vielseitig ist kaum ein Nutztier: Schafe liefern Fleisch, Milch, Wolle und sind Landschaftspfleger

SCHAFRASSEN

Schafe lassen sich nach ihrer Funktion in vier Arten einteilen: Als Erzeuger saftiger Braten und Koteletts sind Fleischschafe ideal. Sie setzen gutes Muskelfleisch an, stellen aber hohe Ansprüche an ihren Standort und die Fütterung. Es gibt etwa zwei Dutzend populäre Fleischschaf-Rassen. Die bei uns wirtschaftlich unbedeutenden Milchschafe geben mit ihrer Milch die Grundlage für Schafsmilchprodukte, vor allem für Schafskäse. Landschafe werden überwiegend in der Landschaftspflege eingesetzt, um z. B. in Heidegebieten den Grasbewuchs niedrig zu halten. Merinoschafe liefern eine besonders feine und begehrte Wolle und stellen die in Deutschland verbreitetste Rasse dar.

TEXELSCHAF

Die ursprünglich von der niederländischen Nordseeinsel Texel stammenden Tiere sind leicht gedrungen und haben einen kurzen Hals. Das Fell ist hell, der Kopf weiß. Ihr Fleisch zeichnet sich durch eine vergleichsweise geringe Verfettung aus. Von Norddeutschland breiteten sie sich bis in den süddeutschen Raum aus.

DEUTSCHES SCHWARZKÖPFIGES FLEISCHSCHAF

Die am zweithäufigsten in Deutschland vertretene Rasse stammt ursprünglich aus England und kann leicht mit dem britischen Suffolkschaf verwechselt werden. 1870 wurde die Rasse bei uns eingeführt. Die etwas gedrungen wirkenden Tiere zeichnen sich durch einen schwarzen Kopf und schwarze Ohren aus.

DEUTSCHES WEISS-KÖPFIGES FLEISCHSCHAF

Die großen, kräftigen Tiere sind leicht an ihrem toupetartigen Wollbüschel über den Augen zu erkennen. Die Wolle ist sehr hell, der Kopf ganz weiß. Vor allem in Norddeutschland, beispielsweise in den Marschen und im Deichvorland, anzutreffen. Sehr widerstands- und anpassungsfähig.

BLAUKÖPFIGES FLEISCHSCHAF

Man erkennt die ursprünglich aus Frankreich stammenden Tiere »Bleu du Maine« an ihrem blaugrauen Kopf und den graublauen unbewollten Beinen. Sie werden vor allem in Westfalen, Niedersachsen, Hessen und dem Rheinland gehalten, außerdem in den Ardennen und in der Normandie.

CHAROLLAISSCHAFE

Die kräftigen hornlosen weißen Tiere haben einen rosafarbenen Kopf. Sie werden als Fleischlieferant wegen des langen, breiten Rückens, muskulöser Schultern und voller Keulen geschätzt. Sie stammen aus Frankreich und sind bei uns hauptsächlich in Nordrhein-Westfalen anzutreffen, aber auch in Spanien und Portugal.

SUFFOLKSCHAF

Die ursprünglich aus England stammenden Tiere zeichnen sich durch eine sehr gute Schlachtkörperqualität sowie fettarmes und zartes Fleisch aus. Ihre helle Wolle kontrastiert auffällig zum charakteristischen tiefschwarzen Kopf und den schwarzen Beinen. Sie sind in Europa, Neuseeland, Australien und Amerika verbreitet.

LEINESCHAF

Rassemerkmale sind der lange feine Kopf mit schwarzen Augenlidern und seitlich abstehenden Ohren. Die ursprünglich im niedersächsischen Leinetal sowie im Eichsfeld beheimateten Schafe gelten als bedroht, zurzeit existieren nur noch ca. 1600 Zuchttiere. Man sieht sie oft als Herde von Wanderschäfern und auf Koppeln.

LAMMCHOPS

mit BOHNEN-KARTOFFEL-SALAT

Für die Lammchops:

1 TL gemahlener Koriander

1 EL durchgepresster Knoblauch

1 EL brauner Zucker

1 EL getrockneter Rosmarin

1 EL frisch gemahlener schwarzer Pfeffer

1 TL Cayennepfeffer

1 TL Salz

1 TL abgeriebene Schale von 1 Bio-Zitrone

1 EL Aceto balsamico

100 ml Olivenöl plus etwas zum Bestreichen

1,2 kg Lammkoteletts

150 g grüne Spitzpaprika

100 g Bratpaprika (Pimientos de Padrón)

Salz

Für den Bohnensalat:

700 g festkochende Kartoffeln

Salz

250 g grüne Bohnen

1 TL Instant-Gemüsebrühe

4 Schalotten

2 EL Weißweinessig

1 TL Senf

Salz

frisch gemahlener schwarzer Pfeffer

3 TL neutrales Öl

1 TL getrocknetes Bohnenkraut

Für die Lammchops Koriander, Knoblauch, Zucker, Rosmarin, Pfeffer, Cayennepfeffer, Salz, abgeriebene Zitronenschale, Aceto balsamico und Olivenöl zu einer Marinade verrühren. Mit den Lammkoteletts in 1 oder 2 Gefrierbeutel geben und die Marinade behutsam in das Fleisch einmassieren (dabei nicht den Beutel perforieren!). Mindestens 4 Stunden gekühlt ruhen lassen, dann 30 Minuten Zimmertemperatur annehmen lassen.

Den Ofen auf 200 °C Ober-/Unterhitze (180 °C Umluft) vorheizen. Paprika halbieren, entkernen, waschen, trocknen und mit etwas Olivenöl bestreichen. Zusammen mit den Lammkoteletts auf ein Blech legen und im Ofen ca. 10 Minuten garen, einmal wenden. Mit Salz bestreuen.

Für den Bohnensalat die Kartoffeln schälen und in Scheiben schneiden. In Salzwasser 8–10 Minuten kochen. Dann die Bohnen waschen, putzen, zufügen und weitere 5 Minuten kochen, bis die Kartoffeln gar und die Bohnen bissfest sind. Abschütten, dabei 6 EL Flüssigkeit auffangen, mit möglichst kaltem Wasser wieder auffüllen und erneut abschütten. Gut abtropfen lassen.

Schalotten schälen und würfeln. Brühe mit der warmen Kochflüssigkeit, Schalotten, Essig, Senf, Salz und Pfeffer verrühren. Öl und Bohnenkraut zufügen. Dressing unter die Kartoffel-Bohnen-Mischung heben.

Lammchops mit dem Bohnensalat auf Teller geben.

4 Personen · Zubereitungszeit: 30 Minuten plus 4 Stunden 30 Minuten Marinier- und Ruhezeit

LAMMKRONE

mit **MEDITERRANEM** *Wildkräutersalat*

1 Lammkarree (600 g, am besten vom Limousinschaf) Fett zum Braten 1 Ciabatta Olivenöl je 1 gelbe, rote und grüne Paprika 80 g Feta	1 Schale Wildkräutersalat (z. B. junger Spinat, Feldsalat, Mangold, Rauke) getrocknete Tomaten (aus dem Glas), Menge nach Wunsch Salz frisch gemahlener schwarzer Pfeffer	Zucker alter Aceto balsamico 20 g Kapern mildes Chilipulver **Außerdem:** Küchengarn

Den Backofen auf 120 °C Ober-/Unterhitze (Umluft 100 °C) vorheizen. Das Lammkarree von allen Seiten in etwas Fett anbraten und mit Küchengarn rund zusammenbinden. Dann im vorgeheizten Ofen 25–40 Minuten je nach Beschaffenheit und Dicke des Fleischstückes bis zu einer Kerntemperatur von 52 °C garen. Aus dem Ofen nehmen und mindestens 5 Minuten ruhen lassen.

In der Zwischenzeit das Ciabatta grob zerzupfen und in einer Pfanne in Olivenöl rundum anrösten. Die Paprika halbieren, putzen, waschen und in Streifen schneiden. Feta würfeln, Wildkräutersalat waschen und trocken schleudern. Tomaten abtropfen lassen und fein schneiden. Paprika, Feta, Wildkräutersalat und Tomaten in einer Schüssel mit Salz, Pfeffer, Zucker, Olivenöl und dem Aceto balsamico anmachen.

Die Kapern abtropfen lassen, in 170 °C heißem Fett in einer kleinen Pfanne frittieren und mit dem Chilipulver würzen.

Zum Anrichten die Lammkrone in die Mitte jedes Tellers setzen, mit dem gerösteten Brot umlegen und darauf den Salat verteilen. Zuletzt Kapern aufstreuen.

4 Personen · Zubereitungszeit: 50 Minuten

SOUS-VIDE-GEGARTE

LAMMRIPPCHEN ★

mit EINEM HAUCH *von* ORIENT *und* RAUCH

Für den Rub:

20 g Korianderkörner

2 Nelken

5 g frisch gemahlener schwarzer Pfeffer

3 g Kreuzkümmel

5 g Anissamen

10 g edelsüßes Paprikapulver

10 g Thymianblättchen

15 g gehackter Knoblauch

15 g Hickory-Rauchsalz

Low & Slow BBQ-Soße (wahlweise eine andere BBQ-Soße)

Für das Fleisch:

ca. 2 kg Lammrippchen

Außerdem:

Sous-Vide-Gerät und Utensilien

Für den Rub alle Würzzutaten bis auf Rauchsalz und BBQ-Soße mixen. Dann das Rauchsalz einrühren.

Die Rippchen in der Mitte halbieren und gut mit dem Rub einreiben. 6 Stunden marinieren lassen, dann den überschüssigen Rub leicht abklopfen.

Nun die Rippchen vakuumieren und 16 Stunden bei 68 °C im Sous-Vide-Bad garen. Herausnehmen, mit der BBQ-Soße bestreichen und im Ofen oder auf dem Grill noch einmal kurz erhitzen.

Zu den Rippchen entweder Pommes frites und geröstete Paprika (lassen sich wie das Fleisch notfalls mit den Fingern essen) oder ein orientalisches Gemüse-Couscous servieren.

4 Personen · Zubereitungszeit: 20 Minuten plus 22 Stunden Ruhe- und Garzeit

OFFENE LAMMBRIES-RAVIOLI ★

mit ESSIGGURKEN *und* FRITTIERTEN SCHALOTTEN

Für den Nudelteig:

160 g Eigelb (8–10 Stück)

160 g doppelgriffiges Mehl (Strudel- oder Instantmehl)

1 EL Olivenöl

frisch geriebene Muskatnuss

Salz

Für das Ragout:

500 g Lammbries

neutrales Öl zum Braten

1 Möhre

¼ Knollensellerie

2 Essiggurken mit Einlegesud

1 Bund glatte Petersilie

400 ml Kalbsjus

Salz

frisch gemahlener schwarzer Pfeffer

2 Schalotten

Für den Nudelteig alle Zutaten gut verkneten und straff in Frischhaltefolie wickeln. 4 Stunden ruhen lassen. Dann den Teig ausrollen und in Kreise mit ca. 8 cm Durchmesser oder Quadrate mit 7 x 7 cm ausstechen oder ausschneiden. Kurz in siedendem Salzwasser blanchieren, gut abtropfen lassen und warm halten.

Für das Ragout das Bries putzen (von der Haut befreien) und in kleine Röschen teilen. Das Bries in einer Pfanne in Öl scharf anbraten und auf einem Sieb abtropfen lassen. Möhre und Sellerie schälen und fein würfeln. Die Essiggurken fein würfeln. Die Petersilie waschen, trocken schütteln und fein hacken.

In derselben Pfanne Möhren, Sellerie und Essiggurken in Öl sanft erhitzen. Die Jus angießen, wenn die Gemüse knackig gar sind, und langsam sämig einkochen. Das Bries in die Soße geben und noch einmal aufkochen. Die Petersilie hineingeben.

Bries mit Salz, Pfeffer und Essiggurkenwasser abschmecken. Die Schalotten schälen, in Ringe schneiden und in 170 °C heißem Öl in einer Pfanne frittieren.

Die warmen Nudelblätter mit dem Ragout füllen und dekorativ auf Teller setzen. Die offenen Ravioli mit den frittierten Schalotten garnieren.

4 Personen · Zubereitungszeit: 40 Minuten plus 4 Stunden Ruhezeit

LAMMKEULE

mit TOMATEN-GREMOLATA *und* KRÄUTER-DRILLINGEN

Für das Lamm:

1 Lammkeule (2,3–3 kg; am besten vom Vogelsberger Schaf)

Salz

Zucker

1 Rosmarinzweig

1 Thymianzweig

Für die Drillinge:

1,5 kg Drillinge (kleine neue Kartoffeln)

3 Knoblauchzehen

2 Rosmarinzweige

2 Thymianzweige

Salz

Olivenöl

Für die Tomaten-Gremolata:

25 g Pinienkerne

120 ml Olivenöl

150 g getrocknete Tomaten (aus dem Glas)

100 g Oliven (am besten Kalamataoliven)

50 g Petersilie

10 g Koriandergrün

10 g Basilikum

Salz

frisch gemahlener schwarzer Pfeffer

Außerdem:

Küchengarn

Für das Lamm den Backofen auf 130 °C Ober-/Unterhitze (Umluft 110 °C) vorheizen. Das Keulenfleisch am Stück vom Knochen lösen. Mit Salz und Zucker im Verhältnis 5:1 würzen. Rosmarinnadeln und Thymianblättchen abzupfen und über das Fleisch streuen. Fleisch zusammenrollen und mit Küchengarn binden. Die Keule im vorgeheizten Ofen auf einem Backrost 1 Stunde 15 Minuten garen. Danach herausnehmen und den Backofen auf 220 °C Umluft aufheizen.

In der Zwischenzeit die Drillinge waschen und halbieren. Den Knoblauch schälen und hacken, Rosmarinnadeln und Thymianblättchen abzupfen. Kartoffeln mit Knoblauch, Kräutern, Salz und Olivenöl vermischen und alles in einen Bräter geben. Die vorgegarte Lammkeule auf die Kartoffeln setzen und ca. 30 Minuten garen.

Für die Tomaten-Gremolata die Pinienkerne in einer Pfanne in heißem Olivenöl leicht bräunen. Getrocknete Tomaten abtropfen lassen und fein schneiden. Oliven entsteinen und halbieren, Kräuter waschen, trocken schütteln und hacken. Alles vermischen und mit Salz und Pfeffer abschmecken.

Lammkeule tranchieren, die Kartoffeln, wenn nötig, noch etwas weitergaren, dann kurz abtropfen lassen.

Fleisch mit Kartoffeln und Gremolata appetitlich anrichten.

8 Personen · Zubereitungszeit: 20 Minuten plus 1 Stunde 45 Minuten Garzeit

GESCHMORTE

LAMMSCHULTER

mit KORIANDERSPINAT

Für das Lamm:

1,6 kg Lammschulter

200 g Möhren

200 g Knollensellerie

½ Staudensellerie

4 Champignons

3 Schalotten

3 Knoblauchzehen

Butterschmalz zum Braten

200 ml trockener Rotwein

5 kleine Lorbeerblätter

10 g schwarzer Pfefferkörner

6–8 Wacholderbeeren

1 EL Salzflocken (z. B. Murray River Salt Flakes)

Zucker

100 ml passierte Tomaten

1 Boskop-Apfel

3 Majoranstiele

225 ml Lammfond

etwas Butter nach Bedarf

Für den Spinat:

2 Schalotten

1 EL fein geschnittene Korianderblätter

1 EL Butterschmalz

frisch gemahlener schwarzer Pfeffer

Salz

1 Msp. gemahlener Koriander

250 g junge Spinatblätter

Lammschulter 2 Stunden Zimmertemperatur annehmen lassen. Gemüse und Pilze nach Bedarf schälen, putzen und mit dem Knoblauch in kleine Stücke schneiden. In Butterschmalz in einer Pfanne anbraten und mit einem Schuss Rotwein ablöschen. Lorbeerblätter, Pfeffer und Wacholderbeeren dazugeben und einkochen lassen.

Die Lammschulter von Sehnen, Häuten und Fett befreien, die Abschnitte aufheben. Mit Salzflocken und Zucker würzen. Eine Pfanne auf starke Hitze bringen, das Fleisch in Butterschmalz scharf anbraten, dann in einen Bräter legen.

Den Backofen auf 150 °C Ober-/Unterhitze (Umluft 130 °C) vorheizen. Die Abschnitte in derselben Pfanne anbraten, gebratenes Gemüse und passierte Tomaten dazugeben und einköcheln lassen. Apfel waschen, reiben und mit dem Majoran in die Pfanne geben. Mit dem Lammfond auffüllen. Den Inhalt der Pfanne über die Lammschulter gießen. Mit Backpapier gut abdecken und ohne Deckel im vorgeheizten Ofen ca. 2 Stunden 30 Minuten garen. Nach der Hälfte der Zeit das Backpapier entfernen.

Für den Spinat Schalotten schälen und fein hacken. Den Koriander in Butterschmalz anrösten, die Schalotten sanft mitgaren, leicht salzen. Spinat waschen und abtropfen lassen. Die Hitze erhöhen und Spinatblätter zugeben. Salzen, pfeffern und mit Koriander würzen. Kochflüssigkeit vor dem Anrichten abgießen.

Lammknochen aus dem Fleisch lösen. Schulter auf einen Teller setzen, mit einer Lage Backpapier sowie Alufolie abdecken und warm stellen.

In der Zwischenzeit den Schmoransatz passieren und einkochen, ggf. mit etwas Butter binden. Die Schulter portionieren und kurz in der Soße erhitzen. Schulterfleisch mit Soße auf Teller verteilen und Korianderspinat sowie Kartoffeln nach Wahl, z. B. Rosmarinkartoffeln, dazugeben.

4 Personen · Zubereitungszeit: 40 Minuten plus 2 Stunden 30 Minuten Garzeit

LAMMLACHS IM BROTMANTEL ★

mit BOHNENCASSOULET *und* FEINER PAPRIKACREME

Für das Cassoulet:

200 g getrocknete Wachtel- oder Augenbohnen (wahlweise andere kleine weiße Bohnen)

60 g Speck

30 g Butter

150 ml Geflügelfond

200 g dicke grüne Bohnenkerne

150 g Möhren

150 g Knollensellerie

Für die Paprikacreme:

500 g rote Paprika

500 g gelbe Paprika

20 ml Olivenöl

Salz

Zucker

frisch gemahlener schwarzer Pfeffer

Für das Fleisch:

1 Lammlachs (550–650 g)

4–8 Scheiben Tramezzini (wahlweise Kastenweißbrot in langen randlosen Scheiben)

Salz

frisch gemahlener schwarzer Pfeffer

Olivenöl

100 g Hühnerbrust

100 g Sahne

1 Rosmarinzweig

1 Thymianzweig

1 Petersilienstiel

frisch geriebene Muskatnuss

Für das Cassoulet die kleinen weißen Bohnen über Nacht einweichen, dann die Schalen entfernen. Den Speck würfeln und die Bohnen in einem Topf in Butter und Speck anschwitzen, dann im Fond weich garen, anschließend abgießen.

Die dicken Bohnen blanchieren, in Eiswasser abschrecken und die Bohnenkerne aus den Schalen drücken. Möhren und Sellerie schälen und würfeln. Alle Bohnen mit Möhren und Sellerie kurz in Butter anschwitzen, bis die Bohnenkerne ihren mehligen Charakter verloren haben.

Für die Paprikacreme den Grill auf 250 °C vorheizen. Paprika entkernen, halbieren, waschen und mit Olivenöl, Salz und Zucker würzen. Mit der Schale nach oben auf ein Blech verteilen und unter dem Grill schwarz rösten. Die Schale mit einem Messer abkratzen. Paprika mit Olivenöl fein mixen und mit Salz und Pfeffer abschmecken.

Für das Fleisch Lammlachse der Länge nach halbieren und die Streifen in Größe der Trammezzini schneiden. Mit Salz und Pfeffer würzen und in Olivenöl scharf anbraten.

Hühnerbrust und Sahne im Mixer zu einer Farce pürieren. Kräuterblättchen und -nadeln abzupfen und die Farce mit Kräutern, Salz, Pfeffer und Muskat würzen. Tramezzini mit einem Nudelholz flach rollen.

Den Backofen auf 120 °C Ober-/Unterhitze (Umluft 100 °C) vorheizen. Die Farce auf dem Brot verteilen und Lammlachs darin einwickeln. Die Rolle in reichlich Olivenöl bräunen und im vorgeheizten Ofen rund 20 Minuten garen. Das Fleisch aus dem Ofen nehmen, wenn es eine Kerntemperatur von 40 °C erreicht hat, und ruhen lassen. In der Ruhephase soll die Kerntemperatur auf 54 °C ansteigen. Die Rolle aufschneiden. Mit Bohnencassoulet und Paprikacreme appetitlich anrichten.

2–4 Personen · Zubereitungszeit: 1 Stunde plus Einweichzeit über Nacht und 20 Minuten Garzeit

MARINIERTES

LAMMVORDERVIERTEL

mit OFENGEMÜSE *und* ROSMARINKARTOFFELN

Für das Fleisch:	Salz	**Für die Speckbohnen:**
1 Lammvorderviertel (2–2,5 kg)	400 g Wurzelgemüse (Sellerie, Möhren, Zwiebel, Petersilienwurzel)	400 g Prinzessbohnen
10 Knoblauchzehen	1 EL Tomatenmark	Salz, Olivenöl
2 Rosmarinzweige	700 ml trockener Rotwein	4 lange Streifen durchwachsener Speck
2 kleine getrocknete Chilis	500 ml Lammfond (wahlweise Fleischfond)	1 rote Zwiebel
2 EL scharfer feiner Senf	2–3 Lorbeerblätter	1 TL gehacktes Bohnenkraut
2 EL geschroteter Pfeffer	Speisestärke nach Bedarf	2 EL Weißweinessig
Olivenöl		4 EL Gemüsebrühe
2 EL Sojasoße		frisch gemahlener schwarzer Pfeffer

Für das Fleisch nur die besonders dicken Fettpartien vom Vorderviertel abschneiden. Den Knoblauch schälen und in Stifte schneiden, die Rosmarinnadeln abzupfen und fein hacken, die Chilischote ebenfalls fein hacken.

Mit einem spitzen Messer kleine Einstiche in das Fleisch machen und Knoblauchstifte hineinstecken. Aus Rosmarin, Senf, Pfeffer, Chili, etwas Olivenöl und Sojasoße eine Marinade rühren. Das Fleisch damit rundum bestreichen und ein paar Stunden, am besten über Nacht, gekühlt ruhen lassen. Herausnehmen und mit Salz bestreuen.

Den Ofen auf 200 °C Umluft vorheizen. Wurzelgemüse schälen, grob zerkleinern und in einem Bräter in Olivenöl kurz, aber scharf anbraten. Dann das Tomatenmark einrühren. Mit 200 ml Wasser und etwas Rotwein ablöschen. Das Fleisch daraufsetzen und den Bräter 1 Stunde abgedeckt in den Ofen stellen.

Dann den restlichen Rotwein, den Fond und die Lorbeerblätter hineingeben. Deckel wieder auflegen, die Ofentemperatur auf 120 °C Umluft reduzieren und das Fleisch für weitere 3 Stunden garen. Herausnehmen und warm stellen. Die Soße entfetten, durch ein Sieb passieren, abschmecken und evtl. mit Stärke binden.

In der Zwischenzeit die Bohnen waschen, putzen und in Salzwasser 8 Minuten garen. Abgießen, kalt abschrecken und gut abtropfen lassen. In 4 Portionen teilen und jede Bohnenportion mit Speck umwickeln.

Bohnenpäckchen in Öl rundherum anbraten, herausnehmen und warm halten. Die Zwiebel schälen, hacken und mit Bohnenkraut kurz im Bratenfett anschwitzen. Mit Essig und Brühe ablöschen. Mit Salz und Pfeffer abschmecken.

Fleisch von den Knochen schneiden und auf Teller verteilen. Die Bohnenpäckchen dazulegen und alles mit der Specksoße servieren. Dazu passen Pommes frites (Seite 304) oder Drillinge aus dem Salzbett (Seite 305).

4 Personen · Zubereitungszeit: 40 Minuten plus 4 Stunden Garzeit

MIT PIMENT GEWÜRZTE

ROSA GEKOCHTE LAMMKEULE

mit SALSA VERDE

Für das Fleisch:

1 Lammkeule mit Knochen (ca. 1,6 kg)

2 Zwiebeln

3 Möhren

1 Bund Suppengrün

2 Lorbeerblätter

3 Thymianzweige

10 Pimentkörner

2 TL Salz

frisch gemahlener schwarzer Pfeffer

Für die Salsa verde:

2 EL Kapern

4 Cornichons (aus dem Glas)

2 Schalotten

2 Knoblauchzehen

5 EL gehackte Kräuter (z. B. Schnittlauch, Petersilie, Basilikum, Thymian, Rosmarin, Kerbel, Estragon, Minze)

1 EL Dijonsenf

Saft von ½ Zitrone

100 ml Olivenöl

Salz

frisch gemahlener schwarzer Pfeffer

Für das Fleisch Fett und Häute von der Keule abschneiden. Zwiebeln, Möhren und Suppengrün schälen, putzen und grob zerkleinern. Mit Lorbeerblättern, Thymianzweigen und Pimentkörnern in einen weiten Topf oder Bräter geben. Die Lammkeule darauflegen, mit Wasser bedecken und mit Salz und Pfeffer würzen.

Den Bräter schließen und das Wasser kurz aufkochen lassen. Dann das Fleisch bei niedriger Hitze sanft köcheln lassen. Pro Kilogramm Fleisch mit 30 Minuten rechnen – bei 1,6 kg also 48 Minuten, dann ist das Fleisch noch dunkelrosa. Nach Bedarf also etwas länger im Wasser lassen. Keule aus dem Kochsud nehmen und in Alufolie wickeln. Noch 30 Minuten, eingepackt und etwas warm gestellt, ruhen lassen.

Für die Salsa verde Kapern und Cornichons fein hacken, Schalotten und Knoblauch schälen und ebenfalls fein hacken. In einer Schüssel vermischen und mit Kräutern, Senf, Zitronensaft und Olivenöl verrühren. Mit Salz und Pfeffer würzen.

Das Fleisch vom Knochen schneiden und auf Teller verteilen. Etwas Salsa daraufgeben, den Rest getrennt reichen. Dazu passen Speckbohnen (siehe Seite 250) und Couscous (siehe Seite 254) oder Bratkartoffeln.

4 Personen · Zubereitungszeit: 1 Stunde plus 30 Minuten Ruhezeit

LAMMKEULE GRIECHISCHE ART

mit ZITRUSSÄURE *und mitgegarten* KLEINEN KARTOFFELN

1 Lammkeule (1,5–1,8 kg) 6–8 Knoblauchzehen Saft von 2 Limetten	Salz frisch gemahlener schwarzer Pfeffer	1 kg festkochende Drillinge (kleine neue Kartoffeln) 150 g Butter

Von der Lammkeule Fett entfernen. Knoblauch schälen und in Stifte schneiden. Mit einem spitzen Messer kleine Einstiche in das Fleisch machen und die Knoblauchstifte hineinstecken. Die Lammkeule mit etwas Limettensaft einreiben. Mit Salz und Pfeffer großzügig einreiben.

Den Backofen auf 200 °C Ober-/Unterhitze (180 °C Umluft) vorheizen. Die Drillinge schälen und die Butter in einem kleinen Topf zerlassen. Lammkeule in eine ofenfeste Form setzen und die Drillinge mit etwas zerlassener Butter rund um das Fleisch anordnen. Kartoffeln mit Salz und Pfeffer bestreuen und mit dem restlichem Limettensaft beträufeln. Restliche zerlassene Butter über das Fleisch und die Kartoffeln geben. 200 ml Wasser zufügen und alles für 1 Stunde 30 Minuten in den Ofen stellen. Evtl. noch etwas Wasser zugießen. Während des Garens gelegentlich mit dem Fond begießen.

Lammkeule tranchieren und das Fleisch mit Kartoffeln und Bratfond auf Teller verteilen. Dazu einen Tomatensalat servieren.

6 Personen · Zubereitungszeit: 30 Minuten plus 1 Stunde 30 Minuten Garzeit

LAMM-TAJINE

mit COUSCOUS

Für das Fleisch: 1 kg Lammfleisch vom Hals (mit Knochen) Salz 1 große Zwiebel 1 EL Sonnenblumenöl 1 Zimtstange	6 Nelken 300 g getrocknete Aprikosen 300 g Sultaninen je ½ EL Cayennepfeffer, Kurkuma, Kardamom, Muskatnuss 1 gehäufter EL Zucker	**Für den Couscous:** 50–100 ml Olivenöl und/oder Butter 370 g Couscous 750 ml kochende Brühe oder Wasser 1 Prise Salz

Das Lamm in 4 cm große Würfel schneiden und gut salzen. Die Zwiebel schälen und im Ganzen mit dem Fleisch in einen großen Topf geben. Sonnenblumenöl und soviel Wasser zugeben, dass das Fleisch knapp bedeckt ist. 45–50 Minuten köcheln lassen.

Dann Zimtstange, Nelken und die Hälfte der Aprikosen sowie die Sultaninen zufügen. Gewürze vermischen und ¾ davon mit dem Zucker einrühren. Weitere 10–15 Minuten köcheln lassen. Am Ende der Garzeit mit den Gewürzen und Salz abschmecken.

Für den Couscous Olivenöl bzw. Butter mit Couscous in einer Schüssel kurz vermengen. Brühe oder Wasser zugeben, kurz umrühren und mit einem Deckel oder Frischhaltefolie gut abdecken. 5 Minuten quellen lassen. Mit einer Gabel – oder, wenn möglich, mit den Händen – auflockern. Mit Salz würzen.

Auf einer Servierplatte die restlichen Aprikosen auf den Rand legen. Das Lamm in die Mitte geben. Den Couscous getrennt reichen.

4 Personen · Zubereitungszeit: 20 Minuten plus 1 Stunde Garzeit

SHISH KEBAB

mit TABOULEH

Für den Kebab:	2 TL Salz	1 Bund frische Minze
800 g–1 kg Lamm aus der Schulter ohne Fett und Häute	Rapsöl zum Bestreichen	Saft von 1 Zitrone
1 EL gemahlener Kreuzkümmel	**Für das Tabouleh:**	5 EL Olivenöl
½ TL gemahlener Piment	150 g Bulgur (Weizengrütze)	Salz
½ TL Zimtpulver	1 l kochende Gemüsebrühe	frisch gemahlener schwarzer Pfeffer
1 TL Knoblauchgranulat	4 Tomaten	**Außerdem:**
1 TL Zwiebelgranulat	1 Salatgurke	4 große Kebabspieße
frisch gepresster Zitronensaft	1 rote Zwiebel	Öl für die Spieße
	1 Bund glatte Petersilie	

Für den Kebab die Lammschulter in etwa 3 cm große Würfel schneiden. Gewürze, bis auf das Salz, und etwas Zitronensaft mischen und mit dem Fleisch gut vermengen. Über Nacht, gekühlt und abgedeckt, ruhen lassen. Lammfleisch salzen und auf geölte Spieße stecken. Vor dem Grillen mit etwas Rapsöl bestreichen.

Ofen bzw. Grill auf 200 °C Ober-/Unterhitze (keine Umluft) vorheizen. Spieße von jeder Seite etwa 8 Minuten grillen. Spieße zum Servieren mit etwas Zitronensaft beträufeln.

Für das Tabouleh den Bulgur in einer Schüssel mit Brühe übergießen und 30 Minuten quellen lassen. Tomaten waschen, entkernen und würfeln, Salatgurke schälen und würfeln, Zwiebel schälen und in Halbmonde schneiden, Kräuter waschen, trocken schütteln, die Blätter abzupfen und grob zerzupfen.

Den Bulgur abgießen und abkühlen lassen. Gemüse und Kräuter unterheben und mit Zitronensaft und Olivenöl vermischen. Salzen und pfeffern. Spieße mit frisch zubereitetem Tabouleh auf Teller verteilen.

4 Personen · Zubereitungszeit: 40 Minuten plus Marinierzeit über Nacht

LAMMKÖFTE

mit AUBERGINEN *und* TAHINSOSSE

Für die Köfte:	400 g mageres Lammhack	**Für die Tahinsoße:**
2 Auberginen	1 kleines Ei	1 Knoblauchzehe
Olivenöl	¾ TL gemahlener Piment	1½ EL frisch gepresster Zitronensaft
Salz	¾ TL gemahlener Kreuzkümmel	60 g Tahin (Sesammus)
1 Knoblauchzehe	2 EL gehackte Petersilie	2 EL gehackte Petersilie
frisch gemahlener schwarzer Pfeffer	2 EL Semmelbrösel	Granatapfelkerne zum Bestreuen

Für die Köfte den Backofengrill auf die höchste Stufe stellen. Auberginen waschen, halbieren und mit dem Messer mehrmals einschneiden. Auf ein Blech legen, mit etwas Öl beträufeln, leicht salzen und ca. 30 Minuten garen. Dabei ein- bis zweimal wenden.

Herausnehmen, wenn das Auberginenfleisch schön weich ist, und erkalten lassen. Den Knoblauch schälen und durchpressen. Das Auberginenfruchtfleisch mit einem Löffel von der Schale lösen, evtl. noch etwas zerdrücken und zusammen mit etwas Olivenöl, Salz, Pfeffer und Knoblauch zu einer puddingartigen Masse verrühren. 1 Stunde durchziehen lassen.

Dann Auberginenmasse mit Hackfleisch, noch etwas Öl, dem verquirlten Ei, Gewürzen, Petersilie und Semmelbröseln gut vermengen und würzig abschmecken. Zu kleinen oder großen Frikadellen formen. Abgedeckt etwa 30 Minuten ruhen lassen. Dann die Köfte in einer Pfanne bei mäßiger Hitze in etwas Öl von beiden Seiten durchbraten.

Für die Tahinsoße Knoblauch schälen und durchpressen. Mit Zitronensaft, Tahin, 1 EL Petersilie und 50 ml Wasser in eine Schüssel geben und verrühren, bis eine weiche, leicht flüssige Paste entstanden ist.

Köfte auf eine Servierplatte legen und die Soße darauflöffeln. Mit Granatapfelkernen und restlicher Petersilie bestreuen. Dazu Fladenbrot servieren.

2–4 Personen   Zubereitungszeit: 50 Minuten plus 30 Minuten Ruhezeit

SHEPHERD'S PIE

nach IRISCHEM VORBILD

500 g mageres Lammhack (wahlweise mit etwas Rinderhack gemischt)	1 TL gehackte Rosmarinnadeln	1,2 kg Kartoffeln
Olivenöl plus etwas für die Form	20 g Mehl	100–120 ml Milch plus 1 EL Milch
1 Zwiebel	250 ml Brühe	50 g Butter
3 Knoblauchzehen	400 g gehackte Tomaten (aus der Dose)	frisch geriebene Muskatnuss
3 Möhren	Salz	250 g Erbsen (frisch oder TK)
	frisch gemahlener schwarzer Pfeffer	1 Eigelb

Das Hackfleisch in Olivenöl gut anbraten. Zwiebel, Knoblauch und Möhren schälen. Zwiebel und Knoblauch fein hacken, Möhre in dünne Scheiben schneiden. Knoblauch, Möhren, Zwiebel und Rosmarin zum Hackfleisch geben und kurz mitbraten.

Das Mehl unterrühren, dann auch Brühe und Tomaten hinzugeben und gut verrühren. Die Temperatur etwas herunterschalten und alles 20–30 Minuten köcheln lassen. Mit Salz und Pfeffer würzen.

Kartoffeln schälen, würfeln, in Salzwasser garen und fein stampfen. Mit 100–120 ml Milch und Butter zu einer geschmeidigen Masse verrühren und mit Pfeffer, Salz und Muskat würzen.

Ofen auf 180 °C Ober/Unterhitze (160 °C Umluft) vorheizen.

Die Erbsen zu der Fleischmasse geben. Eine ofenfeste Form einfetten und das Hackfleisch hineingeben. Die Kartoffelmasse mit einem Löffel behutsam auf der Fleischmasse verteilen. Eigelb und 1 EL Milch verquirlen und auf die Kartoffelmasse streichen. Ca. 30 Minuten im Ofen goldbraun backen und sofort servieren.

4–6 Personen · Zubereitungszeit: 45 Minuten plus 30 Minuten Garzeit

STAUB
STAUB

WILD

Von Hirsch bis Hase reicht die Palette der kulinarisch bedeutsamen Wildtiere

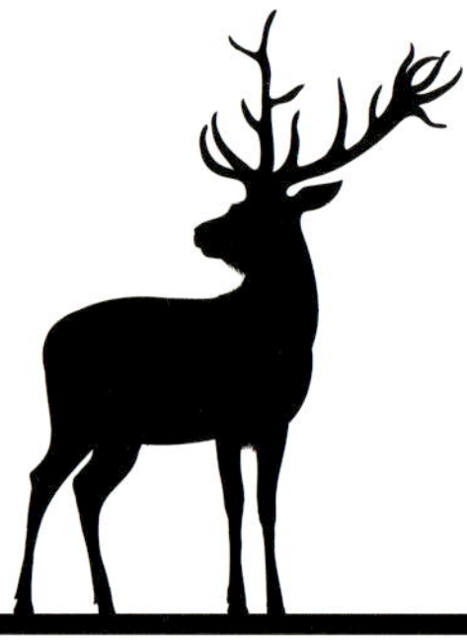

WILDARTEN

In unseren heimischen Naturrevieren leben etwa zwei Dutzend Tierarten, die dem Haarwild zugeordnet werden. Der Begriff Haarwild weist darauf hin, dass diese Tiere ein Fell tragen. Dazu zählen Schwarz-, Rot-, Dam-, Muffel- und Rehwild, aber auch Luchse, Füchse, Seehunde, Fischotter und weitere mehr. Nur die im Folgenden beschriebenen Arten dürfen gejagt und als Fleischprodukt in den Handel gebracht werden.

Bei Wildgeflügel, das bejagt werden darf, spielen lediglich Enten und Fasane eine erwähnenswerte Rolle. Rebhühner, Tauben und andere mehr kommen eher selten aus der freien Wildbahn auf den Tisch.

Die Bestandszahlen wurden den Angaben der Deutschen Wildtierstiftung entnommen. Gewichtsangaben beziehen sich auf den ausgeweideten, d.h. ausgenommenen Körper.

ROTWILD

Die in Europa größte Hirschart hat sich vor Urzeiten aus Zentralasien kommend nach Westen und Osten ausgebreitet. Hirschkälber wiegen bis zu 35 Kilo, die männlichen einjährigen sogenannten Schmalspießer und weiblichen Schmaltiere bis zu 65 Kilo, ausgewachsenes Rotwild kann 200 Kilo oder noch mehr wiegen. Bestand: 220.000 Tiere.

REHE

Das Reh ist die in Europa häufigste und kleinste Art der Hirsche und wird zur Unterscheidung vom Sibirischen Reh auch Europäisches Reh genannt. Zur weitläufigen Verwandtschaft gehören Ren, Elch, amerikanischer Weißwedelhirsch und Rothirsch. Die Wiederkäuer ernähren sich von eiweißreichem Futter, bevorzugt von Kräutern, Blättern, Beeren und Wildrosen. Bestand: 2,5 Millionen Tiere.

DAMHIRSCHE

Damwild kam im 11./12. Jahrhundert erstmals von Dänemark, breitete sich bis Bayern aus und galt immer als guter Fleischlieferant. Es ist deutlich größer als Rehe, hat aber vergleichbare kulinarische Eigenschaften. Es eignet sich sehr gut zur Gatterhaltung und stellt einen neueren landwirtschaftlichen Betriebszweig dar. Beim Händler deshalb auf die Herkunft achten.

FELDHASEN

Der Feldhase ist auf fast allen Kontinenten anzutreffen. Der Bestand wird auf drei Millionen Exemplare geschätzt, ist aber rückläufig und gilt daher heute als bedroht. Neben echten Wildhasen wird überwiegend Tiefkühlware aus argentinischen Großbetrieben angeboten, doch die Güte dieser Produkte weicht von der Qualität der Tiere aus freier Wildbahn ab.

MUFFELWILD

Mufflons sind in Gebirgslandschaften auf steinigen, trockenen Böden zu Hause. Die europäischen Wildschafe kamen erst Anfang des 19. Jahrhunderts aus Korsika und Sardinien nach Mitteleuropa und verbreiteten sich bis in den hohen Norden. Ihr Fleisch wird als das feinste Wildbret geschätzt. Unklar ist, ob Mufflons Vorfahren oder Nachkommen des Hausschafs sind.

GAMSWILD

Die zu den Wildziegen gehörende Art lebt in Gebirgslandschaften und ist etwas kleiner als das Mufflon. Gämsen kommen bei uns in den Alpen vor und leben vereinzelt auch im Schwarzwald und der Schwäbischen Alb. Der als stabil geltende Bestand wird auf 15.000 Exemplare geschätzt. Der Abschuss liegt bei ca. 13.000 Exemplaren.

WILDKANINCHEN

Ursprünglich waren sie auf der Iberischen Halbinsel, in Südfrankreich und Nordafrika beheimatet. Die hiesigen Bestände wurden zeitweilig durch Krankheiten stark dezimiert, konnten sich lokal aber stabilisieren. Das weiße bis blassrosafarbene Fleisch besitzt eine zarte Struktur und ein feines Eigenaroma. Kaninchen lassen sich nicht mit den deutlich größeren Feldhasen kreuzen.

WILDSCHWEINE/ SCHWARZWILD

Das klassische Jagdtier ist ähnlich verbreitet wie das Reh. Das aromatische Fleisch, vor allem das der noch jungen bis zu 30 Kilo schweren Frischlinge ist sehr beliebt. Ausgewachsene Tiere (männlich: Keiler, weiblich: Bache) bringen 150 Kilo und mehr auf die Waage. Jährlich werden mehrere hunderttausend »Schwarzkittel« erlegt. Zu den Nachkommen zählt das Hausschwein.

WILDENTE

Wildenten gehören wie Schwäne und Gänse zur Familie der Entenvögel. Man trifft sie auf allen Kontinenten mit Ausnahme der Südpolregion an. Von den 150 Arten darf bei uns nur ein knappes Dutzend bejagt werden. Ihr Fleisch wird wegen seines charakteristischen herb-erdigen Aromas geschätzt. Küchenfertige Tiere wiegen je nach Art und Geschlecht ca. ein Kilo.

FASAN

Vor allem zu Jagdzwecken wurden die Hühnervögel in Europa ebenso wie in Nordamerika aus anderen Regionen der Welt eingebürgert. Das zarte feinaromatische Fleisch ist fettarm und neigt beim Garen zum Trockenwerden. In frischem Zustand verströmen die zubereitungsgfertigen, ca. ein Kilo schweren Vögel einen strengen Geruch, der beim Erhitzen aber verschwindet.

REBHUHN

Die in heimischen Regionen nur noch sehr selten, in Spanien aber häufiger vorkommenden Vögel werden wegen ihres besonders aromatischen Fleischs geschätzt. Küchenfertig wiegen sie 250 bis 300 Gramm und ergeben eine Portion, die verwandten Rot-Rebhühner sind etwas schwerer. Im Handel findet man sie nicht mehr, mit etwas Glück bekommt man sie von einem Jäger.

DELUXE

WÜRZIGE REHKEULE

mit FRUCHTIGER ROTWEINSOSSE *und* GEMÜSEPASTA

Für das Fleisch:

2,5 kg küchenfertige Rehkeule

1 EL Koriandersamen

3 Sternanis

2 EL Szechuanpfeffer

3 EL schwarzer Pfeffer

2 Zimtstangen

½ EL Nelken

Salz

2 Zwiebeln

300 ml Rotwein

300 ml Wildfond (aus dem Glas)

2 EL brauner Zucker

400 g TK-Beerenmischung

2 getrocknete Chilischoten

3 EL dunkle Kuvertüre

100 ml Orangensaft

Für die Gemüsepasta:

800 g Penne

Salz

400 g Hokkaidokürbis

400 g Brokkoliröschen

400 g Romanescoröschen

400 g kleine braune Champignons

Butter

frisch gemahlener schwarzer Pfeffer

150 g Mandelblättchen

2–3 EL gehackte Petersilie

Das Fleisch am Vortag abspülen und trocken tupfen. Die Gewürze, bis auf das Salz, im Mixer oder Mörser grob zerkleinern und das Fleisch damit einreiben. Stramm in Frischhaltefolie wickeln und über Nacht kühl stellen.

Den Ofen auf 130 °C Ober-/Unterhitze (110 °C Umluft) vorheizen. Am Tag der Zubereitung Rehkeule zusätzlich mit Salz einreiben. Zwiebeln schälen, halbieren und mit Wein, Fond und 200 ml Wasser in einen Bräter geben. 3 Stunden im Ofen garen. Gelegentlich mit dem Fond begießen. Keule herausnehmen und abgedeckt 15 Minuten ruhen lassen.

In der Zwischenzeit den Zucker in einem kleinen Topf schmelzen und den Bratenfond durch ein feines Sieb zugeben. Die Hälfte der Beeren und die Chilischoten zufügen, aufkochen und leicht köcheln lassen. Schaum abschöpfen. Kuvertüre hacken und mit Orangensaft und restlichen Beeren zugeben. Mit Salz und Pfeffer würzen.

Für die Gemüsepasta die Penne nach Packungsangaben in Salzwasser al dente garen. Gemüse und Pilze waschen, Pilze nach Bedarf halbieren und Kürbis würfeln. Gemüse und Pilze in einer großen Pfanne in Butter braten, bis alles gerade noch bissfest ist. Wenn nötig, Gemüse und Pilze in getrennten Pfannen braten. Mit Salz und Pfeffer würzen.

Die Mandelblättchen in einer Pfanne in Butter goldgelb rösten. Das Fleisch aufschneiden und mit der Soße auf Teller verteilen. Das Gemüse dazugeben und mit Mandeln und Petersilie bestreuen.

8 Personen · Zubereitungszeit: 30 Minuten plus Marnierzeit über Nacht und 3 Stunden Garzeit

REHBRATWURST ★

mit WURZELGEMÜSE *aus dem* OFEN

Für die Würste:

2 kg Rehkeulenfleisch

500 g Rehnackenfleisch

1 kg sehr fetter Schweinebauch

15 g frisch gemahlener schwarzer Pfeffer

8 g gemahlener Piment

12 g Salz

½ TL frisch geriebene Muskatnuss

10 g Thymian

evtl. Fett zum Braten

Für das Ofengemüse:

300 g gemischtes Wurzelgemüse pro Person (z. B. Pastinaken, Möhren, Rote Bete, Petersilienwurzel, Knollensellerie)

2–3 TL neutrales Öl pro Person

Salz

1 EL Honig pro Person

200 g festkochende Kartoffeln pro Person

Außerdem:

ca. 4 m Schweinedarm (Kaliber 30/32; beim Metzger bestellen oder beim Metzgereibedarf)

Wurstgarn (beim Metzger bestellen oder beim Metzgereibedarf)

Fleischwolf mit Wurstfüllvorsatz oder ein anderer Wurstfüller

Für die Würste den Schweinedarm nach Packungsanweisung ca. 20 Minuten in warmem Wasser einweichen. Rehfleisch in ca. 1,5 cm große und Schweinebauch in 1 cm große Würfel schneiden.

Fleisch durch die feine Scheibe des Fleischwolfs drehen. Mit Gewürzen, Salz und Thymianblättchen sehr gut verkneten. Die Masse mit dem Wurstfüllvorsatz des Fleischwolfs in den Darm füllen. Nur sehr locker einfüllen, da sich der Inhalt beim Garen noch ausdehnt. Lufteinschlüsse vermeiden. Mit einem Faden ca. alle 15 Zentimeter abbinden. Würste in einer Pfanne in etwas Fett oder auf dem Grill gut durchgaren.

Für das Ofengemüse den Ofen auf 190 °C Ober-/Unterhitze (170 °C Umluft) vorheizen. Gemüse schälen und in ca. 1 cm dicke Würfel schneiden. Mit 1–2 TL Öl, Salz und Honig gut vermischen. Auf ein mit Backpapier ausgelegtes Blech verteilen und 35 Minuten garen.

Kartoffeln schälen und in ca. 1,5 cm dicke Würfel schneiden. Kurz waschen und trocken tupfen. Mit 1 TL Öl pro Person und Salz gut vermischen. Unter das Ofengemüse mischen und alles weitere 20 Minuten garen. Vor dem Herausnehmen prüfen, ob alles gar ist!

Würste mit dem Gemüse auf Teller verteilen.

Mindestens 20 Würste (à 120 g) · Zubereitungszeit: 1 Stunde 30 Minuten

HERBSTSALAT MIT REHRÜCKEN

mit MÖHRE *und* WALNUSS

Für das Dressing:

1 Knoblauchzehe

2 EL Olivenöl

1 EL frisch gepresster Zitronensaft oder Obstessig

½ TL Senf

1 EL flüssiger Honig

1 TL Dillspitzen

Salz

frisch gemahlener schwarzer Pfeffer

Für den Salat:

1 Kopf Lollo rosso

2 Äpfel

1 mittelgroße Möhre

4 EL Walnusskerne

Für das Fleisch:

350 g geschnetzelter Rehrücken

Salz

frisch gemahlener schwarzer Pfeffer

2 EL Butterschmalz

1 EL Aprikosengelee

Für das Dressing Knoblauch schälen, durchpressen und mit allen Zutaten mischen.

Salat waschen, trocken schleudern und die Blätter etwas zerzupfen. Äpfel schälen und in Streifen schneiden, Möhre schälen und raspeln und Walnüsse hacken. Alle Zutaten vermischen. Kurz vor dem Servieren das Dressing unterheben.

Den Rehrücken mit Salz und Pfeffer würzen. In einer schweren Pfanne in Butterschmalz 2 Minuten braten. Aprikosengelee einrühren.

Salat auf Teller verteilen und das Reh darauf anrichten.

2 Personen · Zubereitungszeit: 30 Minuten

HIRSCH UNTER DER HONIGKRUSTE

mit RISOTTO *und* FRISCHEN PILZEN

Für das Fleisch:

1 kg Hirschbraten

Salz

frisch gemahlener schwarzer Pfeffer

neutrales Öl zum Braten

1 Bund Suppengrün

125 ml trockener Weißwein

250 ml Brühe

2–3 EL Honig

2–3 EL mittelscharfer Senf

2 EL Semmelbrösel

125 g Sahne

1 Spritzer frisch gepresster Zitronensaft

evtl. etwas Stärke zum Binden, in Wasser angerührt

Für den Risotto:

1 Zwiebel

2–3 Knoblauchzehen

etwas Butter

400 g frische Pilze nach Wahl

250 g Risottoreis

ca. 750 ml warme Brühe

ca. 80 g Parmesan

Salz

frisch gemahlener schwarzer Pfeffer

2 EL gehackte Petersilie

Fleisch mit Salz und Pfeffer einreiben. Das Öl in einem Bräter erhitzen und das Fleisch darin von allen Seiten kräftig anbraten. Suppengrün putzen, grob würfeln, zufügen und kurz mit anrösten. Mit etwas Wein und Brühe ablöschen.

Den Ofen auf 190 °C Ober-/Unterhitze (170 °C Umluft) vorheizen. Den Braten im Ofen 1 Stunde bis 1 Stunde 10 Minuten garen. Nach und nach restlichen Wein und restliche Brühe angießen.

10 Minuten vor Ende der Garzeit den Fond durch ein Sieb in eine Kasserolle gießen. Die Ofentemperatur etwas erhöhen. Honig, Senf und Semmelbrösel vermischen, auf das Fleisch streichen und kross backen. Sahne in die Soße geben, aufkochen und mit einem Spritzer Zitronensaft abschmecken. Nach Bedarf z. B. mit Stärke binden.

Für den Risotto Zwiebel und Knoblauch schälen, hacken und in einem Topf in Butter hell anschwitzen. Pilze waschen, größere Exemplare etwas zerkleinern. Den Reis in den Topf geben und mit etwas Brühe ablöschen. Sobald die Flüssigkeit aufgenommen ist, wieder etwas Brühe angießen. Unter stetigem Rühren und regelmäßigem Nachfüllen von Brühe den Reis bissfest garen. Zwischendurch die Pilze zufügen. Den Parmesan reiben und am Schluss nach und nach so viel einrühren, bis der Risotto cremigfest ist. Dann erst mit Salz und Pfeffer würzen.

Fleisch aufschneiden und mit Risotto auf Teller geben. Petersilie und restlichen Parmesan darüberstreuen.

4 Personen · Zubereitungszeit: 1 Stunde 20 Minuten

HERZHAFTE WILDSÜLZE ★

mit CORNICHONS *und* PILZEN

1 Bund Suppengrün	10 Wacholderbeeren	1 Bund glatte Petersilie
1 große Zwiebel	5 Pimentkörner	10 Blatt helle Gelatine
1 kg Wildfleisch (wahlweise Wildschwein, Reh und Hirsch gemischt oder nur eine Fleischsorte)	2 Nelken	Fett für die Form
700 g–1 kg Knochen und Sehnen vom Wild für die Brühe (wahlweise Schweinefüßchen und -schwänzchen)	2 Thymianzweige	150 ml Aceto balsamico bianco
4 Lorbeerblätter	1 Rosmarinzweig	Salz
	250 g Champignons oder Pfifferlinge	frisch gemahlener schwarzer Pfeffer
	80 g Möhren	geriebene Muskatnuss
	10 Cornichons (aus dem Glas)	Zucker

Suppengrün und Zwiebel schälen, putzen und grob würfeln. Wild mit Knochen und Sehnen, dem Suppengrün und der Zwiebel in einem Topf mit kaltem Wasser bedecken. Langsam zum Kochen bringen. Gewürze und Kräuter zufügen und 2–3 Stunden köcheln lassen. Gelegentlich abschäumen und entfetten.

Nur das gegarte Wildfleisch aus dem Topf nehmen und kaltstellen. Die Brühe durch ein Sieb geben und auf 1 l einkochen. Eine kleine Probe zum Gelieren kaltstellen (1–2 EL auf einen Teller geben). Falls sie nicht fest wird, etwas Gelatine nach Packungsanweisung zufügen, wenn die Brühe als Aufguss fertiggestellt wird. Die Champignons waschen, in Scheiben schneiden und kurz blanchieren, Möhren schälen, würfeln und bissfest kochen, Cornichons würfeln, Petersilie waschen, trocken schütteln, die Blätter abzupfen und hacken.

Die Gelatine in Wasser einweichen, anschließend ausdrücken. Das Fleisch ebenfalls fein würfeln und mit Möhren, Pilzen, Cornichons und Petersilie mischen. Die Ränder einer Terrinenform oder einer anderen Form mit ca. 2 l Inhalt gut einfetten und mit der Einlage füllen.

Brühe mit Aceto balsamico und Gelatine vermischen, mit Salz und Pfeffer, Muskat und Zucker herzhaft würzen. Über die Einlage gießen, sie muss vollständig bedeckt sein. Über Nacht durchkühlen lassen.

Zum Servieren scheibenweise aus der Form schneiden und mit Kräuter-Mayonnaise oder Remoulade servieren. Dazu passen wahlweise Bratkartoffeln ebenso gut wie ein kräftiges Bauernbrot, außerdem süß-sauer eingelegter Kürbis.

4 Personen · Zubereitungszeit: 1 Stunde plus 3 Stunden Kochzeit und Ruhezeit über Nacht

WILD-CASSOULET

mit SAUBOHNEN *und* WILDSCHWEINSCHINKEN

1 Glas dicke grüne Bohnen (Saubohnen; 400 g)	500–600 g Rehfleisch ohne Knochen	½ Bund Thymian
300 g geräucherter Wildschweinschinken (wahlweise geräucherter Bauchspeck)	500–600 g Wildschweinnacken ohne Knochen	Salz
Butter zum Anschwitzen	3 Zwiebeln	2 Lorbeerblätter
1 große Dose geschälte Tomaten (800 g)	6 Knoblauchzehen	½ Bund Suppengrün
		½ Bund glatte Petersilie
		frisch gemahlener schwarzer Pfeffer

Bohnen abgießen, die Flüssigkeit auffangen. Schinken würfeln und in einer kleinen Pfanne in Butter anschwitzen. Dosentomaten zerdrücken, den Saft auffangen. Das Fleisch in etwa 2 cm dicke Scheiben schneiden.

Den Backofen auf 180 °C Ober-/Unterhitze (160 °C Umluft) vorheizen. Zwiebeln und Knoblauch schälen und halbieren, die Thymianblättchen abzupfen. Das Fleisch salzen und mit Schinken, Lorbeerblättern, Knoblauch, Zwiebeln, Thymian und Dosentomaten mit dem Saft in eine weite ofenfeste Form (Reine) geben.

Suppengrün schälen und sehr fein schneiden. Petersilie waschen, trocken schütteln und die Blätter abzupfen. Das Fleisch im vorgeheizten Ofen etwa 40 Minuten garen, dann wenden. Suppengrün zufügen, 250 ml von der Bohnenbrühe zugeben und alles weitere 20 Minuten garen.

Die Bohnen zufügen. Mit Salz und Pfeffer würzen und die Petersilienblätter einrühren. Noch einmal für etwa 15 Minuten in den Ofen schieben und zuletzt noch etwa 5 Minuten mit dem Backofengrill überbräunen.

Dazu passt knuspriges Baguette mit Kräuterbutter.

4 Personen · Zubereitungszeit: 1 Stunde 20 Minuten

FESTLICHE HASENKEULEN

in SAURE-SAHNE-SOSSE *mit* APFELROTKOHL

Für den Hasen:

4 Keulen vom Wildhasen

1,5–2 l Buttermilch

100 g fetter Speck

etwas Butter

Salz

frisch gemahlener schwarzer Pfeffer

15 zerdrückte Wacholderbeeren

500 ml Milch

125 g Sahne

80 g saure Sahne

etwas Stärke zum Binden

1 Spritzer frisch gepresster Zitronensaft

1 Msp. Cayennepfeffer

Für den Kohl:

1 Kopf Rotkohl (ca. 1 kg)

200 ml Rotwein

3 EL Johannisbeergelee

3 EL Rotweinessig

1 Zimtstange

Lorbeerblatt

2 EL Butter

Salz

frisch gemahlener schwarzer Pfeffer

etwas Mehl zum Binden

2 mittelgroße Äpfel (am besten Reinetten)

Außerdem:

Salzkartoffeln

Die Hasenkeulen 1–2 Tage in Buttermilch einlegen und kühl stellen.

Am Vortag den Rotkohl waschen und fein hobeln. Mit Rotwein, Johannisbeergelee und Rotweinessig gut vermischen und die Zimtstange sowie das Lorbeerblatt einlegen. Während der Ruhezeit ein- oder zweimal durchmischen, damit sich die Aromen gut verteilen.

Den Speck würfeln, in einem Bräter anbraten und etwas auslassen, dann die Butter zufügen und bräunen. Das Fleisch aus der Buttermilch nehmen und nur leicht abtupfen. Mit Salz und Pfeffer würzen und im heißen Speckfett scharf anbraten. Dabei mehrfach wenden. Wacholderbeeren zufügen, die gesamte Milch zugeben und weitergaren. Etwas von der Buttermilch sowie die Sahne zufügen.

Ofen auf 180 °C Ober-/Unterhitze (160 °C Umluft) vorheizen. Den Bräter in den Backofen schieben und alles 1 Stunde bis 1 Stunde 30 Minuten garen, bis das Fleisch weich ist.

Die entstandene Marinade des vorbereiteten Rotkohls abgießen und aufbewahren. Die Butter in einem großen Topf zerlassen und den Rotkohl darin anschmoren. Mit Salz und Pfeffer würzen. Das Mehl darüberstäuben, alles gut vermischen und mit der Marinade ablöschen. Auf mittlere Hitze schalten und bei aufgelegtem Deckel garen. Evtl. etwas Wasser angießen.

Die Äpfel schälen, entkernen und klein schneiden. Mit dem Kohl mischen und alles weiterhin zugedeckt köcheln lassen. Hin und wieder durchrühren. Nach insgesamt 1 Stunde bis 1 Stunde 30 Minuten ist der Kohl gar. Jetzt noch einmal herzhaft abschmecken.

Die saure Sahne mit Stärke verquirlen und in die Fleischsoße einrühren. Mit Zitronensaft und Cayennepfeffer behutsam abschmecken.

Hasenkeule mit Rotkohl und Salzkartoffeln auf Teller verteilen. Dazu passt ein Löffel Preiselbeeren aus dem Glas.

4 Personen · Zubereitungszeit: 20 Minuten plus 1–2 Tage Marinierzeit und 1 Stunde 30 Minuten Garzeit

HASENBOLOGNESE

mit GESCHMOLZENEN TOMATEN *und* PAPARDELLE

800 g Hasenfleisch (am besten aus der Keule) 300 g Zwiebeln 4 Thymianzweige 2 Rosmarinzweige neutrales Öl zum Braten	40 g Mehl 500 ml Wildfond Salz frisch gemahlener schwarzer Pfeffer 150 g Sahne 400 g Kirschtomaten	Olivenöl 300–400 g Papardelle oder Tagliatelle **Außerdem:** Fleischwolf mit feiner Scheibe

Das Hasenfleisch durch den Fleischwolf drehen. Die Zwiebeln schälen und fein würfeln, Kräuterblättchen und -nadeln abzupfen und hacken.

In einem Schmortopf das Öl erhitzen und das Fleisch mit Zwiebeln und Kräutern sanft anbraten. Etwas Mehl darüberstäuben und gut durchrühren.

Wildfond und 500 ml Wasser angießen und aufkochen lassen. 1 Stunde köcheln lassen, zwischendurch gelegentlich durchrühren. Mit Salz und Pfeffer würzen. Zum Schluss die Sahne zugeben und alles noch einmal aufkochen und nachwürzen.

In der Zwischenzeit die Tomaten waschen, halbieren und in einer weiten Pfanne in Olivenöl nebeneinander ca. 15 Minuten ganz sanft schmelzen lassen. Sie sollen noch ihre Form behalten, aber weich sein. Mit Salz würzen.

Die Papardelle nach Packungsanweisung in Salzwasser al dente garen und abgießen.

Pasta auf Teller verteilen. Erst die Bolognese, dann die Tomaten daraufgeben.

4 Personen   Zubereitungszeit: 1 Stunde 30 Minuten

WILDSCHWEIN-RILLETTE ★

KLASSIKER *nach dem Vorbild* FRANZÖSISCHER TRADITIONSKÜCHE

600 g Wildschweinbauch
600 g Wildschweinschulter
80 g Zwiebeln
2 Knoblauchzehen
125 g Schweineschmalz
1 TL gemahlener Koriander

Salz
frisch gemahlener schwarzer Pfeffer
500 ml Wildfond
2 Lorbeerblätter
3 Wacholderbeeren
3 Majoranstiele

5 Thymianzweige
2 Rosmarinzweige

Außerdem:

6 Einmachgläser à 500 ml, sterilisiert (oder mit kochendem Wasser sehr gründlich ausgespült)

Das Fleisch in 4–5 cm große Stücke schneiden. Zwiebeln und Knoblauch schälen und fein würfeln.

Fleisch in einem Bräter im erhitztem Schmalz mit Zwiebeln und Knoblauch bei mittlerer Hitze 6–8 Minuten kräftig braten. Mit Koriander, 1½ TL Salz und Pfeffer würzen und mit Wildfond auffüllen. Lorbeerblätter, angedrückte Wacholderbeeren und Kräuter zufügen. Das Fleisch mit ca. 500 ml Wasser bedecken und kurz aufkochen lassen.

Den Ofen auf 150 °C Ober-/Unterhitze (130 °C Umluft) vorheizen. Das Fleisch abgedeckt auf der untersten Schiene 4 Stunden 30 Minuten bis 5 Stunden garen. Es soll so weich sein, dass es zerfällt.

Fleisch in ein Sieb geben, dabei die abtropfende Flüssigkeit auffangen. Die noch erkennbaren Würz- und Kräuterzutaten herausfischen. Fleisch in eine große Schüssel geben und mit zwei Gabeln vollständig zerzupfen. Mit einem Esslöffel 6–8 EL Fett von der Oberfläche des Garfonds abschöpfen und unter das Fleisch mischen. Nun alles mit Salz und Pfeffer kräftig abschmecken (leicht überwürzen).

Rillette ohne Lufteinschlüsse in die Gläser füllen. Restliches Fett vom Garfond abschöpfen und auf die Gläser verteilen, bis das Fleisch vollständig bedeckt ist. Komplett auskühlen lassen. Anschließend Gläser verschließen und im Kühlschrank aufbewahren (ca. 4 Wochen Haltbarkeit).

Die Rillette schmeckt am besten auf einem kräftigen Brot, dazu Gewürzgurke oder Mixed Pickles.

5–6 Gläser à 500 ml · Zubereitungszeit: 50 Minuten plus 5 Stunden Garzeit

WILDSCHWEINRAGOUT

mit PILZEN *und* KNUSPRIGEN SCHUPFNUDELN

Für das Ragout:

1kg Wildschweinkeule ohne Knochen

Salz

frisch gemahlener schwarzer Pfeffer

2 Prisen gemahlener Piment

300g Zwiebeln

4EL neutrales Öl zum Braten

2EL Tomatenmark

1EL Thymianblättchen

600ml trockener Rotwein

400ml Brühe

500g Pilze (z.B.Kräuterseitlinge, braune Champignons, Steinpilze)

je 1 kleine rote und grüne Paprika

3EL dunkle Kuvertüre

Für die Schupfnudeln:

600g Kartoffeln

Salz

30g weiche Butter

2 Eigelb

50g Speisestärke

frisch geriebene Muskatnuss

Mehl nach Bedarf und für die Arbeitsfläche

10g Butterschmalz

gehackte Petersilie zum Bestreuen

Für das Ragout das Fleisch in 3–4cm große Würfel schneiden und mit Salz, Pfeffer und Piment würzen. Zwiebeln schälen und würfeln.

Fleischwürfel und Zwiebeln in Öl ohne starke Bräunung anbraten. Tomatenmark und Thymianblättchen zugeben und dabei etwas verrühren. Rotwein und Brühe angießen, Deckel auflegen und bei niedriger Hitze ca. 2 Stunden garen. Es sollte immer so viel Flüssigkeit im Topf sein, dass eine Soße entsteht, nach Bedarf noch etwas Brühe oder Wasser nachfüllen.

Pilze waschen oder putzen und grob zerkleinern, Paprika putzen, entkernen, waschen und klein schneiden. Die Kuvertüre hacken. Alles 20 Minuten vor Ende der Garzeit zugeben. Ragout mit Salz, Pfeffer und Piment würzig abschmecken.

Für die Schupfnudeln Kartoffeln schälen, in Salzwasser garen und gut ausdämpfen lassen. Durch eine Kartoffelpresse in eine Schüssel pressen.

Butter, Eigelbe und Stärke unterrühren, mit Salz und Muskat würzen. Es soll ein fester Teig entstehen, evtl. etwas Mehl einkneten. Den Teig auf einer leicht bemehlten Arbeitsfläche portionsweise zu einer fingerdicken Rolle formen. In ca. 5cm lange Stücke schneiden, noch einmal in der Hand rollen.

In reichlich kochendem Salzwasser bei mittlerer Hitze ca. 5 Minuten sieden lassen, bis die Schupfnudeln an die Oberfläche steigen. Mit einem Sieblöffel herausnehmen, abschrecken und gut abtropfen lassen. Vor dem Servieren in Butterschmalz goldgelb braten. Das Ragout mit Schupfnudeln auf Teller verteilen und mit Petersilie bestreuen. Dazu schmeckt Kopfsalat mit Sahnedressing.

4–6 Personen | Zubereitungszeit: 1 Stunde plus 2 Stunden Garzeit

WILDSCHWEIN IN SCHWARZBIER

mit ROSENKOHL *und* DATTELN

Für das Fleisch:	½ TL Zimtpulver	**Für den Rosenkohl:**
1 Bio-Orange	800 g Wildschweinrückenfilet	750 g Rosenkohl
330 ml Schwarzbier	Salz	Salz
125 ml Johannisbeersaft (kein Nektar)	frisch gemahlener schwarzer Pfeffer	100 g entsteinte getrocknete Softdatteln
1 EL Rohrzucker	3 EL Olivenöl	Butter zum Schwenken
		Salz

Für das Fleisch die Orange heiß abwaschen und in Stücke schneiden. Mit Bier, Saft, Zucker und Zimt in einem Topf ca. 15 Minuten einkochen.

Das Fleisch mit Salz und Pfeffer würzen und in einer Pfanne in Olivenöl von allen Seiten anbraten. Den Ofen auf 120 °C Ober-/Unterhitze (110 °C Umluft) vorheizen.

Fleisch in eine gefettete ofenfeste Form legen und mit etwas Soße bestreichen. Im Ofen ca. 20–30 Minuten garen, dabei ab und zu mit Soße bestreichen. Backofen ausschalten und das Fleisch noch 5 Minuten ruhen lassen.

Für den Rosenkohl die Röschen putzen, je nach Größe in Salzwasser 5–8 Minuten bissfest kochen und abgießen. In der Zwischenzeit die Datteln klein schneiden und in Butter schwenken. Rosenkohl zu den Datteln geben und mit Salz würzen.

Fleisch aufschneiden und mit Rosenkohl auf Teller verteilen. Dazu passt ein sahniges Kartoffelpüree.

4 Personen · Zubereitungszeit: 45 Minuten

WILDENTEN-BRATWURST ★

mit KARTOFFEL-PASTINAKEN-PÜREE

Für die Würste:

1,7 kg Wildentenbrust

300 g geräucherter fetter Speck

1 Knoblauchzehe

½ Bund Estragon

ca. 150 g schwarzer Herbsttrüffel

25 g Meersalz

15 g frisch gemahlener schwarzer Pfeffer

7 g Macis (Muskatblüte)

Butter zum Braten

Für das Püree (für 4 Personen):

600 g mehlig kochende Kartoffeln

1 große Pastinake

Salz

1 EL Butter

150–250 ml warme Milch

frisch geriebene Muskatnuss

gehackte Petersilie zum Bestreuen

Außerdem:

ca. 4 m Schweinedarm Kaliber 30/32 (beim Metzger bestellen oder beim Metzgereibedarf)

Wurstgarn (beim Metzger bestellen oder beim Metzgereibedarf)

Fleischwolf mit Wurstfüllvorsatz oder ein anderer Wurstfüller

Für die Würste den Schweinedarm nach Packungsanweisung ca. 20 Minuten in warmem Wasser einweichen.

Die Hautstücke vom Fleisch ablösen und Fleisch, Hautstücke und Speck klein schneiden. Knoblauch schälen und durchpressen, Estragonblättchen abzupfen, Trüffel fein schneiden. Alles mit Salz und den Gewürzen gründlich mischen und 1 Stunde kühl stellen.

Fleisch erst durch die grobe, dann durch die feine Scheibe des Fleischwolfs drehen. Die Masse mit dem Wurstfüllvorsatz des Fleischwolfs in den Darm füllen. Nur sehr locker einfüllen, da sich der Inhalt beim Garen noch ausdehnt. Lufteinschlüsse vermeiden. Mit einem Faden ca. alle 12 Zentimeter abbinden.

Würste innerhalb der nächsten Stunden in einer Pfanne in reichlich Butter gut durchgaren.

Für das Püree die Kartoffeln und die Pastinake schälen und in 1 cm große Stücke schneiden. In leicht gesalzenem Wasser weich kochen und abgießen. Butter und Milch (Menge abhängig von der gewünschten Konsistenz des Pürees) zufügen und mit dem Handstampfer (keinen Mixer benutzen!) zu Püree verarbeiten. Mit Muskat und Salz würzen.

Würste mit Püree auf Tellern anrichten. Etwas von der Bratbutter über das Püree geben. Mit Petersilie bestreuen. Dazu passt Feldsalat mit Himbeervinaigrette.

ca. 22 Würste · Zubereitungszeit: 1 Stunde 15 Minuten

REBHUHNBRUST

mit GRÜNEM SPARGEL *und* SCHWARZEM KNUSPER

Für den Spargel:

8 grüne Spargelstangen

Salz

Butter

250 g Perlzwiebeln

100 ml Aceto balsamico bianco

4 EL brauner Zucker

125 g Himbeeren

1 Granny-Smith-Apfel

100 ml trockener Weißwein

1 kleines Bund Kerbel

Für das Rebhuhn:

2 küchenfertige Rebhühner

Salz

3 EL Butter

1 TL Thymianblättchen

4 Wacholderbeeren

frisch gemahlener schwarzer Pfeffer

Für den schwarzen Knusper:

250 g Röstzwiebeln

1 Msp. Ascorbinsäurepulver (aus der Apotheke)

10 g Aktivkohlepulver (aus der Apotheke oder dem Internet)

100 g geröstete Haselnüsse

50 g ungesüßte Cornflakes

50 g Haferflocken

25 ml Haselnussöl

Salz

frisch gemahlener schwarzer Pfeffer

Cayennepfeffer

35 g Maltodextrin (aus der Apotheke)

Außerdem:

4 Holzspieße zum Fixieren der Rebhuhnbrüste

Sauce Hollandaise (Seite 299)

Haselnusscreme (Seite 300)

Für die Beilagen den Spargel im unteren Drittel schälen. In gesalzenem Wasser bissfest blanchieren und anschließend in etwas Butter schwenken.

Perlzwiebeln schälen, halbieren und in die einzelnen Segmente aufblättern. In Butter anbraten und mit Essig ablöschen. Etwas Wasser, 2 EL Zucker und die Himbeeren hinzugeben. Bissfest garen und im entstandenen Sud kühl stellen.

Den Apfel schälen, vierteln, Kerngehäuse entfernen und Fruchtfleisch in 16 Spalten teilen. In Butter anbraten, mit 2 EL Zucker karamellisieren und mit Weißwein ablöschen.

Für das Rebhuhn die Bruststücke auslösen und die Haut entfernen. Den Rest des Rebhuhns für ein anderes Gericht verwenden.

Die Brüste leicht platt klopfen und mit Salz würzen. Einrollen und mit einem Spieß fixieren. Bei mittlerer Hitze in 1 EL Butter mit Thymian und angedrückten Wacholderbeeren anbraten. Dabei immer wieder mit Butter übergießen. Wenn die Butter braun wird, einen weiteren Esslöffel Butter hinzugeben. Leicht pfeffern. Bei einer Kerntemperatur von 50 °C die Brüste aus der Pfanne nehmen und an einem warmen Ort ruhen lassen.

Für den schwarzen Knusper alle Zutaten bis auf das Maltodextrin in einer Küchenmaschine zu einer grießähnlichen Konsistenz mixen. Anschließend mit einem Schneebesen zum leichten Binden das Maltodextrin unterrühren.

Die Rebhuhnbrüste mit Spargel und Sauce Hollandaise sowie Perlzwiebeln, Äpfeln und Haselnusscreme anrichten. Mit Kerbelblättchen und schwarzem Knusper bestreuen.

4 Personen · Zubereitungszeit: 1 Stunde

WILDSCHWEINKEULE

mit KNUSPRIGEM DECKEL *aus* KRÄUTERN *und* NÜSSEN

3 kg Wildschweinkeule 3 EL Walnusskerne 2 Knoblauchzehen je 2 EL fein gehackte Blättchen von Thymian, Salbei, Rosmarin und Bohnenkraut	1 EL Salz 1 TL frisch gemahlener schwarzer Pfeffer 6–8 EL Olivenöl	**Wahlweise dazu:** **Drillinge nach Wahl (Seite 305)** **Rotkohl (Seite 306)** **Apfelkompott (Seite 302)** Blattsalat mit **Wacholder-Vinaigrette (Seite 297)**

Die Keule von grobem Fett und Sehnen befreien. Die Nüsse reiben, den Knoblauch schälen und fein hacken. Dann beides mit Kräuterblättchen, Salz, Pfeffer und Olivenöl zu einer homogenen Paste mischen. Das Fleisch großzügig damit bestreichen.

Nun auf dem Grill bei indirekter Hitze (120 °C) 5–6 Stunden grillen, bis eine Kerntemperatur von 70–72 °C erreicht ist. Keule aufschneiden und auf Teller verteilen.

Dazu passen Drillinge, Kartoffelpüree, Rotkohl, Apfelkompott oder ein Blattsalat mit Wacholder-Vinaigrette.

4 Personen · Zubereitungszeit: 6 Stunden

GENUSSHELFER REZEPTE

CURRYMARINADE

für STEAKS

1 Knoblauchzehe neutrales Öl zum Braten 1 Schalotte	2 EL Purple Curry (säuerliches, mildes Currypulver mit Hibiskusblüten) 50 ml frisch gepresster Orangensaft 100 ml Ketjap Manis (asiatische Würzsoße, aus dem Asienladen)	50 ml salzreduzierte Sojasoße Salz frisch gemahlener schwarzer Pfeffer

Knoblauch schälen, hacken und in wenig Öl braten, bis er rehbraun ist. Schalotte schälen, fein hacken und mit Purple Curry zum Knoblauch geben. Anschließend mit Orangensaft ablöschen.

Ketjap Manis und Sojasoße dazugeben. Mit Salz und Pfeffer abschmecken.

für 4–6 Steaks Zubereitungszeit: 10 Minuten

WINTER-BUN

zur WEIHNACHTSGANS

Für den Teig:

300 g Mehl

7 g Trockenhefe

2 TL Zucker

½ TL Salz

10 ml neutrales Öl

Für die Füllung:

1 kleine rote Zwiebel

1 Knoblauchzehe

etwas frischer Ingwer

neutrales Öl zum Braten

Innereien einer Gans (aus dem beigelegten Beutel)

Reisessig

3 Shiitakepilze

Salz

gemahlener Szechuanpfeffer

etwas abgeriebene Schale von 1 Bio-Limette

80 g Mehl mit 80 ml lauwarmem Wasser, der Hefe und dem Zucker gut verrühren. Den Vorteig 20 Minuten abgedeckt gehen lassen.

Vorteig mit restlichem Mehl, 100 ml lauwarmem Wasser, Salz und Öl erst verrühren, dann verkneten bis ein geschmeidiger Teig entsteht. Abgedeckt 30 Minuten gehen lassen. Anschließend Teigkugeln zu jeweils 50 g formen.

In der Zwischenzeit die Füllung herstellen. Dafür Zwiebel, Knoblauch und Ingwer schälen, fein würfeln und in einem Topf in Öl anschwitzen. Magen und Herz der Gans fein würfeln und dazugeben. Mit einem Schuss Reisessig ablöschen. Die Pilze putzen, fein schneiden, dazugeben und mitgaren.

Vom Herd nehmen. Gänseleber fein würfeln und unterrühren. Mit Salz, Szechuanpfeffer und etwas abgeriebener Limettenschale abschmecken.

Teigkugeln flach drücken und mit den vorbereiteten Innereien füllen. Zum Verschließen leicht eindrehen und mit der gedrehten Seite nach unten auf ein mit Backpapier ausgelegtes Blech legen. Mit Frischhaltefolie abdecken und noch einmal 20 Minuten gehen lassen.

Danach bei 95 °C für 20 Minuten in den Dampfgarer geben.

Tipp:
Alternativ bei 95 °C für 20 Minuten im Ofen mit einem wassergefüllten Blech auf unterster Schiene garen.

6 Personen · Zubereitungszeit: 20 Minuten plus rund 1 Stunde 30 Minuten Geh- und Garzeit

VINAIGRETTEN

Säure ist ein geniales Aroma, sie adelt fast jedes Gericht – Salate verlangen löffelweise danach

VINAIGRETTE

- » 3 EL Aceto balsamico bianco
- » 6 EL Olivenöl
- » Salzflocken
- » 1 Prise Zucker
- » frisch gemahlener schwarzer Pfeffer

Alle Zutaten vermengen und würzig abschmecken.

4 Personen · Zubereitungszeit: 5 Minuten

MINZ-VINAIGRETTE

- » 5 TL Olivenöl
- » 2 TL frisch gepresster Zitronensaft
- » ½ TL Salz
- » 1 Prise Zucker
- » 1 EL fein geschnittene frische Minze
- » 3 dünne Streifen Schale von 1 Bio-Zitrone

Alle Zutaten gut verrühren und etwas ruhen lassen, bis sich die Aromen vermischt haben.

2 Personen · Zubereitungszeit: 5 Minuten

TOMATEN-VINAIGRETTE

- » 100 g Pinienkerne
- » 6 EL Olivenöl
- » 2 EL Aceto balsamico
- » Salz
- » frisch gemahlener schwarzer Pfeffer
- » 1 Prise Zucker
- » 8 getrocknete Tomaten (aus dem Glas)
- » 16 grüne Oliven ohne Stein

Die Pinienkerne in Olivenöl behutsam in der Pfanne goldbraun werden lassen, dann abkühlen lassen. Pinienkerne mit dem Öl sowie Aceto Balsamico, Salz, Pfeffer und Zucker zu einer Vinaigrette verrühren. Getrocknete Tomaten abtropfen lassen und klein schneiden, Oliven halbieren und beides hinzufügen.

4 Personen · Zubereitungszeit: 10 Minuten

WACHOLDER-VINAIGRETTE

SOSSE *zu* GANS

1 kg Gänseklein	2 TL Tomatenmark	2 Lorbeerblätter
2 EL neutrales Öl	300 ml Rotwein	4 Wacholderbeeren
500 g Schmorgemüse (Schalotten, Lauch, Möhren, Sellerie)	1 EL Pfefferkörner	1–2 TL Speisestärke nach Bedarf

Den Backofen auf 220 °C Ober-/Unterhitze vorheizen (Umluft 200 °C). Gänseklein in einem Bräter oder einer Saftpfanne mit dem Öl vermengen und im vorgeheizten Ofen auf unterster Schiene in ca. 1 Stunde braun rösten.

Das Schmorgemüse waschen, putzen bzw. schälen und hacken. Nach 30 Minuten dazugeben und mitrösten. Den gesamten Inhalt des Bräters bzw. der Saftpfanne in einen großen Topf umfüllen und stark erhitzen. Tomatenmark einrühren und kurz anrösten. Mit Rotwein ablöschen und kurz einkochen lassen. Anschließend mit 3 l kaltem Wasser auffüllen.

Pfeffer, Lorbeerblätter und Wacholderbeeren dazugeben und aufkochen lassen. Die Flüssigkeit bei niedriger Hitze für 2 Stunden 30 Minuten sieden lassen; es sollen 1,3 l übrig bleiben.

Die Flüssigkeit durch ein sehr feines Sieb in einen anderen Topf gießen. Entfetten und auf 500 ml Soße einkochen. Nach Bedarf mit der in etwas kaltem Wasser angerührten Stärke binden.

500 Milliliter · Zubereitungszeit: 15 Minuten + 4 Stunden Gar- und Kochzeiten

SOSSEN

Sie sind die heimlichen Hauptdarsteller auf den Tellern. Sie dürfen in kaum einer kulinarischen Vorstellung fehlen

KORIANDER-MAYONNAISE

- 1 Knoblauchzehe
- ½ Bund Koriandergrün
- 50 g Crème fraîche
- 120 g Mayonnaise
- 1 Ingwernuss (kandierter Ingwer in Sirup)
- Sesamöl
- Dayong-Gewürz (chinesische Gewürzmischung)
- Sojaglace (reduzierte Sojasoße)
- Salz
- frisch gemahlener schwarzer Pfeffer
- Currypulver
- Reiswein
- frisch gepresster Zitronensaft

Den Knoblauch schälen und durchpressen, den Koriander waschen, trocken schütteln und die Blättchen fein hacken. Beides mit Crème fraîche, Mayonnaise, Ingwernuss mit etwas Sirup der Ingwernuss zu einer glatten Masse mixen. Mit ein paar Tropfen Sesamöl, etwas Dayong, Sojaglace, Salz, Pfeffer, Curry, Reiswein und Zitronensaft abschmecken.

Die restliche Koriander-Mayonnaise hält sich gut verschlossen 1 Woche im Kühlschrank.

4 Personen · Zubereitungszeit: 10 Minuten

MISO-MAYONNAISE

- 2 Eigelb
- 2 EL helle Misopaste
- frisch gepresster Saft von 2 Limetten
- 1 TL Zucker
- 500 ml Traubenkernöl

Eigelbe, Misopaste, Limettensaft, Zucker und 2 TL Wasser in einen Rührbecher geben und mit dem Pürierstab gut vermischen. Pürierstab auf höchste Stufe schalten und nach und nach das Traubenkernöl zufügen, bis eine feste Mayonnaise entstanden ist.

Sofort zu verwenden. Nicht benötigte Mengen in ein Schraubglas füllen und kühl stellen. Die Mayonnaise hält sich 1 Woche gut verschlossen im Kühlschrank.

8 Personen · Zubereitungszeit: 5 Minuten

HASELNUSS-MAYONNAISE

- 2 Eigelb
- 1 TL mittelscharfer Senf
- 1–2 EL Essig
- Salz
- 1 Prise Zucker
- frisch gemahlener schwarzer Pfeffer
- 150 ml neutrales Öl
- 50 ml Haselnussöl

Alle Zutaten bis auf das Öl mit 2 EL Wasser in einem hohen Gefäß mit dem Pürierstab kurz mixen. Das Salz muss von Anfang an für die Bindung dabei sein. Anschließend das Öl langsam einarbeiten, sodass eine Emulsion entsteht. Die Mayonnaise hält sich 1 Woche gut verschlossen im Kühlschrank.

6 Personen · Zubereitungszeit: 10 Minuten

SAUCE HOLLANDAISE

- 1 Schalotte
- 8 EL Weißwein
- 1 EL frisch gepresster Zitronensaft
- 5 weiße Pfefferkörner
- 1 Lorbeerblatt
- Salz
- 1 Prise Zucker
- 250 g geklärte Butter
- 2 Eigelb

Schalotte schälen und fein würfeln. Weißwein, Zitronensaft, Schalotte und Gewürze auf die Hälfte einkochen, dann durch ein Sieb geben.

Die geklärte Butter erwärmen bis sie flüssig ist. Eigelbe mit der Weißweinreduktion in einer Schüssel über einem Wasserbad schaumig und cremig schlagen. Darauf achten, dass die Masse nicht heißer als 80 °C wird, sonst gerinnt das Eigelb. Ist die Masse schaumig, nach und nach die Butter einfließen lassen und unterschlagen.

Anfangs wenig Butter nehmen, damit eine Emulsion entstehen kann. So viel Butter unterrühren, bis die gewünschte Konsistenz erreicht ist. Dann sofort servieren.

4 Personen | Zubereitungszeit: 10 Minuten

HONIG-SOJA-SOSSE

- 1 Knoblauchzehe
- 1 EL Butterschmalz
- 4 EL Sojasoße
- 250 ml Geflügelfond
- 1 EL Honig
- gehackte Chili nach Geschmack

Knoblauch schälen, hacken und in Butterschmalz bräunen. Mit Sojasoße und Geflügelfond ablöschen. Honig und Chili zufügen, Soße etwas einkochen.

2–4 Personen | Zubereitungszeit: 15 Minuten

SELLERIE-REMOULADE

- 2 Eigelb
- 10 ml Cidre-Essig
- Salz
- 1 TL Zucker
- 1 Msp. Cayennepfeffer
- 50 ml Apfelsaft
- 500 ml neutrales Öl
- 250 g Knollensellerie
- Saft von 1 Limette
- 50 g Trüffel
- 25 g Senfsamen

Eigelbe mit Essig, Salz, Zucker, Cayennepfeffer und Apfelsaft mit dem Pürierstab mixen. Pürierstab auf höchste Stufe stellen und das Öl behutsam nach und nach hineingeben, sodass eine feste Masse entsteht.

Den Knollensellerie schälen, durch den Fleischwolf drehen oder sehr fein hacken. Das Wasser ausdrücken, Sellerie anschließend mit Limettensaft marinieren. Den Trüffel reiben und mit Senfsamen und Sellerie vorsichtig unter die Mayonnaise heben.

Sofort zu verwenden. Nicht benötigte Mengen in ein Schraubglas füllen und kühl stellen.

10 Personen | Zubereitungszeit: 10 Minuten

COCKTAILSOSSE

- 150 g Mayonnaise
- etwas Haselnussöl
- etwas Tabasco
- 1–2 EL Ketchup
- etwas Carlos Primeros (Brandy)
- abgeriebene Schale und Saft von 1 Bio-Orange
- Salz
- ½ Avocado

Die Mayonnaise mit Haselnussöl, Tabasco, Ketchup, Brandy, abgeriebener Schale und Saft der Orange sowie Salz verrühren. Avocado schälen, in feine Würfel schneiden und unterheben.

6 Personen | Zubereitungszeit: 5 Minuten

CREMES | PASTEN

Optisch treten sie kaum in Erscheinung, liefern geschmacklich oft aber den alles entscheidenden Kick

WALNUSSCREME

» 100 ml Sonnenblumenöl
» 150 ml Walnussöl
» 1 Eigelb
» 1 EL Essig
» 1 TL Senf
» Salz
» frisch gemahlener schwarzer Pfeffer
» 1 Prise Zucker

Alle Zutaten zu einer glatten Masse mixen und mit Salz, Pfeffer und Zucker abschmecken

4 Personen Zubereitungszeit: 5 Minuten

SENFCREME

» 2 Eigelbe
» 1 EL mittelscharfer Senf
» 1 EL grober Senf
» 1 Spritzer Essig
» Salz
» frisch gemahlener schwarzer Pfeffer
» 1 Prise Zucker
» 200 ml neutrales Öl

Alle Zutaten bis auf das Öl mit 2 EL Wasser in einem hohen Gefäß mit dem Pürierstab gut vermischen und abschmecken. Pürierstab auf höchste Stufe schalten und behutsam nach und nach das Öl zufügen, bis eine feste Masse entstanden ist. Sofort verwendbar. Restliche Creme in ein Schraubglas füllen und kühl stellen.

4–6 Personen Zubereitungszeit: 5 Minuten

FERMENTIERTE SCHALOTTENCREME

» 50 g rote Zwiebeln
» neutrales Öl zum Braten
» Salz
» ½ TL alter Aceto balsamico
» 200 ml Geflügelfond
» 50 ml Kalbsjus
» 25 g fermentierte Schalotten (aus dem Reformhaus oder auf Märkten)
» 50 g Crème fraîche

Die Zwiebeln schälen, hacken und in Öl anschwitzen bis sie Farbe bekommen. Salz, Essig und Geflügelfond zugeben und weich kochen. Dann Jus und fermentierte Schalotten zugeben. Alles marmeladenartig einkochen. Fein mixen, abkühlen lassen und mit Crème fraîche glatt rühren.

4–6 Personen Zubereitungszeit: 15 Minuten

HASELNUSSCREME

» 75 g Paste/Mus aus gerösteten Haselnüssen (im Mixer selbst hergestellt oder ungesüßt aus dem Reformhaus)
» 20 ml Sojasoße

Für die Haselnusscreme Haselnusspaste, Sojasoße und 2 EL Wasser mit dem Schneebesen zu einer homogenen Masse verrühren.

4 Personen Zubereitungszeit: 5 Minuten

MEERRETTICHCREME

» 100 g Crème fraîche oder Frischkäse
» 1 Msp. Cayennepfeffer
» 30 g geriebener Meerrettich (aus dem Glas)
» Salz
» frisch gemahlener schwarzer Pfeffer

Alle Zutaten vermischen. Mit Salz und Pfeffer abschmecken. Durch ein Sieb streichen und cremig rühren.

4 Personen Zubereitungszeit: 5 Minuten

BROKKOLICREME

» 100 g Schalotten
» 500 g Brokkoli
» 150 g Butter
» 25 ml Weißwein
» 500 ml Milch
» Salz
» 2 Prisen Cayennepfeffer

Die Schalotten schälen und klein schneiden, den Brokkoli waschen und in Röschen teilen. Schalotten in etwas Butter anschwitzen. Mit Weißwein ablöschen und die Flüssigkeit verkochen lassen. Mit der Milch auffüllen und weich kochen. Passieren und mit der restlichen Butter mixen. Mit Salz und Cayennepfeffer abschmecken.

4 Personen Zubereitungszeit: 15 Minuten

FELDSALATPESTO

» 250 g Feldsalat
» 4 EL Olivenöl
» Salz
» 1 Prise Zucker
» Aceto balsamico bianco

Den Feldsalat gründlich waschen, blanchieren und abschrecken. Mit den restlichen Zutaten mixen und abschmecken. Nach Bedarf etwas mehr Olivenöl zugeben. Evtl. mit 1 durchgepressten Knoblauchzehe und etwas geriebenem Parmesan verfeinern.

4 Personen Zubereitungszeit: 10 Minuten

PETERSILIENPASTE

» 1 Bund Petersilie
» Salz
» 1 Msp. Guarkernmehl
» 1 EL Traubenkernöl

Petersilie waschen, Blätter abzupfen und in Salzwasser weich kochen. Anschließend kalt abschrecken. Im Mörser mit etwas Kochwasser und Salz zu einer leichten Paste verarbeiten. Guarkernmehl und Öl einarbeiten.

1–2 Personen Zubereitungszeit: 5 Minuten

GEMÜSE | OBST

Die beste Ergänzung zu einem guten Stück Fleisch – als geschmackliche Abrundung oder als raffinierter Kontrast

SCHALOTTENKOMPOTT

» 1 kg Schalotten
» 50 ml neutrales Öl
» 50 g brauner Zucker
» 15 g Salz
» 2 Lorbeerblätter
» 50 g Ingwer

Die Schalotten schälen und in einem Topf in Öl ca. 1 Stunde sanft schmoren. Nach der Hälfte der Garzeit Zucker, Salz und Lorbeerblätter zugeben und weitergaren. Lorbeerblätter entfernen.

Wenn die Schalotten weich und schön karamellisiert sind, abkühlen lassen und hacken. Den Ingwer schälen, reiben und die Schalotten damit abschmecken. Zum Servieren mit etwas Flüssigkeit heißrühren.

Man kann das Zwiebelkompott sehr gut einige Tage vorher zubereiten und ziehen lassen, dann die Oberfläche mit Öl bedecken und kühl stellen.

8 Personen Zubereitungszeit: 15 Minuten + 1–2 Stunden Gar- und Abkühlzeit

APFELKOMPOTT

» 5 Äpfel
» 500 ml Apfelsaft
» 1 TL Salz

Die Äpfel schälen und die Hälfte in gleichmäßige, sehr kleine Würfel schneiden. Den Rest der Äpfel grob zerkleinern und mit Apfelsaft und Salz so lange weichkochen bis die Flüssigkeit verkocht ist und glattmixen. Die rohen Apfelwürfel unter die heiße Masse rühren.

2–4 Personen Zubereitungszeit: 20 Minuten

ARTISCHOCKENPÜREE

» 4 eingelegte Artischockenböden
» 2 EL Olivenöl
» 1 TL Aceto balsamico bianco
» Salz
» 1 Prise Zucker
» frisch gemahlener schwarzer Pfeffer

Die Artischockenböden abtropfen lassen und mit Olivenöl, Aceto balsamico, Salz, Zucker und Pfeffer im Mixer pürieren. Nach Belieben das Püree durch ein feines Sieb passieren. Mit Olivenöl, Salz, Pfeffer und Zucker abschmecken.

4 Personen Zubereitungszeit: 10 Minuten

BRAISIERTER CHICOREÉ

» 6 Chicorée
» Butter zum Braten
» 1 Schuss Madeira
» Salz

Chicoreé halbieren und den Strunk leicht kreisförmig ausschneiden. Ca. 30 Minuten in lauwarmes Wasser legen, um die Bitterstoffe zu lösen. In einer Pfanne in Butter anbraten. Mit etwas Madeira ablöschen und bei geschlossenem Deckel ca. 10 Minuten schmoren. Leicht salzen.

4 Personen · Zubereitungszeit: 15 Minuten plus 30 Minuten Ruhezeit

EINGELEGTE PERLZWIEBELN

» 100 g Perlzwiebeln
» 2 EL Zucker
» 100 ml Rotweinessig
» 1 Gewürzbeutel (1 Lorbeerblatt, 5 Pfefferkörner, 1 Nelke, ¼ Zimtstange)

Die Perlzwiebeln schälen und halbieren. Den Zucker bei mittlerer Hitze zu einem hellen Karamell rühren. 400 ml Wasser, Rotweinessig und den Gewürzbeutel zugeben, verrühren und erhitzen. Die Perlzwiebeln 30 Minuten darin garen. In ein Glas füllen und mindestens 1 Woche ziehen lassen.

Für 1 Glas · Zubereitungszeit: 20 Minuten plus 1 Woche Ruhezeit

PORTWEINZWIEBELN

» 6 rote Zwiebeln
» Butter zum Braten
» 1 Schuss Portwein
» 1 Schuss Aceto balsamico
» 1 Prise brauner Zucker
» Salz
» frisch gemahlener schwarzer Pfeffer

Zwiebeln schälen und in Ringe schneiden. In etwas Butter langsam etwa 40 Minuten in der Pfanne anschwitzen, bis sie zu karamellisieren beginnen. Dann mit etwas Portwein ablöschen und reduzieren lassen. Einen Schuss Aceto balsamico und Zucker zugeben und bei niedriger Hitze köcheln lassen, bis die Zwiebeln eine dunkle Farbe angenommen haben. Ggf. noch Rotwein oder Essig zugeben. Mit Salz und Pfeffer abschmecken.

4 Personen · Zubereitungszeit: 1 Stunde

BALSAMICO-MARONEN

» 300 g vorgegarte Maronen
» Butter zum Braten
» 1 Schuss Aceto balsamico
» 100 ml Geflügelfond
» Salz
» frisch gemahlener schwarzer Pfeffer

Maronen in grobe Stücke hacken und in Butter in einer Pfanne anbraten. Mit Aceto balsamico ablöschen und etwas Geflügelfond angießen. Mit Salz und Pfeffer abschmecken.

4 Personen · Zubereitungszeit: 10 Minuten

POMMES FRITES

- 4 große mehlig kochende Kartoffeln
- Salz
- neutrales Öl zum Frittieren

Für die Pommes frites die Kartoffeln schälen und in dicke, gleichmäßige Stifte mit 1 cm Kantenlänge schneiden. Kartoffelstifte kurz in Salzwasser legen, damit ein Teil der Stärke ausgewaschen wird. Dann in Salzwasser kochen, bis die Stifte an den Kanten anfangen zu bröseln. Im Kühlschrank nicht abgedeckt auskühlen lassen.

Das Öl auf 150 °C erhitzen und die Kartoffeln darin frittieren, bis sie langsam Farbe bekommen. Wieder auskühlen lassen und ein zweites Mal bei 170–180 °C frittieren, bis die gewünschte Farbe erreicht ist und die Pommes frites schön kross sind.

4 Personen Zubereitungszeit: 15 Minuten
plus ca. 30 Minuten Abkühlzeit

KARTOFFELWÜRFEL

- 650 g Kartoffeln
- Salz
- neutrales Öl zum Frittieren
- Butter zum Anrichten

Kartoffeln schälen, fein würfeln, in leicht gesalzenem Wasser blanchieren und gut abtropfen lassen.

Anschließend in 170° C heißem Öl goldbraun frittieren. Zum Anrichten in etwas gebräunter Butter erwärmen und leicht salzen.

4 Personen Zubereitungszeit: 20 Minuten

BEEFBUTTER MASH

- 500 g mehlig kochende Kartoffeln
- Salz
- 50 ml Milch nach Belieben
- 150 g zimmerwarmes Wagyu-Fett oder ein anderes Rinderfett
- 50 g Butter

Für das Beefbutter Mash die Kartoffeln waschen, in Salzwasser gar kochen und abgießen, dabei etwas Kochwasser auffangen. Kartoffeln mit 50 ml Kochwasser (oder Milch), dem Fett und der Butter zu einem Brei stampfen. Dabei nicht zu viel stampfen und nicht mit dem Handmixer pürieren, sonst bekommt das Püree eine leimige Konsistenz. Das Beefbutter Mash bis zum Anrichten warm halten.

2 Personen Zubereitungszeit: 30 Minuten

SÜSSKARTOFFELPÜREE

- 1 kg Süßkartoffeln
- 2 Granny-Smith-Äpfel
- Salz
- 250 g Butter

Den Ofen auf 180 °C Ober-/Unterhitze (Umluft 160 °C) vorheizen. Die Süßkartoffeln schälen und grob klein schneiden. Die Äpfel waschen, Kerngehäuse entfernen und das Fruchtfleisch ebenfalls grob zerkleinern. Beides mit 1 Prise Salz sowie der Butter in eine Auflaufform geben. Die Form in den vorgeheizten Ofen schieben und alles in 35–40 Minuten weich garen.

Anschließend die Form aus dem Ofen nehmen. Die gegarten Süßkartoffeln mit den Äpfeln cremig mixen.

8 Personen Zubereitungszeit: 10 Minuten
plus ca. 40 Minuten Garzeit

DRILLINGE AUS DEM SALZBETT

- 2 kg Drillinge (kleine neue Kartoffeln)
- 600 g Meersalz
- 300 g Mehl
- 2 EL neutrales Öl

Den Backofen auf 180° C Umluft vorheizen. Die Drillinge waschen. Salz, Mehl und Öl vermengen und nach und nach etwas Wasser zugeben, bis ein schöner Teig entsteht. Den Teig ausrollen, die Kartoffeln einzeln darin einpacken und auf ein Blech legen. Man kann den Teig auch zur Hälfte in einer Auflaufform ausbreiten, die Kartoffeln hineinsetzen und mit dem restlichen Teig bedecken. Rund 45 Minuten im vorgeheizten Ofen garen.

6–8 Personen Zubereitungszeit: 15 Minuten plus ca. 45 Minuten Garzeit

DRILLINGE AUS DER ERDE

- 12 Drillinge (kleine, neue Kartoffeln)
- 3 kg Erde (möglichst Muttererde, kein Sand oder Lehm; beim Bauern fragen)
- Olivenöl zum Einreiben und evtl. Frittieren
- Salz

Den Backofen auf 140° C Ober-/Unterhitze (Umluft 120° C) vorheizen. Die Drillinge schrubben und in ein Leinentuch einschlagen. Die Erde in einem Bräter oder gusseisernen Topf verteilen und die eingewickelten Kartoffeln darin mit Erde bedecken. Die Erde leicht andrücken und anfeuchten. Den Deckel schließen. Das Ganze ca. 40 Minuten im vorgeheizten Ofen garen.

Anschließend den Wickel vorsichtig ausgraben, die Kartoffeln sind jetzt noch nicht durchgegart. Die Drillinge in möglichst großen Schalenstücken häuten und der Länge nach halbieren. Mit etwas Olivenöl einreiben, salzen und auf den Grill legen bzw. in einer Grillpfanne zu Ende garen. Nach Wunsch die Kartoffelschalenstücke in Öl sanft frittieren.

Variante:

Die Kartoffeln lassen sich auch auf eine einfachere Weise zubereiten, ohne den besonderen Geschmackseffekt zu verlieren. Dazu braucht man 1,5 kg Ton (aus dem Bastelgeschäft oder Baumarkt).

Backofen auf 220° C Ober-/Unterhitze (Umluft 200°C) vorheizen. Eine Auflaufform erst mit Backpapier, dann mit Ton auslegen und etwas Ton überlappen lassen (noch Masse für den Deckel lassen). Den Boden mit ein paar Rosmarinzweigen belegen. Die ungeschälten Kartoffeln auf den Rosmarin geben und mit etwas Meersalz bestreuen. Wieder Rosmarin auf die Kartoffeln geben. Aus restlichem Ton einen Deckel herstellen, auflegen, dabei etwas Hohlraum lassen. Den Kantenbereich mit dem überlappenden Ton gut verschließen. Im vorgeheizten Backofen 25 Minuten garen. Dann noch mal 35 Minuten bei 180° C Ober-/Unterhitze (Umluft 160° C). Leichtes Klopfen auf den Ton zeigt, ob er hart ist. Ein paar Minuten ruhen lassen.

Mit einem kleinen Hammer den Ton aufschlagen. Vorsicht vor dem austretendem Dampf! Kartoffeln mit einer Gabel aus dem Ton nehmen und vorsichtig schälen. Z. B. mit etwas Olivenöl oder Rapskernöl servieren.

4 Personen Zubereitungszeit: 50 Minuten plus 40 Minuten Garzeit

GLASIERTE WEINTRAUBEN

- 350 g Weintrauben (weiß oder blau)
- 60 ml trockener Weißwein
- 1 Spritzer frisch gepresster Zitronensaft
- etwas Butter zum Binden
- Salz

Trauben nach Wunsch mit kleinem Küchenmesser schälen und mit Weißwein und einem Spritzer Zitronensaft in der heißen Pfanne schwenken. Butter zum Binden einrühren und mit Salz abschmecken.

4 Personen · Zubereitungszeit: 5 Minuten

BROKKOLISALAT

- 2 schöne große Brokkolistiele (ohne Röschen)
- ½ Bund Blattpetersilie
- **Wacholder-Vinaigrette (Seite 297)**
- 1 Prise Zucker
- Salz

Die Brokkolistiele schälen und auf der Aufschnittmaschine 2 mm dünn aufschneiden. Petersilie waschen, trocken schütteln und die Blättchen klein schneiden. Brokkoli und Petersilie mischen und mit der Wacholder-Vinaigrette anmachen. Mit Zucker und Salz behutsam würzen.

1 Person · Zubereitungszeit: 5 Minuten

ROTKOHL

- 3 Schalotten
- 2 TL geriebener Ingwer
- etwas neutrales Öl zum Anschwitzen
- 1 kleiner Kopf Rotkohl
- Salz
- etwas Zucker
- 3–4 EL Reisessig
- 100–150 ml Geflügelbrühe
- 1 EL Hoisinsoße (aus dem Asienladen)

Die Schalotten schälen und in feine Streifen schneiden. Zusammen mit dem Ingwer in einem Topf in Öl anschwitzen. Den Rotkohl waschen, vierteln, den Strunk entfernen und den Kohl in feine Streifen schneiden oder hobeln. Zu den Schalotten geben und mit Salz und Zucker gut würzen.

Reisessig zugeben und verdampfen lassen, dann die Geflügelbrühe zufügen. Bei niedriger Hitze und mit geschlossenem Deckel köcheln lassen. Sobald der Rotkohl bissfest ist, die Hoisinsoße unterrühren.

4 Personen · Zubereitungszeit: 30 Minuten

QUARK | KÄSE

Würzige Ergänzungen, die Zunge und Gaumen noch ein bisschen Abwechslung mehr bieten

KRÄUTERQUARK

- » 1 EL gehackter Kerbel
- » 2 EL gehackte Petersilie
- » 2 EL Schnittlauchröllchen
- » Salz
- » frisch gemahlener schwarzer Pfeffer
- » Saft und abgeriebene Schale von 1 Bio-Zitrone
- » 1 Prise Zucker
- » 150 g Quark
- » 100 g Crème fraîche

Alle Zutaten gut verrühren und würzig abschmecken.

3–4 Personen | Zubereitungszeit: 5 Minuten

ANGEMACHTER HÜTTENKÄSE

- » 400 g körniger Frischkäse
- » 200 g griechischer Joghurt (10 % Fett)
- » 25 g Ahornsirup
- » Saft und abgeriebene Schale von 1 Bio-Limette
- » gutes Steinsalz (z. B. pakistanisches Mineralsalz)
- » Cayennepfeffer
- » Rapsöl

Den Frischkäse mit dem Joghurt glatt rühren. Mit den restlichen Zutaten abschmecken.

8 Personen | Zubereitungszeit: 5 Minuten

REZEPTREGISTER

C

D

E

F

G

L

M

O

P

S

T

SACHREGISTER

DIE AUTOREN

Bei OTTO GOURMET ist **Wolfgang Otto** (*1968) verantwortlich für Marketing, Eventmanagement und Vertrieb. An »gefühlten 220 Tagen im Jahr« ist er als Pionier unterwegs, um die Botschaft weiterzutragen, dass man Fleisch erst dann mit gutem Gewissen genießen kann, wenn man weiß wo es herkommt. Wolfgang Otto ist zudem ein Suchender: Immer darauf bedacht, neue Genussthemen und gesunde, ehrliche Produkte in Sachen Fleisch zu finden. Dabei ist Deutschlands erster Fleisch-Sommelier früher Vegetarier gewesen. Heute isst er nur noch am Wochenende Fleisch, dann aber mit Genuss. Sein Wissen über Fleisch hat »das Gesicht« von OTTO GOURMET bereits in zahlreichen TV- und Fachmagazinen, als Referent der »Jeunes Restaurateurs Akademie« sowie im Rahmen der »Perfect Meat Academy« bewiesen. In 2008 hat er Deutschland auf dem European Meat Forum in Irland vertreten und wurde unter anderem im Rahmen des Köche-Symposiums CHEFSACHE 2013 zum »Grand Seigneur« geadelt.

Nach Banklehre, anschließendem BWL-Studium und langjähriger Tätigkeit als Unternehmensberater ging **Stephan Otto** (*1966) als Managementberater in die USA. Während seines 12-jährigen Aufenthaltes an der Ostküste lernte er das amerikanische Rindfleisch kennen und lieben, insbesondere das Wagyu Kobe Style Beef. Als Geschäftsführer in den Bereichen Strategie, Organisation und Entwicklung neuer Geschäftsfelder ist es Ansporn für ihn, seine Leidenschaft für wahren Fleischgenuss mit anderen zu teilen und so neue Fleisch-Fans zu gewinnen. Intern wie extern fungiert der diplomierte Fleisch-Sommelier, KCBS-BBQ-Judge und mehrfache Buchautor als umsetzungsorientierter Ideengeber. Dabei nutzt er nicht nur seine USA-Kontakte, um neue Produkte, Zuschnitte, Reifeverfahren, Zubereitungsweisen und Gerichte in das Otto Gourmet Spektrum zu bringen.

Ohne **Michael Otto** (*1967) läuft quasi gar nichts im Heinsberger Fleischkompetenz-Zentrum. Denn der gelernte Schlosser und diplomierte Luft- und Raumfahrtingenieur ist bei OTTO GOURMET zuständig für den operativ-technischen Ablauf des gesamten Betriebs: Von der IT über Metzgerei und Kühlung bis zur Logistik. Neben der technischen Orientierung liegt ihm insbesondere die Einführung und Entwicklung von Produkten, die den Otto-Gourmet-Qualitätskriterien entsprechen und für den normalen Geldbeutel geeignet sind, am Herzen. Auf der Genussebene steht er seinen Brüdern in nichts nach, seine feine Zunge kann treffsicherer die verschiedenen Fütterungsarten der jeweiligen Tiere herausschmecken.

www.otto-gourmet.de

DIE FOTOGRAFIN

Nach Abitur und Ausbildung zur Köchin in Köln kochte **Ela Rüther** in 1-Sterne Restaurants wie dem VAU in Berlin, dem L'Escalier in Köln und im Hotel-Restaurant Zur Krone in Herxheim. Inspiriert von einem Praktikum bei ***Der Feinschmecker*** und von der Mitarbeit an einem Kochbuch, begann sie selber zu fotografieren, Reportagen und Rezepte zu schreiben. Heute entstehen im Kölner Fotostudio leckere Foodfotos und Rezepte für Zeitschriften, Verlage und Agenturen.

Ela arbeitet mit einem festen Team u.a. für ***Einfach Hausgemacht***, den AT Verlag und die VEMAG, für die Genusshandwerker und für Aldi Süd. Neben der Studiofotografie liebt die Fotografin es, rauszugehen und Menschen beim Kochen, Backen oder beim Wursten zu porträtieren. Food-Trends findet sie doof. Abseitige Themen super. Neben ***Bitter – Der vergessene Geschmack*** sind die Bücher ***Wein & Gemüse, Micro Greens – Micro Leaves*** und zuletzt ***Backe, Brust und Bauch*** erschienen, die alle auf große Resonanz stoßen und von der GAD und mit den »Gourmand World Cookbook-Awards« ausgezeichnet worden sind.

www.elaruether.de

IMPRESSUM

Bibliografische Information der Deutschen Bibliothek.

Die Deutsche Bibliothek verzeichnet diese Publikation in der Deutschen Nationalbibliografie.

Detaillierte bibliografische Daten sind im Internet über http://www.dnb.de/ abrufbar.

EIN BUCH DER EDITION MICHAEL FISCHER

1. Auflage 2018

Projektmanagement: Juliane Rottach, Marline Ernzer

Cover: Verena Raith, Silvia Keller

Layout: Verena Raith, Silvia Keller, Bernadett Linseisen

Satz: Bernadett Linseisen

Redaktion und Lektorat: Martin Lagoda & Bettina Snowdon, Hamburg

Bildredaktion: Laura Liboschik, Silvia Keller, Marline Ernzer

Cover- und Foodfotografie: Manuela Rüther, Köln

Foodstyling: Petra Wegler, Julia Floss und Katja Briol; Styling: Bettina Bormann; Assistenz: Nastassia Trushkin

Weitere Fotos shutterstock.com: S. 8: © Artem Shadrin; S. 11: © Steve Oehlenschlager, © iiiphevgeniy; S. 12: © Kim-Songsak; S. 13: © Ciceia Almeida, © Janusz Pienkowski; S. 17: © stockfour; S. 18: © Mehmet Cetin; S. 19: © Canon Boy; S. 22: © casanisa; S. 24: © Dasha Petrenko; S. 35: © VICUSCHKA; S. 36: © zkruger; S. 37: © bigacis; S. 38: © JGA; S. 39: © ungvar; S. 47: © Prostock-studio; S. 49: © hlphoto; S. 50: © Zu Kamilov, © VICUSCHKA; S. 51: © hlphoto (beide); S. 60: © hans engbers, © skapuka; S. 61: © Elkin Restrepo, © critterbiz, © TVRA; S. 62: © Levtrona, © Anton Havelaar; S. 63: © visual12, © Frederic Hodiesne, © Alex Marakhovets; S. 136: © Zawinul; S. 137: © Fotoeventis; S. 138: © Manfred Ruckszio, S. 139: © Bildagentur Zoonar GmbH, © YesPhotographers, S. 159: © Nickola_Che, S. 165: © hlphoto, S. 192: © lightpoet; S. 193: © EMJAY SMITH, © Fahkamram; S. 194: comzeal images, © Aksenova Natalya; S. 195: © Erni, © Independent birds; S. 234: © Ivonne Wierink, © travelpeter; S. 235: © Christin Klose, © daseaford, © Kim Eggleton; S. 236: © Plotitsyna NiNa, © unverdorben jr; S. 237: © Angelina Cecchetto; S. 262: © Ivan Goda, © Soru Epotok; S. 263: © Volodymyr Burdiak (o. und u.), © Pim Leijen; S. 264: © Losonsky, © Giedriius, © Martin Prochazkacz; S. 265: © Solodov Aleksei, © Abi Warner, © Drakuliren

Mit besonderem Dank an Frau Ingrid Wicke (Hybridschweinezuchtverband Nord/Ost e.V.) für das Foto S. 136 (Sattelschwein) und an die GFS (Genossenschaft zur Förderung der Schweinehaltung eG) für das Foto S. 137 (Leicoma Eber „Groschen").

ISBN 978-3-96093-143-0

Gedruckt bei Polygraf Print, Čapajevova 44, 08001 Prešov, Slowakei

www.emf-verlag.de